杨增宏　周　鹏 ◎ 主编

XIAOXUE YUWEN
KETANG XUEXI
YU KELI YANJIU

小学语文课堂学习与课例研究

武宏钧　刘　军 ◎ 副主编

北京师范大学出版集团
BEIJING NORMAL UNIVERSITY PUBLISHING GROUP
安徽大学出版社

图书在版编目(CIP)数据

小学语文课堂学习与课例研究/杨增宏,周鹏主编.—合肥:安徽大学出版社,2016.8(2022.4重印)

教师教育系列教材

ISBN 978-7-5664-1141-9

Ⅰ.①小… Ⅱ.①杨… ②周… Ⅲ.①小学语文课－课堂教学－教学研究－师范大学－教材 Ⅳ.①G623.202

中国版本图书馆CIP数据核字(2016)第135434号

小学语文课堂学习与课例研究

杨增宏　周　鹏 主编

出版发行：	北京师范大学出版集团 安 徽 大 学 出 版 社 (安徽省合肥市肥西路3号 邮编230039) www.bnupg.com.cn www.ahupress.com.cn
印　　刷：	安徽省人民印刷有限公司
经　　销：	全国新华书店
开　　本：	170mm×240mm
印　　张：	18.5
字　　数：	273千字
版　　次：	2016年8月第1版
印　　次：	2022年4月第5次印刷
定　　价：	29.00元

ISBN 978-7-5664-1141-9

策划编辑：姜　萍　　　　　　　装帧设计：许润泽
责任编辑：姜　萍　　　　　　　美术编辑：李　军
责任印制：陈　如

版权所有　侵权必究

反盗版、侵权举报电话：0551—65106311
外埠邮购电话：0551—65107716
本书如有印装质量问题，请与印制管理部联系调换。
印制管理部电话：0551—65106311

编委会

总 主 编 李继秀

编委会委员（以姓氏笔画为序）

刘 军　江 芳　吕 明
孙 露　吴孔宝　李 红
杜启明　李 萍　苏维冀
孟红军　杨增宏　武宏钧
周 琴　周 鹏　胡玉娟
栾庆芳　徐存勇　董 涛
蒋道华

总序

随着全球化和信息化的不断拓展,教育理念的更新,传统的教师发展观越来越不适应教师职业发展的现状。近年来,关注教师实践性知识、真实课堂教学问题、开展行动研究、构建教师研究共同体等成为教师专业发展的主要方向。在这一过程中,教师不再单纯地实践和执行教学知识和理论,而是追求基于自己的教学情境、教学体验和团体合作来不断推进教师的共同发展。其中,最为典型的是20世纪末在日本基础教育兴起的"课例研究"和本世纪初在香港基础教育教师专业发展中推广的"学习研究",这两种研究都是基于一线教师真实课堂教学环境开展的一种行动研究,本质上具有一定的前后继承关系。课堂学习和课例研究也逐渐成为很多国家和地区有效促进教师专业发展常用的方式。近年来,随着我国基础教育教师专业发展培训机制不断深入的推广,越来越需要在理念和方式上进行变革,改变长期以来的高投入、低产出,理论与实践脱节严重的现象,因此,引入一些当前较为先进的理念和方法,并加以借鉴,是一个比较切实可行的方法,也可以帮助解决目前教师专业发展培训模式可能带来的一系列问题。

适应这一教师教育的需求,"教师教育系列教材·有效教学研究丛书"面世了。丛书是合肥师范学院、合肥学院学科教学论教研室、教师教育学院部分教师以及来自基础教育一线的教研员或优秀教师通力合作、认真研究的成果。此套丛书的问世或许能够更好地服务于在我国即将开始的"全面启动实施卓越教师培养计划"(2014年8月,教育部颁布了《关于实施卓越教师培养计划的意见》〔2014〕5号),更好地服务于职前职后基础教育教师的培养培训。

"教师教育系列教材·有效教学研究丛书"由8本既相对独立又相互关联的分册组成。它们是:周琴主编的《教师职业道德》、吕明主编的《教育法律法规》、江芳等主编的《校本教学研修问题与指导》、杨增宏等主编的《小学语文课堂学习与课例研究》、栾庆芳主编的《小学数学课堂学习与课例研究》、蒋道华主编的《小学英语课堂学习与课例研究》、朱家礼主编的《小学科学课堂学习与课例研究》、胡玉娟主编的《中小学信息技术课堂学习与课例研究》。有的分册实行双主编制,一部分来自高等院校长期从事学科教学论研究和教育理论研究的教师,另一部分来自基础教育一线的教研员或优秀教师。丛书的立足点是基于教师专业标准、教师教育课程标准、符合基础教育课程改革特质,旨在实现理论与实践的结合、高师院校与基础教育学校的结合。使在职的一线教师既能规范熟练地掌握教育教学技能,又能保持理论的兴趣,穿行于理论与实践之中,形成难能可贵的教师思维,获得持续的专业成长力。

《教师职业道德》共分为四个专题:道德与教师职业道德、教师职业道德原则、教师职业道德规范、教师职业道德修养和教师职业行为。本书在深刻领会习近平总书记系列重要讲话精神的基础上,围绕《中小学教师职业道德规范(2008年修订)》《教育部关于建立健全中小学师德建设长效机制的意见》《教育部关于印发中小学教师违反职业道德行为处理办法的通知》等,对教师职业道德的内涵、特征和功能、教师职业道德的原则、教师职业道德的规范,教师职业修养的意义、原则、方法以及教师课堂行为、师生交往行为的意义和规范要求进行了深入解读。

《教育法律法规》共分为七个专题:教育法原理、《中华人民共和国教育法》解读、《国家中长期教育改革和发展规划纲要(2010—2020年)》解读、《中华人民共和国教师法》解读、《中华人民共和国义务教育法》解读、《未成年人保护法》解读和《预防未成年人犯罪法》解读。本书重点对教育法的基本原理以及教师职业生活中的相关法律法规进行了深入解读,有利于中小学幼儿园教师贯彻依法治国的理念,加强和改进思想政治工作、推进社会主义核心价值观教育,切实增强他们依法治教、依法执教的意识与能力。

《校本教学研修问题与指导》共分五个部分,第一部分简要概述校本教学研修的意义、内涵、流程、误区和应对策略。第二至第五部分分别聚焦教学设计研修、教学行为研修、学习指导研修、教学反思研修等问题,在全面介绍、归纳和分析的基础上,逐一提出研修的策略。本书重点在于提升一线教师校本教学研修的实战能力,所以在谋篇布局上,突破了传统的框架与结构定式,每一部分按照"问题概述——问题诊断——方法指导——实战案例"的架构展开,意在围绕校本教学研修实践中的问题,找出症结,在理论点拨的基础上找出解决方法,并借助典型案例,加强理论与实践的结合,铸造一线教师校本教学研究的意识与能力。

《小学语文课堂学习与课例研究》《小学数学课堂学习与课例研究》《小学英语课堂学习与课例研究》《小学科学课堂学习与课例研究》《中小学信息技术课堂学习与课例研究》每本书20万字左右,分两部分。第一部分是理论分析。阐释课堂学习与课例研究的基本特征、内涵以及二者的关系等,为学科课堂学习与课例研究铺垫学理基础。第二部分是经典课堂学习与课例研究展示及透析。各学科教学课例在内容上兼顾不同题材的教学案例,如:语文教学是以阅读教学为主,兼顾拼音教学、识字写字教学、写作教学、口语交际教学等。课例透析力图以简约的形式对该教学设计的内容、格式、特色等进行梳理,为读者学习、模仿指明路径。

  本系列丛书是安徽省高校省级人文社科重点研究基地重点招标项目"基于教师教育课程标准的实践性课程资源库建设研究"(SK2014A087)、安徽省振兴计划重大教改项目"师范院校与中小学'无缝对接'教师教育模式建构与实践"(2014zdjy099)的研究成果之一。

  本系列丛书适合我国基础教育改革对教师培养、培训的要求,适应中小学教师专业标准下的高等师范院校教师教育课程改革的需要。

  本系列丛书在写作过程中参考、引用了国内外有关研究成果和文献资料,在此对这些著作权人和作者表示敬意和感谢。

  由于我们水平的限制,本书的不足和问题一定存在,敬请各位同仁和读者提出宝贵意见和建议。

2016 年 5 月

前　言

小学语文学习课例研究的教育研究既非无能，也非万能，而有其自身的价值限度，这是由教育研究的价值本性所决定的。鉴于此，小学语文学习课例的教育研究者和实践者或许能更加透彻地理解、对待教育研究，把教育研究置于一个恰当的位置。

20世纪初以来，课例研究思想使西方的教师教育受益匪浅，特别是20世纪90年代以来，课例研究再度进入兴盛时期。将学习课例研究的方法引入教育研究领域有着不可忽视的独特价值。在我国，伴随着教育改革的深入开展，尤其是新一轮课程改革的推进，"教师成为研究者"的呼声日益高涨，语文教育课例研究也成为当前课改的热门话题。

所谓学习课例研究，就是语文课堂学习研究，是运用行动研究的模式，聚合教师、教育研究员的集体智慧，以变易学习理论为基础，针对每一节课的教学内容和学生的学习困难来集体备课、教学观摩、协同工作、进行系统反思，以更有效地推进教与学的教师专业发展过程，其终极目标是让学生更有效地学习。"课堂学习研究"的核心是通过学科老师的协作和观摩活动提升教学水平，并透过院校协作的模式，在专家引领下，让教师在行动研究中，寻找改善教学的方法,以期提高学生的学习效果,同时促进教师观摩和课堂分析问题与解决问题的能力。

语文学习课例研究通过分析真实典型的教育事件,揭示教育活动发展变化的原因及规律,总结出有价值的教育经验。语文课例研究有助于促进语文教师内隐知识和实践智慧的形成,有助于促进语文教师提升专业水平和形成个性化教育理论,有助于语文教师在实际情境中针对个体的课堂生活进行研究和反思。本书的作者以流畅的精练语言、智慧的语文教育学习课例和睿智的创新思考,具体描述了小学语文课堂学习与课例研究的教育原理、基本特征、策略构建、课例展示和评价标准等,从实践到理论,深入浅出地研究小学语文课堂学习与课例研究的规律。本书内容理论联系实际,融知识性、科学性、趣味性与智慧性于一体。

其实,小学语文学习课例,是实践智慧的结晶;学习课例研究,是诠释实践的智慧。学习课例研究贴切现场实情,易于获取感性认识,吸收经验,一直是整个社会科学的重要研究方法,研究者们对它情有独钟、喜爱倍加。那些方法独到的学习课例研究精彩可信,体现出结构严谨、条理清晰、符合逻辑的特点,能够让学习者掌握深度分析的技能。对于这些可以复制的知识技能,而非"空中来去"的理论说教,一线研究实践者们尤为喜欢。

相对于小学语文学习过程而言,课例研究就是语文课堂学习研究。它是行动研究的一种形式,又是协作式学习的一种方式,教师通过共同备课、课前课后会议交流分享以及观课、评课等协同工作,达到共同提高的目的。教师教学往往存在教学理论与教学实践脱节的现象。如何把新的教学理念与教学实践有机结合在一起,用新的教学理念来指导实际教学,这是我们要解决的问题。"二十年的工龄,只一年的教龄"是对一位对学习课例从不进行研究的教师的深刻写照。对自己的教学实践不总结经验,不汲取教训,当然教学水平就原地踏步,毫无长进了。只有从自己或他人的教学学习课例中不断总结经验教训,取长补短,合理地加以应用,才能提高教学效率和教学水平。这正是加强对小学语文教学学习课例的研究最基本的作用所在。同时加强对小学语文教学学习课例的研究还具备传播功能,给他人提供示范或借鉴,使个人的经验成为大家共享的财富,从而加速整个教师队伍的成长。

新课程背景下,语文教师专业化发展的重点已经不再是教学知识的能力了,而转向了培养学生的学习能力。我们可从优秀的教学课例中悟出教学理念是如何在实际教学中得以体现,甚至从中总结出新的教学理念,从而真正促进教师专业化发展。

"东风随春归,发我枝上花。"新课程在教育思想上最终需要实现的核心转变,根植于对学生精神生命主动性发展的认识,因此,教育者必须创设一种能够充分尊重、完全适合学生自身发展和创造的教育氛围与情境。要实现这一转变的关键,首先涉及对教师职业性质的重新定位和认识。作为专业人员,教师与其他专业(如律师、医师等)具有同等的学术地位。应把教师群体从以往无专业特征的"知识传授者"的角色定位,提高到具有一定专业性质的学术层级上来,进而改善教师的社会形象与地位,使他们获得"专业工作者"应有的尊严和地位,同时赋予教师更高的历史责任感和使命感。教师工作职能的深刻变化极大地提高了教师劳动的复杂程度和创造性质。教师的专业成长,体现了教育和教育科学研究的人文性质和人文关怀,即着眼于人的发展,其中既有学生的发展,也有教师的发展。没有教师的发展,没有教师专业上的成长,教师的历史使命便无法完成。

教师角色的特征是随着社会的变化而变化的。过去对教师的职业价值,人们大都习惯于从义务的角度去认定和规范。从教师对社会贡献的层面上,把教师比作红烛、春蚕、园丁,如用"春蚕到死丝方尽,蜡炬成灰泪始干"来比喻教师对教育事业的执着。的确,教师好比蜡烛,照亮了别人,燃烧了自己;教师好比春蚕,索取的是树叶,奉献的是蚕丝。这种说法让人感到教师职业的一种悲壮色彩,似乎教师的劳动只是单纯地为学生成长而付出。教师的劳动过程只是在不断耗费自己,没有了自我价值的实现,更缺少自身发展和专业提高的过程。从教师的专业自主性来看,人们较少思考或研究教师在职业工作中应该享有的权利,尤其是作为专业人员的权利。

现代教师必须树立终身学习的观念,树立以人为本、创新为重的教育价值观。"问渠哪得清如许,为有源头活水来""今天不生活在未来,明天将生活在过去"。教师不应该只作为知识的传递者,而应该变"主宰"为"主导",尊重学生,教学民主;应该变重"知"轻"能"为"知""能"并重,让学生学会生存;应该变经验型为科研型,依靠科研提高教育教学质量;应该变单纯"责任"为丰富的"情感",把更多的"情"和"爱"注入教育事业。更重要的是,教师应该在重建和反思自己职业意识和职业行为的基础上,努力成为自觉创造教师职业生命的主体。一名现代教师不应拿昨天的经验来禁锢自己,而要用明天的标准来规范自己的行为。唯有如此,教师才能不仅仅只是"蜡烛",不仅仅只是"园丁",不仅仅只拥有"一桶水",而应该是一条奔涌不息的河流。教师也不再只是知识的传承者,而是和学生一道,在教育活动中创造丰富多彩的世界。只有充分认识到教师职业的本质是创造人的精神生命,才能唤起教师职业的活力。语文教师在滋润受教育者心田的同时,自身的价值也会得到升华。由此,语文教师的职业就成为一种使他人和自己都会变得更加美好的职业。

  物之不齐,物之情也。在现实的中国教育领域,涌现出一批锐意进取、成绩卓著的教育实践者。他们的教育教学思想、模式、策略和方法具有极高的理论内涵,他们的成长过程表现出自我反思的价值和意义,展现了其深厚的理论素养和实践智慧。本书的作者对学习课例研究中的描述是采用叙事手法,分析在真实的教学情境下,面对不确定的、复杂多变的教学情境,教师所作的决策判断、采取的教育策略和显现的教育机智。从本书的学习课例中,你会感到教师在其精心设计的每一节课中得到了生命创造的满足;体会到与学生共同成长的欢悦;感受到学生对自己智慧与人格的挑战;意识到教师职业不仅仅是付出,同时也是自己生命价值和意义的体现和延伸。语文教师生活的每一天,在创造人类文明的同时,也创造着自己丰富多彩的生命。通过对典型的剖析,并将之作为样板指引,使典型具有教育性,为教师提供了一个个活生生的教育教学思想和方法的范例。善于学习的语文教师习惯于以开放的姿态吸纳别人的经验,能够把他人的成功因素吸收到自我经验中,由此获得理论与实践的升华。学校既是学生学习的场所,也是教师的发展场所。语文教师专业化发展,就是要在学校教育过程中,使教师和学生都获得成功。语文教师讲授的每一节课都搭建了自己成长的一个阶梯,构成了教师生命过程的一个链环,记录了教师成长的一段历程,由此串成了教师发展的人生轨迹。可以说,语文课堂教学是语文教师施展个人才华、体现人生价值的直接舞台。语文教师积累每一个学习课例、研究每一个问题,就是在自己的成功路途上搭建一个个台阶,由此通向教育事业成功的彼岸和理想的境界。

实践证明,任何语文教师在教学活动中既有成功的体验,也有失败的教训。无论是经验还是教训,对语文教师来说都是财富,关键在于是否认真总结,并进行分析研究。教学个案研究具有微观性、个体性和行动性的特点:它并不使用特定的假设,也无须验证某种因果关系,研究过程不受限制。语文教师可以从自己的教学实践出发,将理论研究与实践探索紧密联系在一起。同一学科,几位教师可以同备一堂课,同上一堂课,同评一堂课,围绕教学方法、教学策略、教学环节、学生活动等多方面问题进行比较研究。实践证明,这种研究方法特别为广大一线语文教师所乐于接受。学习课例研究就是要深入浅出,返璞归真,坚持深入学校实际,研究实际问题,脚踏实地做学问。由此,教师可以通过横向比较研究对不同教师在讲授同一内容时采用的不同教法进行比较研究。执教教师可以通过比较,不断完善自己的教学方案,调整教学策略,逐步摸索出最佳的教学方法。也可以通过纵向比较研究对同一执教教师多次讲授同一内容时使用的不同教法进行比较研究。为了追求教学的完美境界,语文教师会采用不同的教法多次试教同一内容,经过反复比较,选择出最佳方案。

语文教师完成整个教学任务,实现教育目标,需要以科学的理性态度和方法对教育教学的本质加以深刻理解,并在此基础上建立起观念理性和相应技术理性的结构体系,教师在教育教学活动中又有其情景(境)性特点。他们要面对不可预测的各种随机性、偶然性变化,这些变化和情况是具体的、确切的,并且是不能回避的现实,要求教师必须作出某种判断和选择。这自然要求教师必须对自己已有的行为和习惯进行重新审视和考察,筛选并保存好的行为习惯,淘汰和改造坏的行为习惯。反思,一般是指行为主体立足于自我以外批判地考察自己的行为及其情景的能力。语文教师的反思是指教师在教育教学实践中,以自我行为表现及其行为依据的"异位"解析和修正,进而不断提高自身教育教学效能和素养的过程。教师发展与研究态度、研究能力是一个人创造力的集中显现,是一个人主体性的能动体现。随着时代的发展、教师职能的深刻变化,没有反思的教学、缺少研究的教育已经不能满足未来的需要了。同样,离开实践的研究也无法回应时代的挑战。反思是教师教育理念、教学素质、道德意识的直接体现。语文教师是否有意识地检讨自己的言行,反思自己在教学过程中是否表现了适当的谦恭、足够的勇气、公正的品质、豁达的胸怀、丰富的情愫以及敏锐的判断力、丰富的想象力,对待学生是否有耐心、爱心、亲切感和幽默感等,无不体现出教师的教育教学观、师生观、知识观、评价观,也表现了语文教师的责任意识和人格品质。有很多优秀语文教师的"教后感"包含着对这些问题的深刻思考,表明他们在"教后"对"教中"反思修正的执着情怀和热切愿望。在他们的成长过程中,其言行中的不良表现会渐渐消失。

当然,随着教师经验的逐步积累和丰富,语文教师在教育教学过程中会随时对自己的教学实施有效的调控,这正是专家型语文教师成长的途径和标志。对于青年教师来说,仅仅学习前人的教学范例,从优秀课例中吸收营养是不够的,在学习他人成功经验的基础上,应以自己的课堂教学实践为研究对象,反观自己的教学,找出存在的问题和解决问题的办法。没有教师主体反思意识的觉醒和自我实践能力的增强,就难以提高教师的专业水准。只有通过研究教学学习课例,激发教师的自我提高意识,调动教师积极地自我反思与实践,以主体身份投入其中,教师的教育教学观念、教育教学行为和能力才会有本质性提高,才能造就专家型教师,使教师最终步入师生融为一体、共享成长幸福的教学理想境界。

"功崇惟志,业广惟勤"。在各种艺术领域,有着鲜明艺术风格的作品才真正具有较高的审美价值。教学既然是一门艺术,也就如同艺术创作一样,需要用心追求独特的风格。独具风格的教学才具有艺术的魅力。有学者认为,所谓教学风格,是教师在长期的教学实践中逐步形成的、富有成效的一贯的教学观点、教学技巧和教学作风的独特结合和表现,是教学工作个性化的稳定状态的标志。教学风格是教学个性化的集中表现,是教学艺术境界的升华。形成独特的教学风格,是一个教师的教学进入成熟、臻于完美境界的标志;而教学风格的多样化,则反映了一个时代教学艺术的繁荣。教学风格是教学过程中体现的教师个人特点的风度和格调,是教师教学思想、教学艺术的综合表现。教学风格的实质是教师创造教学的个性。"风格即人",研究教学风格就是研究具有丰富个性的人,研究创造了"艺术中的艺术"的人。教学风格的特征表现在整体性:教学风格是教师的外部表现(教学方法、教学技巧、教学语言、教学情态)和内部因素(教学思想、教学观念、教学品质)相互渗透、相互作用所产生的综合特征。教学风格不只是经验积累,不只是技艺组合,也不只是灵感再现,而是一个教师教学思想与教学艺术的和谐统一,是教师人格要素与教学合一的和谐统一,是教学中各种教学艺术手段的综合运用与教学效果的和谐统一。独特性:独特性表现在许多方面,如独特的教学语言、教学方法、教学风度和教学机智等,实际上就是教学艺术的个性化。表现为有人以形象思维见长,其教学生动形象,耐人寻味;有人善"导",巧于设疑;有人重"情",声情并茂等。外显性:教学风格同时也是教师人格、情感的外在表现。教师的教育思想、观念、人格、情感只有融入教师的教学语言、教学方法等外在操作行为,才能成为教学风格的有机组成部分。稳定性:教学风格取决于教师的个性。教学风格形成的重要标志之一是教师的教学艺术特点相对稳定。这是因为,一切成熟的东西都有其相对稳定的因素。

语文教师的教学风格不是一朝一夕轻易形成的,而是教师富有独创性的较长时期劳动的结果,凝聚着教师的美学理想和教学艺术实践的匠心。但是,教学风格也有一个产生和形成的过程,有一个发展和变化的过程,并不是凝固的或静态的。语文教师从开始教学,到逐渐成熟,最后形成独特的教学风格,需要经过一个艰苦而长期的教学艺术实践过程。整体上看,教学风格形成的要素主要包括认知水平、思维品质、个性与人格特征的人格要素、学识要素、技艺要素和气质要素等。除此之外,语文教师的思想品德、情感、意志等心理因素以及对教学艺术的追求、教学中的创造精神等都对教学风格的形成产生不同程度的影响。在教学风格形成的过程中,教师的主观能动性是形成教学风格最为活跃的积极因素,它带动和影响着形成教学风格的诸多因素。语文教师追求教学风格必须做到:对自己所教的专业充满激情;有清醒的自我认识;形成一个良好的心理定势;有"乐教"的积极精神,把教学当作一种艺术性的事业;掌握教育教学的基本规律,刻苦锻炼教学基本功;要注意扬长避短,发挥个人优势;要"定向"发展,有意识地进行锻炼和提高;要把继承和发展、学习与创新结合起来,在教学实践中不断走向成熟。

"明者因时而变,知者随事而制"。学习课例研究可以折射出研究者用不同的方式表述自己的研究过程和结论,展现教师不同的教学策略、教学个性、教学风格。成功的学习课例研究就是以优秀教师经典的教学范例为学习对象进行借鉴性学习,通过剖析这些成功范例中所蕴含的先进的教学思想、精巧的教学构思和精妙的教学艺术,获得教学上的感悟和艺术上的升华。走进新课程,更多年轻的教师通过借鉴优秀教师的教学范例,展现了自己的教学风格。从学习课例中可以看出课堂上教师的教学风格,或活泼开朗,或侃侃而谈,或充满机智,或沉稳有余。课堂真是教师展示其风采的舞台。今天,当我们翻开在新课程理念引领下的一篇篇学习课例的时候,那些夹叙夹议的教学实录,那些"以学生为本"的教育理念、运用娴熟的教学技巧、充满睿智的教学策略、整合型的教学方法和深刻的教学反思,使每个学习课例都在一定程度或层面上体现了新课程的理念,闪烁着令人兴奋的亮点,使教师的教学风格跃然纸上,让原本只是一个文本性的东西具有生命力,使读者能够与这些文本进行愉悦的对话,从而领悟共同的教学智慧,获得行动的启示。语文学习课例成为展示语文教师教学风格的又一平台,一篇篇学习课例记录着每位教师教学的风采,也记载着每位教师成长的足迹。

　　语文教师的教育教学实践要有教育理论的指导,语文教师的专业发展要有教育理论的引领。缺乏教育理论指导的教学实践只是停留在经验层面、操作层面,难以达到实践的升华和超越;缺乏教育理论指导的教师发展是浅层次、低水准的,难以达到应有的高度和境界。接受系统的教育理论学习,才能把教育教学实践中的困惑和迷茫问题上升到理论层面加以剖析,探寻到根源,使主体的合理性水平得到提升和拓展。现实中教师教育教学基本理论的缺失,对教育理论指导教育实践的漠视,极大地制约着教师的专业发展,阻碍着教育实践的进程。

　　语文教师须知,实践的超越性很大程度上依赖于理论对现实的反思精神。如果语文教学理论丧失了它的指导性,必将导致教育实践对教育理论的偏离,甚至有悖于教育目标的达成。所以,拒绝理论就是拒绝进步,就是在低水平上重复,难以达到教育的更高境界。而语文教师教育观念的转变与实践常常是脱节的,有些语文教师满脑子教育理论、新课程理念,谈起大道理来滔滔不绝,可到操作层面还是固守旧有的教学方法,难以实现新旧观念的对接,即理论与实际脱节。此次课程改革,是我国教育科研人员在充分分析国际课程改革与发展方向之后,紧密结合本国实际进行的,因此,既实现了与国际现代教育理论的接轨,也吸纳了国内最先进的教育理论研究成果,并将这些前沿的教育理念与教育理论有效转化到各学科的课程标准与教材中。这是对教师教育理论和新课程理念的又一次检验,更是对教育理论的又一次呼唤。

　　纵观国内外语文课程改革的历史,语文教师往往成为左右课程改革的关键。语文教师是实施课程的主体,任何课程理念及其载体都要经过教师的理解与转化,其效果才能在学生身上得到展现。语文学习课例研究是科学决策支持系统的重要组成部分。对学校教育改革发展进程中遇到的各种新情况、新问题、新矛盾进行系统的研究,既可以为现行的理论、政策和措施提供反馈信息,也可以从学校富有创造性的实践中发现新理念、新思路和新见解,从而找到改进教学工作的新的生长点。学习课例是教师进行教学的蓝本,也是教师教学艺术浓缩的精华。

"一花独放不是春,百花齐放春满园"。语文学习课例是理论联系实际的桥梁,可以有效地弥补过分偏重教育原理(原则、观念)的空泛以及过分依赖教学经验(技能技巧)导致的盲目。一个典型的语文教学学习课例可以生动形象地解读一段教育理论、诠释一个教育理念、示范一个指导策略。语文学习课例研究是提升教育理念的"生长点",教师在撰写每一个学习课例的时候,都应对课程目标的设立、课程资源的挖掘、教学方法的选择、学生学习背景等进行全面分析,对课堂上可能出现的问题提出自己的设想,所有这些都需语文教师在深刻研究与领会教育理论与新教育理念的基础上并在其引导下进行,这就是常说的"理念是行为的先导"。因此,每一堂课、每一篇教案都应从不同侧面、不同层面去诠释新课程所倡导的理念。语文学习课例也为教师在教育理念与教学实践之间架起了一座桥梁。与此同时,我们还应该看到,学习课例源于教育教学实践,但不是简单的课堂实录,每一个学习课例既有对教育理论的选择、思考与实践,是理念与实践融合的鲜活文本,又必然包括对自己教学实践的深刻反思。因此,源于教学实践的学习课例,有时可能解释教育真理。大量的学习课例研究可以为理论假设提供支持性或者反驳性论据,避免教育科研从理论到理论。新的教育思想必然在教育教学改革的实践中产生,也应当在教育教学实践的探索中逐步完善与升华。

新课程突出了语文教师"专业引领"的角色行为,凸显"研究、指导、服务"的三方面职能。研究的重点要放在新课程的教育教学新理念如何转化为教师的教育行为;指导的重点要放在广大教师对新课标、新教材的理解和依据新课改理念优化教学行为上,放在教师教学潜能的开发、教学行为的创新和教学研究水平的提高上;服务的目标要指向教师的专业发展,主要是为教师传递最新颖和最急需的课程改革信息,为教师搭建展现才能和加速成长的良好舞台,为教师提供有助于个性发展的咨询服务,为教师设计和实施教学提供有价值的参考资料。研究是教研部门的中心任务,是指导、服务的前提和基础,要在研究的基础上运用研究的成果进行指导等,要加强对教学和教学研究的指导,要牢固树立服务意识。三者相辅相成。语文教师在参与课程改革的进程中,需要研究的现象和问题往往比较复杂,相关因素较多。要研究并解决问题,首先需要不断回归理论,重温基础教育课程改革的理念、目标与对策,分析教育教学过程中继承与发展、借鉴与创新的关系,寻找矛盾的主要方面和解决问题的理论依据。其次要亲身参与教师的课程改革实践。教师的职业成长也是在外在价值引导下的自主完善的过程,意识到教师主体的积极参与对教师成长的意义是非常重要的。

东风随春自然归,发我枝上课例花。语文教师在实现"专业引领"的工作行为中,应突出学习课例研究的重要价值。新课程标准鼓励教师发挥创新精神和创造才能,以创新者的姿态去塑造个性化课程,拓展课程实施的弹性空间。为此,要引导教师大胆、自觉地去突破指令性课程范式中形成的种种清规戒律,更新教学研究的传统方式。在众多的教研方式中,学习课例研究是教育理论与教育实践成果的微缩,也是语文教师工作的窗口。通过学习课例体现语文教师对教师的专业引领,通过学习课例建立并强化教师专业发展的自信。可以说,进行学习课例研究是提高教师队伍素质,达到促进年轻教师走向成熟化、年长教师走向风格化、骨干教师走向审美化的重要途径。以学习课例研究为引领方式,能够激励教师创新教学意识和行为习惯,开发教师潜能,改变课程对教师的多方约束,促进教师特色和特长的发展。鼓励教师展现自己的教学风格和教学个性,不以教学方案的详尽、课堂结构的完整、教学容量的饱满、板书设计的精致等传统观念来束缚教师的创造性,鼓励所有教师上出"自己的课",包括自主设计、选择、开发和实施"自己的课"。提倡有思想、有内涵、有品位、有创造的课堂设计,让教学充溢创造性的生机和活力。学习课例展示,能发现教师在课程改革实践中的闪光点和经验,是广大教师对实践创造中的改革成果进行文本化、操作化的加工,进而通过教研活动组织推广成果,把局部研究探索的成果变成课程改革大面积工作的共同财富的行之有效的方式,指导的过程尤其应强调语文教师与其他教师之间的思想交流、观点碰撞,在对话和互动中达成共识,相互促进,合作提高。强调教师对自己教学行为的分析与反思,激发在自审、反思基础上的自评。预见教师的教学潜力及其隐含的可能的发展前景,承认教学探索的曲折性和必要的预支代价,激发教师积极参与和持续深入地开展课程改革。

"道虽迩,不行不至;事虽小,不为不成。"昨天,我们为了一个共同的目标集结,小学语文学习课例研究已成为语文老师发自内心的需要,共同体将有更高的追求和发展!我们将走得更快、更远!只要我们信心满满朝前方,心往一处想,劲往一处使,就必定能汇集起不可战胜的磅礴力量,用我们的信心铸就语文教育梦!

编 者

2016 年 6 月

目 录

第 1 部分　语文学科课堂学习概述　　1

1　何为语文课堂学习研究 ⋯⋯⋯⋯⋯⋯⋯⋯⋯⋯⋯⋯⋯⋯⋯ 2
　　1-1　语文学科课堂学习研究的内涵 ⋯⋯⋯⋯⋯⋯⋯⋯⋯⋯ 2
　　1-2　语文学科课堂学习研究的过程 ⋯⋯⋯⋯⋯⋯⋯⋯⋯⋯ 5
　　1-3　语文学科课堂学习研究的意义 ⋯⋯⋯⋯⋯⋯⋯⋯⋯⋯ 8
2　何为语文课例研究 ⋯⋯⋯⋯⋯⋯⋯⋯⋯⋯⋯⋯⋯⋯⋯⋯ 10
　　2-1　何为语文学习课例 ⋯⋯⋯⋯⋯⋯⋯⋯⋯⋯⋯⋯⋯⋯ 10
　　2-2　何为语文课堂学习的课例研究 ⋯⋯⋯⋯⋯⋯⋯⋯⋯ 12
　　2-3　语文课堂学习的课例研究要素 ⋯⋯⋯⋯⋯⋯⋯⋯⋯ 21
3　语文课堂学习与课例研究的关系 ⋯⋯⋯⋯⋯⋯⋯⋯⋯⋯ 25
　　3-1　语文课堂学习是课例研究的基础 ⋯⋯⋯⋯⋯⋯⋯⋯ 25
　　3-2　课例研究是语文课堂学习的升华 ⋯⋯⋯⋯⋯⋯⋯⋯ 27
　　3-3　语文课堂学习方式变革中的教师 ⋯⋯⋯⋯⋯⋯⋯⋯ 29

第 2 部分　小学语文识字/写字课堂学习与课例研究　31

1　小学语文识字/写字学习标准 ………………………………… 32
- 1-1　小学语文第一学段识字/写字学习标准 ……………… 32
- 1-2　小学语文第二学段识字/写字学习标准 ……………… 34
- 1-3　小学语文第三学段识字/写字学习标准 ……………… 35

2　小学语文识字/写字学习关键问题及指导 …………………… 36
- 2-1　如何培养学生的独立识字能力？ ……………………… 36
- 2-2　如何利用汉字自身特点指导学生识字？ ……………… 40
- 2-3　如何落实每天 10 分钟的随堂练字？ ………………… 42
- 2-4　如何养成良好的书写习惯？ …………………………… 45
- 2-5　如何指导学生学习书写毛笔字？ ……………………… 48

3　小学语文识字/写字学习课例研究 …………………………… 50
- 3-1　会意识字课例与评析 …………………………………… 50
- 3-2　学习查字典课例与评析 ………………………………… 51
- 3-3　自主识字课例与评析 …………………………………… 53
- 3-4　情趣识字课例与评析 …………………………………… 54
- 3-5　字理识字课例与评析 …………………………………… 55
- 3-6　写字姿势课例与评析 …………………………………… 56
- 3-7　随文识字课例与评析 …………………………………… 57
- 3-8　观察写字课例与评析 …………………………………… 60

第 3 部分　小学语文阅读课堂学习与课例研究　63

1　小学语文阅读学习标准 ………………………………………… 64
- 1-1　小学语文第一学段阅读学习标准 ……………………… 64
- 1-2　小学语文第二学段阅读学习标准 ……………………… 65
- 1-3　小学语文第三学段阅读学习标准 ……………………… 68

2 小学语文阅读学习关键问题及指导 …… 69
- 2-1 如何确定阅读目标与内容？…… 69
- 2-2 如何让阅读走向多重对话？…… 75
- 2-3 如何引导学生个性化阅读？…… 78
- 2-4 如何指导学生自然地朗读？…… 81
- 2-5 如何指导学生潜心地默读？…… 83
- 2-6 如何在读中落实词语学习？…… 86
- 2-7 如何培养学生的文体意识？…… 87
- 2-8 如何引导随文学习语文知识？…… 90
- 2-9 如何学习非连续性文本阅读？…… 92
- 2-10 如何实现课内外阅读一体化？…… 94

3 小学语文阅读学习课例研究 …… 97
- 3-1 《山行》课例与评析 …… 97
- 3-2 《庐山的云雾》课例与评析 …… 100
- 3-3 《小稻秧历险记》课例与评析 …… 101
- 3-4 《从现在开始》课例与评析 …… 102
- 3-5 《再见了,亲人》课例与评析 …… 104
- 3-6 《我的伯父鲁迅先生》课例与评析 …… 105
- 3-7 《桥》课例与评析 …… 106
- 3-8 《桥》课例与评析 …… 107
- 3-9 《神奇的克隆》课例与评析 …… 109
- 3-10 《鱼游到了纸上》课例与评析 …… 110
- 3-11 《鲸》课例与评析 …… 113
- 3-12 《学会看病》"1＋X"群文阅读课例与评析 …… 116

第 4 部分 小学语文写话/习作课堂学习与课例研究   121

1 小学语文写话/习作学习标准 …… 122
- 1-1 小学语文第一学段写话/习作学习标准 …… 122

1-2　小学语文第二学段写话/习作学习标准 …………… 124
　　1-3　小学语文第三学段写话/习作学习标准 …………… 126
　2　小学语文写话/习作关键问题及指导 ……………………… 129
　　2-1　如何进行写话学习指导？ …………………………… 129
　　2-2　如何进行看图写话学习指导？ ……………………… 131
　　2-3　三年级习作学习指导的关键是什么？ ……………… 133
　　2-4　习作学习指导的关键问题有哪些？ ………………… 136
　　2-5　如何进行有效的习作学习评价？ …………………… 144
　　2-6　习作学习评价如何开放？ …………………………… 147
　3　小学语文写话/习作学习课例研究 ………………………… 152
　　3-1　一年级写话课例与评析 ……………………………… 152
　　3-2　二年级写话课例与评析 ……………………………… 154
　　3-3　三年级写话课例与评析 ……………………………… 156
　　3-4　四年级《喜欢的小动物》习作课例与评析 ………… 159
　　3-5　五年级《我的小伙伴》习作课例与评析 …………… 165
　　3-6　六年级《童年趣事》习作课例与评析 ……………… 170

第5部分　小学语文口语交际课堂学习与课例研究　　179

　1　小学语文口语交际学习标准 ……………………………… 180
　　1-1　小学语文第一学段口语交际学习标准 ……………… 180
　　1-2　小学语文第二学段口语交际学习标准 ……………… 182
　　1-3　小学语文第三学段口语交际学习标准 ……………… 183
　2　小学语文口语交际学习关键问题及指导 ………………… 184
　　2-1　如何正确认识和确定口语交际话题？ ……………… 184
　　2-2　口语交际指导的基本策略是什么？ ………………… 187
　　2-3　如何丰富口语交际的课堂学习形式？ ……………… 188
　　2-4　口语交际中如何进行有效评价？ …………………… 189

2-5　如何创设口语交际课堂教学情境？ ……………… 190
　　2-6　如何指导学生丰富自己的交际语言？ ……………… 191
　　2-7　如何指导学生在生活中学会倾听？ ……………… 193
　　2-8　口语交际的课堂练习类型有哪些？ ……………… 197
3　小学语文口语交际课堂学习课例研究 ……………… 198
　　3-1　一年级《有趣的游戏》课例与评析 ……………… 198
　　3-2　一年级《春天在哪里》课例与评析 ……………… 200
　　3-3　二年级《我的小制作》课例与评析 ……………… 202
　　3-4　二年级《美丽的春天》课例与评析 ……………… 204
　　3-5　三年级《我能做什么》课例与评析 ……………… 206
　　3-6　三年级《我是小导游》课例与评析 ……………… 209
　　3-7　三年级《学会做客人》课例与评析 ……………… 210
　　3-8　四年级《小小推销员》课例与评析 ……………… 213
　　3-9　四年级《绰号的魅力》课例与评析 ……………… 216
　　3-10　五年级《童年趣事》课例与评析 ……………… 218
　　3-11　五年级《父母的爱》课例与评析 ……………… 219
　　3-12　六年级《毕业赠言》课例与评析 ……………… 222

第 6 部分　小学语文综合性课堂学习与课例研究　227

1　小学语文综合性学习标准 ……………………………… 228
　　1-1　小学语文第一学段综合性学习标准 ……………… 228
　　1-2　小学语文第二学段综合性学习标准 ……………… 229
　　1-3　小学语文第三学段综合性学习标准 ……………… 229
2　小学语文综合性学习关键问题及指导 ………………… 230
　　2-1　小学语文综合性学习指导关键问题 ……………… 230
　　2-2　小学语文综合性学习指导策略建议 ……………… 231
　　2-3　小学语文综合性学习学业评价指导 ……………… 248

3 小学语文综合性学习课例研究 ………………………… 251
  3-1 一年级《四季》课例与评析 ………………………… 251
  3-2 二年级《寻找朋友》课例与评析 …………………… 252
  3-3 三年级《学会感恩》课例与评析 …………………… 254
  3-4 四年级《体验广告》课例与评析 …………………… 256
  3-5 五年级《美丽汉字》课例与评析 …………………… 260
  3-6 六年级《学借东西》课例与评析 …………………… 262

参考文献　　　　　　　　　　　　　　　　　　　　264

第 1 部分

语文学科课堂学习概述

1　何为语文课堂学习研究

世界上不少地方正在进行教育及课程改革,然而不少教育研究的结果却告诉我们,绝少数教育改革能真正对学生的学习产生正面影响,而能够产生明显作用的,都是那些直接涉及学习内容的改革。课堂学习研究的目的就是以学习内容为出发点,以变易学习理论为基础,运用行动研究的模式,聚合教师、教育研究员的集体智慧,解决学生的学习困难,帮助每个学生学得更好。人们发现,在这个过程中,课堂学习研究不仅能帮助学生学得更好,而且对成就教师发展、校本课程发展及学校改革也非常有效。

 ### 1-1　语文学科课堂学习研究的内涵

1-1-1　什么是语文课堂学习研究

所谓语文课堂学习研究,是运用行动研究的模式,聚合教师、教育研究员的集体智慧,以变易学习理论为基础,针对每一节课的教学内容、学生的学习困难来集体备课、教学观摩、协同工作,以及进行系统反思,以达到更有效的教与学的教师专业发展过程,其终极目标是让学生更有效地学习。"课堂学习研究"的核心是通过学科老师的协作和观摩活动提升教学水平,并透过院校协作的模式,在专家的引领下,让教师在行动研究中,寻找改善教学的方法,以期提高学生的学习效果,同时促进教师观摩、课堂分析与解决问题能力的发展。

语文课堂学习研究是优化教与学的一种评价实践,它以课堂教学为出发点,分析探讨一个教学的整体过程和多个循环(之前测学生已有知识、确定学生需求、确定学习内容,教师备课分享、具体施教、课后访谈和会议,之后修改备课,再施教)。在这个过程中,评价起到为促进教与学服务的作用,以检测学生的已有知识水平并作为教学的起点,了解学生的难点并适当调整教学内容,考核学生的学习效果,帮助学生发挥潜力,提高学习效果。发现发展有困难的学生,通过访谈了解学生的认知障碍,探究改进教学方法。课堂学习研究可以帮助我们转变课堂评价的观念,从关注教师的教转向更多地关注学生的学。

语文课堂学习研究,既是行动研究的一种形式,又是协作式学习的一种方式,教师通过共同备课、课前课后会议交流分享以及观课、评课等协同工作,达到共同提高的目的。在这个过程中,教师既是教育者又是研究者,通过行动进行反思,通过反思进行更有效的教学。

1-1-2 语文课堂学习研究的基本内涵

语文课堂学习研究是一种院校协作的校本教育行动研究,旨在通过教学研究—实践—反思的过程来推动教师专业发展,以提高课堂教学与学习的效能。它是受到以教学实验设计来探讨教学成果的理念启发,并结合日本教师的授业研究及中国教师的共同备课模式,对一节课的教学内容进行深入研究。教师通过这种形式进行知识交流和分享,建立起教学反思的实践社群。

语文课堂学习研究本质上是一种教育行动研究,具备一套严谨而科学的研究流程,需要整个研究团队搜集客观的资料以评估学与教的成效,不单能够提升教师的教学研究能力,更能协助教师发展系统性的反思能力。语文课堂学习研究是以变易学习理论联系教与学,这套理论框架有助于教师进行反思性学习。该理论提出了"学习内容"和"关键特征"的概念。教师必须先学习此理论,才能够根据理论框架创设出恰当的变易图式,让学生体验其中的变易,从而分辨出某事物的关键特征,并在过程中提升自身的教研能力。

(1)学生的差异性。对同一现象理解的差异,造成学习成果的差异。

现象图式学认为:虽然本质上人们对某事物总是有不同的理解,但又总是假设其他人对这个事物的理解和自己一模一样。在教学上,教师常会假设:学生理解教师教学的方式,与教师所预期的是一致的。所以,改善教学的第一步,便是教师必须明白学生对教师要教授的东西会有不同的理解,因而不同的学生会有不同的学习成果。于是,教师的主要任务,便是要找出学生的这些不同理解,然后考虑如何建构教学来让学生掌握预期的教学内容。

(2)内容的恰切性。课堂上要呈现什么学习内容似乎不是问题,因为有教科书和课程标准。然问题恰恰又出在这,教师按教科书教的内容未必是适合学生学科认知发展所需要的学习内容。

学习内容实际上分四个层面:①课标和课本规定的学科学习内容。②教师根据学生的情况按课标、教科书的内容进行教学设计。这两个层面的内容是预设的学习内容。③课堂上呈现的学习内容。这是实践中表现出来的学习内容。④个体学生体验、体悟到的学习内容。这是学生认知中的学习内容。毫无疑问,我们注重的应该是最后一个学习内容,只有研究了反映在学生头脑中的、个体化的学习内容的恰当性,才能不断改进预设的学习内容和实践中的学习内容。

在实际教学中,学习内容是影响教学有效性的一个主要因素。如识字教学中忽略字与字的比较,忽视字与词的联系。又如阅读教学中重复不必要的文章结构分析(学生已经明白的简单结构)。学习内容有以下属性:①希望学生学到的学科知识(近期目标)。②通过学到的知识培养学生建立和发展一种特定的能力(远期目标)。③教师要考虑所学内容和学习者的关系,学习的经验能否让学生有机会更好地理解他们所处的世界(为什么要学习所学的内容,学习内容的价值)。④学生实际学到的取决于他经历过什么,不同的学生可能有不同的学习内容体验。从下边两个案例可以看出根据课堂学习研究确定的学习内容的不同之处:《梅花魂》第2课时的学习内容:理解叙述描写与抒情议论的区别和联系,能够在自己的习作中作适当描写和抒情议论。《凡卡》的学习内容:感悟细节对表现人物形象、推动故事情节的独特作用,运用细节描写丰富人物形象、完善情节结构。

（3）关键属性。关键属性是指帮助学生掌握学习内容，提高预期的学生相应能力的关键点。一个知识会有许多属性，教师要学会分辨哪些是导致学生在学习过程中出现困难的关键属性。教师往往用自己对所教内容的理解来代替学生的理解，所以常常找不到导致学生在学习过程中出现困难的关键属性。如：学习四季、日食、月食等知识，关键属性是地球、月球、太阳三者之间自转和公转的关系。《春》的学习内容：对春天景物准确、生动的描写，准确——写得像；生动——写得活。第一，抓特征，用词准；第二，明视点，排顺序；第三，借修辞，通感官。学习观察和表达，其关键属性是各种感官的感觉和联想、想象。学习比喻的欣赏和运用，其关键属性是本体、喻体、喻解的吻合和本体的多样性等。关键属性既和学习内容有直接的关系（是学习内容的核心点与难点），又和学生的认知有着密切联系（有相对性）。

综上所述，语文课堂学习研究是一种有效的教师专业发展策略与途径，通过相关的教研活动，能够加深教师对学科知识的理解，并发展教学设计、教学实践、教学评估及实践反思等专业能力。在课堂学习研究过程中，我们应该确立"整合"的理念，把这三种维度很好地整合起来，不再仅仅关注学习动机、学习方式或学习内容，而要把它们纳入校本学习的整体视角之下进行研究，使它们达到协调一致，以发挥其整体性功效。与此同时，语文课堂学习研究亦有助于学校形成一种以分享、信任、支持、日常工作为中心，以共同的工作和促进成长为特征的协作学习，最终带来"三赢"——教师的专业得到发展，学生的学习成果增加，学校的整体教育效能提升。

1-2　语文学科课堂学习研究的过程

1-2-1　语文学科课堂学习研究的过程

一般来讲，课堂学习研究的流程主要包括以下五个步骤：

（1）选取课题，初步拟订学习内容。课堂学习研究的第一步是找出要学习的内容，进而探求要解决的问题，如：学习内容与学生的生活经验或学习经验有何关系？教师希望学生去发展哪些方面的知识或能力？学习内容如何能配合学科（或学习领域）的课程？教师如何根据学生的已有知识去确定学习内容？有哪种知识或能力是建基于这些学习内容的？在何种状况下，学生的知识迁移可能做得更好？等等。

(2)找出学习内容的关键属性，确定学习内容。在设计教案时，研究者应先了解学生具有的已学知识内容，找出可能出现的学习难点（关键属性），包括集合老师的经验、收集文献等相关资料、对学生进行前测，及抽样部分学生进行课前访谈，从而为开展学习打下基础。因为如何更科学、精准地选择、加工教学内容，是保障课堂高效的前提，也是教师专业化发展的必由之路。课堂学习研究以关键特征的梳理切入学习内容，聚焦学习难点，根据关键特征设计教学前测卷和后测卷，在设计教学环节时紧扣关键特征的落实，经过几个教学循环之后，及时总结反思，提高效率，最后达到让所有学生都取得良好成绩的目的。

(3)教学设计及课堂实践。在对学生学习上的难点及学习内容的关键属性有充分掌握后，小组成员共同确立教学策略，进行教学设计，并开展数轮的教学实践（不断改进）和观课研讨。

(4)教学评估。对所有参与研究课的学生进行后测。抽样对学生进行课后访谈，查证学生是否已经掌握预期的学习内容。根据这些学习成果，再从课堂上找出相对应的教学情景（或出现的变异图式），作出分析及提出进一步改善教学的建议。

(5)撰写报告及分享成果。总结实践经验及成果，撰写成报告，并通过公开讲座等活动，与其他老师及公众分享。

以上步骤不是一成不变的，有时可能几个步骤同时进行，有时有些步骤可能反复进行数次。

1-2-2 课堂学习研究和优质课评选的不同之处

(1)课堂学习研究强调学生学习实践的重要性。优质课评选关注教学目标的达成，关注知识的重难点，关注课堂氛围，关注采取的教学形式。

课堂学习研究的整个过程都极为关注学生的知识水平和学习状态，始终坚持从学生中来,到学生中去,扎实将生本理念贯穿于教学的每个环节。首先课题的选定往往是从学生的薄弱处着眼。在初步选定了课题之后,对学生进行前测,通过前测了解学生对知识的掌握程度。分析前测后再确定教学内容、教学的关键特征,研讨教学步骤。在之后的数轮教学中,无论是教学内容、关键特征,还是教学手段都依据学生的实际不断作出调整。教师始终把充分掌握学生的动态,及时把握学生对知识的认知作为教学的着力点。始终把学生的已有经验和已有知识能力水平、学生可能出现的问题、学生的可持续发展,确认学生对学习内容已具备的知识经验,找出可能阻碍学生知识掌握的难点,作为教学中应该注意的方面。强调前测和后测对教学的诊断作用,意在通过这样的教学流程来引导学生有效学习。上完课后再从后测中获取数据来了解学生的学习效果是否有了提升,以便反思每个教学流程的有效性。尤其重要的是,课堂学习研究关注学生的个体差异不是仅仅凭经验,而是应用科学的手段即通过前测先来获取一系列客观的数据和信息,帮助教师清晰了解学生对这一教学内容已具备的知识经验,以及集体、个体存在的知识能力的空白和缺失,利用学生对学习内容的不同想法,不同程度地掌握差异,找出他们学习此内容的关键所在,从而进行课堂设计,提高教与学的质量。

学生访谈分课前和课后两种。课前访谈:了解学生的知识储备情况;了解学生对所要学习内容的见解、困难、障碍。如果通过课前访谈,教师知道学生对将要学习的事物是怎么看待的、有哪些误区或者困难,有利于有的放矢地设计教学。课后访谈:了解学生的学习效果或存在的问题,有利于在下一轮教学中加以改进。

(2)课堂学习研究重视数据的收集、整理、分析,以此印证课堂学习研究对学生学习成果、教师发展、学校发展的正面影响。而以往的优质课评选,往往以教师累积的教学经验来判断学生的学习状态,很多时候既定的教学经验反而成为了解学生学习障碍的"绊脚石"。

(3)课堂学习研究注重反思和总结。课堂学习研究每一次的交流和教学,都要求写评论和总结,将实践过的课例、教学设计、前测后测及问卷、自己思考的过程等以报告形式呈现出来,这就要求教师不断思考,并且将这些活动形成文字,教师没有一定的功底是无法完成的,这促使教师不断去学习,最终成为一名优秀的、拔尖的老师。而以往的优质课评选只关注上课的过程。

(4)课堂学习研究注重教师之间的交流和互动。每一轮教学设计都是在学科专业人员和专家的引领下进行的。确定教学内容的关键特征,设计问卷和前测卷,都需要教师之间的头脑风暴。教师之间只有实现智慧的交流和碰撞,才能最终形成有效的教学设计。如果效果不好,还会进行多轮互动和交流,有的课题研究需要五轮教学才能达到理想的效果。

1-3 语文学科课堂学习研究的意义

1-3-1 缩窄理论与实践之间的鸿沟

语文学科课堂学习研究致力于促进学生互相合作,持续学习。从长远考虑,将带动全校教师,乃至学校整体的发展。这种教师专业发展模式能够协助教师发挥教学实践智慧,并深化教师对学科教学知识的理解。

语文学科课堂学习研究着重于教学实践,将理论与实践结合起来并贯彻执行是教育改革取得成功的关键。教师的教学经历虽然宝贵,但要总结和提炼这些经历,并使之成为可供参考、推广的经验和理论却是非常困难的,因为教学实践的智慧原原本本保存在课堂教学的那些细节中,而一些经研究而发展出来的教学理论则显得过于抽象、不切实际。要缩窄理论与实践之间的鸿沟,教师必须和自己、同行对话。教师若能有条不紊地应用相关理论,并对整个实践过程进行认真反思,将有助于从经验中学习,从学习中逐渐把握课堂学习研究的流程及理论架构。

1-3-2 深化教师的学科教学知识

教师通过参与课堂学习研究的讨论、观课及评课活动,能深化学科知识及学科教学知识。在进行课堂学习研究过程中,教师和研究人员探讨的内容往往会涉及学科知识的架构,前置及后续知识之间的关系,层面既广且深,除要厘清学科知识版图以确定学习内容外,更要辨识学习内容的关键特征。教师与研究人员之间的互动,必然会加深教师对学科知识的理解。教学实践的验证和对教学实践的反思,又能深化教师的学科教学法知识。课堂学习研究扩展了教师对教学,包括教学内容、教学策略,以及理论建构等的认知。换言之,以变易学习理论为基础的课堂学习研究,能让教师掌握一套有效的工具,以便进行课堂设计、教学实施及课堂分析与评估时使用,其中涉及的概念包括:如何选取适切的学习内容,确定其关键特征,以及创设恰当的变易使学生审辨出学习内容的关键之处。其中的变易学习理论则协助教师对学习内容进行取舍,更深入地分析学习内容的关键之处,并且让他们洞察到学生对学习内容的不同理解;而观看同行用不同手法演绎相同的学习内容,更有助于教师向社群学习,以构思更有效的教学方法;至于前、后测的运用,更可激发教师深入思考施教与学生学习效果之间的关系。简而言之,通过课堂学习研究,教师更有办法根据学生的学习难点和起点来选取适切的教学内容,从而增删、修订教材以满足学生学习的需要。

1-3-3 促进语文教师教研能力提升

课堂学习研究为教师提供了机会,让他们经历备课、检讨、反思、改善和再施教的过程。事实上,开展每一个课堂学习研究时,研究人员都会为教师引进相关的教学、学习理论,并运用一套严谨的研究方法,带动教师搜集资料、评估学生学习成效、反思教学设计,从而使整个研究方向更明确、方法更科学。

课堂学习研究并不停留于让教师学会教好主题句这一课题,而是要让教师学会一套方法来处理教学难题,包括诊断学生的学习困难、评估教学成效等。换句话说,课堂学习研究作为行动研究的一种模式,能够提升教师的教研能力,促使教师熟悉所教学科的课程性质、目标、内容框架、教学和评估要求等。由专业引领到专业自主,培养教师团队,这种跨学科的教师团队通过课堂学习研究,建立起专业学习社群。从教师对"大家""我们"等共同体及社群字眼之分享和回应可见,课堂学习研究能够推动教师建立专业学习社群,促进知识交流和教学反思。

有研究指出，在只有教师独自摸索、缺少研究人员协助的情况下，教学研究难以取得重大成效。课堂学习研究的培训模式为同行提供了互相分享、交流的学习机会，教师对于学习内容及教学方式有不同的理解，专业对话有助于厘清其内隐知识，促进教学知识的转移与发展，让经验较浅的教师和资深的教师共同成长。而教师在研究的总结阶段，需要向来自高等院校的教育专家、同行报告其研究过程与成果，并接受提问等，这一过程能促使教师在另一个层面反思整个课研，并将之作为日后修订或再研究的依据。

要使教学改革或创新持续发展，就必须让教师掌握一套切实可行的方法。课堂学习研究的最终目标是当研究人员撤出学校以后，教师能够继续以课堂学习研究为主轴，形成一个由资深教师、指导教师与新手教师组成的专业学习社群，定期开展课研活动，促进学与教的良性循环。

2 何为语文课例研究

 ### 2-1 何为语文学习课例

2-1-1 什么是课例

"课例"是一个实际的教学例子，是对一个教学问题、教学决定的再现和描述，即"讲述教学背后的故事"。

(1)课例与教案、课堂实录的区别。课例与教案的显著区别是，教案是预案，借用英语中的说法是"将来时"；课例是已经发生过的，是"过去时"。课堂实录是对实际发生的课堂进行客观、逐字逐句的文本记录，是真实的课堂再现。课例不仅仅是最后的课堂教学实录，还要交代之所以这样教学的思路、想法、理由和认识，其中有研究的成分。

(2)课例与案例的区别。课例仅是教学案例的一种。课例和教学案例有一个相同点——均有一个研究"主题"。课例是以学科教学内容为载体、具有某个研究主题的教学实例，而非一般性的教育问题。其中"主题"正是课例所要表达的灵魂(研究的成分)，"载体"正是课例表达观点和思想的媒介。

(3)课例与思辨或经验论文的区别。它们很容易甄别,需要说明的是,课堂实录片断配以点评类型的文章不是课例。对同一节课的不同片断作出点评时,对每个片断又从不同角度加以评析,从整体来看,这类文章对课堂分析的视野比较宽泛、点评比较发散。还有的文章具有一个大的研究观点,但选取不同的课堂片断,每次从一个更小的视角加以剖析,就每个片断而言,读者无法了解这个片断对应的原课究竟具有怎样的一个整体授课思路。还有一种是围绕一节或几节课的教学漫笔类文章,它们也不是课例。这类文章的作者一线教师居多,他们往往针对一节课进行课后反思,或观察了一类课之后有感而发。这类教学漫笔往往比较生动、情感化、吸引人,但缺乏围绕一个主题进行深入提炼和深度的理论诠释。由此,我们可以进一步看出课例的根本特征:以课堂教学的学科内容为载体,以某个小的研究问题为主题,讲述的是一个实际发生的课堂教学实例背后的故事;而且教学实例的整体思路相对完整。

(4)课例与课例研究的区别。前者指最后产生的成果形式是一个"课例",而形成这个成果的过程则被称为"课例研究";前者是静态的结果表达,后者则是一个动态的研究过程。

2-1-2　课例在行动研究中生长

课例研究具有生长性特点,是随着研究者的行动不断深入发展的。

(1)在观课中生长。观课活动为课例研究提供了很好的机会。观课曾被界定为观察者带着明确的目的,凭借自身感官及借助于有关辅助工具,直接从课堂情境中收集资料,并依据资料作相应研究的一种教育科学研究方法。

(2)在课堂实践中生长。教师对课堂呈现材料部分进行教学实践,尝试从内部方案语言向外部课堂教学语言转换。要实现这个转换,个体的知识结构、能力结构要有新的变化。个体已有结构图式的变化是渐变的过程,一次尝试一般不可能实现全部转变。其他材料为课堂呈现材料及教师实践提供了支持,课堂实践又促使教师积极调整课堂实践方案,搜集和充实其他支持性材料。很多人把注重个人实践理解为设计好一个方案,然后实践,如达到目的,就大功告成。这样理解是片面的。从课例研究层面来看,除要尝试性地实践之外,还要使课例研究材料系统化,并不断升级。一个课例研究材料的完善不是一次或一年就能做到的,它是无数次实践的结果,有的也许要我们付出终生努力,一个研究周期一个研究周期地延续下去。

(3)在比较、观照中生长。教师建构的课例研究材料不可能是完美的,要对之比较与分析、发展与完善。比较的思路是:与其他教案或课堂实录作比较,找出差别所在,分析差别原因,找到差别的支撑性理论依据。进一步的做法是:把相关的材料找出来,筛选出课例研究需要的部分,并充实到课例研究材料之中。教师在学习实践中要随时观照自己的课例研究,及时丰富研究材料。现实中有价值的言语事件、新生的有生命力的词汇等,都可以融进课例研究。一般做法是:及时写进材料,尽快在课堂上实践、验证,或找机会探讨、分析。如《丰碑》一课,当教师接触到叙事方法的知识时,就应该清楚:既然由"我"来叙述,文本就不只是一个红军战士的故事,应该还有一个"我"的故事,把这些材料充实到研究材料中,能为课堂教学实践提供更多支持。教师的教学研究不能止于简单的积累,也不能是不切实际的研究,课例研究可使教师轻松成为一个研究者,从而提高课堂教学水平。

2-2 何为语文课堂学习的课例研究

2-2-1 什么是课例研究

课例研究是指围绕一堂课的教学在课前、课中、课后所进行的种种活动,包括研究人员、上课人员与他的同伴、学生之间的沟通、交流、对话、讨论。

课例研究不是课例。课例是关于一堂课的教与学的案例。课例是一节节具体的课,课例研究是要对这一节节具体的课进行研究,是要弄清一节课为什么这样上而不那样上。

课例研究也不是教案。教案是具体一堂课的教学方案,是由具有特定教育思想的教师制订、面对特定学生、在特定时代环境里的具体教学实施方案。教案的意义是发生在一定范畴里的,包括具体的时间、范围、特定的区域、人群等。课例研究活动还要研究支持性材料,结果具有普适性。

课例研究是一种促进教师专业发展的行动研究,它通过教师集体对真实的课堂进行系统检查(具体包括教学设计、实施、反思)来达到促进学生学习、增强教学有效性的目的。国外学者把课例研究分为五个操作步骤:确定研究的问题——设计课例(实施与观察/评价和反思)——修订课(实施与观察)——第二次评价和反思——写作与共享结果,并且为每个步骤提供具体的操作规范和操作工具。

课例研究是提升教师课堂教学水平的过程,是教师完成某一课堂任务的支撑性材料。如在《军神》一课的课例研究中,材料的主题可以是"反映当时的生活",也可以是"态度决定成败""人生与毅力"等,这适用于各种课堂教学。

语文课例研究是指针对一堂课的教学内容来集体备课、教学观摩、协同工作,进行系统反思以达到更有效的教与学的教师专业发展过程,其最终目标是让学生更有效的学习。它是行动研究的一种形式,教师既是教育者又是研究者,通过行动进行反思,通过反思进行更有效的教学。课堂学习研究又是协作式学习的一种方式,教师通过共同备课、课前课后交流分享以及观课、评课等协同工作,达到共同提高的目的。

常见的教学课例研究报告包括三个部分:一是对教学设计的背景、思路与意图进行说明;二是如实描述课堂教学的实际进程,包括学生是怎样学习的、师生是如何互动的,描述应点面结合,给人以整体感,同时又要突出重点;三是对授课过程及效果的反思与讨论。课例研究的材料应由课堂呈现材料、支持性材料、结果评价性材料、反思性材料四部分组成。

(1)课堂呈现材料。课堂呈现材料指向课堂教学的实现,可以是教案、课例、课堂实录、课堂片断、说课稿、教学案例等。

(2)支持性材料。包括学生学习层面的知识情况分析、课堂呈现的学习知识来源、课堂教学内容建设的支撑性教育理论资料,及其他有价值的文献资料等。

(3)结果评价性材料。结果评价性材料是某一课堂实践情况的评价性记录,可以是简单的效果等次,可以是翔实的课堂实践得失记录,也可以是学生作业,如成功或失败的学生习作。

(4)反思性材料。教学反思是课堂实践的心得体会,要注重对成败得失的原因分析、改进设想等。

这些材料难分轻重,课堂呈现材料是重要的,研究的重点更多时候会指向支持性材料、结果评价性材料及反思性材料,因为研究是为了提升自己,而不是为抄录一个方案以应付某堂课。

2-2-2 怎样确定课例研究主题

在教学课例研究中,我们通常要经历疑问—规划—行动—观察—反思的循环过程。

2-2-2-1 研究主题的特征

(1)源于现实。教学课例研究致力于以科学的研究手段解决教师在课堂教学中遇到的现实问题。

(2)始于反思。教师虽身处现实的教学情境,但能否确定切实可行的研究主题,是否善于捕捉和提炼真实的课堂教学问题,还取决于其是否具备较强的反思能力。教学课例研究的主题可以是共性的也可以是个性的,但都是教师基于教学反思所发现的问题。因此,教学课例研究主题必须能激发教师的反思精神和问题意识。

(3)具体可行。就像写论文一样,教师应紧密结合课堂教学实际,从小处、细处、实处捕捉问题,选取具有较强可操作性并具备研究条件的主题加以研究,就可以"小题大做"。

(4)答案开放。教学课例研究是通过反思课堂现象与总结教学经验来实现教学改进的。由于实践问题受多种因素制约,纷繁复杂,研究问题的解决往往没有已知的、明确的、唯一的答案,很可能存在多种解决方案,而且只能从归纳中生发。比如:一位教师试图以"语文探究学习的要素"为教学课例研究的主题,然而有关探究学习的要素或环节的探讨已有共识,如何在实践中加以组织才应当是研究的重点。之后,该教师确定研究的主题为"语文探究情境的创设",探讨把学科内容转化为探究情境的方式和方法。因为探究情境是与具体的学科内容联系在一起的,其创设方式必然具有多样化和开放性的特点,因此值得作为教学课例研究的主题深入挖掘。

2-2-2-2　研究主题的类型

（1）与学科内容有关的研究主题。对所教学科的深刻解读与灵活理解是教师的基本功。理解并抓住学科的本质是教学课例研究的重点之一。举个例子,我在洛阳听过小学语文教材中的一节课《钓鱼的启示》,有的教师与学生一起学习并模仿钓鱼的动作,还有的教师自始至终强调环保问题等。把一节语文课上成一堂品德课。显然,这些教师就没有把好小学语文学科的脉。如果让我们进行教学课例研究的话,可围绕"《钓鱼的启示》编者的意图及设计"进行教学课例研究,将"钓鱼的启示"作为教学目标的重点,从而可彰显语文学科工具性和人文性的特点。

（2）与学习者及其特点有关的研究主题。教师教学的最终目的是指向学生的学习与发展,教学课例研究应重视对学习者的研究,不了解学习者及其特点,便不会有好的教学。学生是如何学习的,对某一课题,他们有着怎样的理解和误解,不同个性或水平的学生之间存在怎样的影响等,这些都是教学课例研究应关注的主题。此外,学习者的具体表现有时也可作为教师检验教学成效的依据之一。

（3）与课程知识有关的研究主题。现在的教师不再是课程方案的简单执行者。作为课程开发的主体,教师在教学过程中需要承担课程设计和实施的重任。在这方面,某学校的教研组所开展的教学课例研究给我们留下了深刻印象。这个教研组为在语文教学中体现民族特色,先后开发了对联、成语、诗歌、笑话、小说等主题,并根据学生的认知水平和教学实际效果对上述主题涉及的内容进行合理取舍,精心编排,最后形成了一系列颇能激发学生兴趣的语文探究内容。在课程改革过程中,诸如此类有关课程知识的教学课例研究必然有着很大的探索空间。

（4）与教学法知识有关的研究主题。有关教学法方面的主题是教学课例研究的重要内容。举例来说,某一学校的语文教研组一直强调在教学中要组织学生开展合作学习,但是在实践中他们发现一个令人头疼的现象,个别优秀学生经常掌握话语权，以致小组内的其他成员只能被动接受。于是他们开展了以"分散话题权，促进组内平等"为主题的教学课例研究，最终找到了有效的解决策略。

2-2-2-3 研究主题的确定过程

发现教学实践中存在的问题只是教学课例研究主题确定的第一步。在发现问题之初，教师对问题的认识和理解很大程度上仍是模糊的，有待进一步理清。因此，从问题发现到主题确立是一个不断精致化的过程。

(1)搜集和分析相关的文献资料。在教学课例研究中，教师要有意识地将理论学习融于主题确立的过程。比如，教师欲开展"诗歌鉴赏的模式"的教学课例研究，就可以先查阅"诗歌鉴赏的答题模式归类"等资料，并对语文学科中运用这一方法进行教学的难点加以分析，而后在充分考虑可行性的基础上，找到解决这一问题的重点与难点——如何把教材的相关主题转化为学生进行研究的课题，再通过搜集和分享这方面的资料开展教学。可见，对文献资料的搜集有助于我们明晰已有的研究成果，从而在此基础上明确核心概念的内涵，确定研究的重点与难点，为后续研究作好充分准备。

(2)对问题的核心概念进行界定。教学课例研究通过对核心概念的界定大致确立了研究的范围，使教师有明确的研究方向，也比较容易找到解决问题的路径，有助于研究落到实处和取得成效。因此，对核心概念进行界定可以避免在研究中四面出击，虚张声势。

(3)提出明确的基于问题的假设。在问题界定清晰后，教师还应通过研讨提出解决问题的初步设想。没有假设的教学课例研究，目标含糊不清，过程无所依循，所得出的研究结论也会是不完整或不重要的。因此提出明确的基于问题的假设是教学课例研究主题确立不可或缺的环节。

2-2-3 怎样进行教学课例研究

2-2-3-1 理解合作设计的确切内涵

教案设计也应是合作的成果。虽然我们有集体备课的优良传统，但实践中集体备课往往简化为"上课教师汇报设计内容"加"同伴提出修改建议"的过程,其最核心要素——协作互助、深度研讨、智慧碰撞等被忽略,导致不能产生实质性合作,只是走过场。在教学课例研究中,教案合作设计要求教师相互合作、共同探讨授课的最佳方式。为此,研究小组要从以下几个方面来交流自己的看法:以往的教学经验,特别是初上这堂课时有哪些困难与乐趣,学生的表现如何;当前班组学生的基本情况;可采用的教科书及其他教材等。

教案合作设计有助于上课教师加深对教学的理解,恰当调整自己的最初设想。可以说,教案合作设计实现了教师群体资源的优势互补和资源共享,可以让每一个参与者收获更多的思想和方法。但是,这并不意味着上课教师要把集体生成的统一认识不加批判地接受下来。合作设计不能以磨灭师生的独特性为代价,每一个课堂中的师生都是具体的,上课教师要坚持"和而不同"的理念。在吸收集体智慧的同时充分考虑自己的教情和班组的学情,根据实际情况修正原有的教学思路,撰写自己的教学方案。

2-2-3-2 开展实证性的学情分析

学生已有的知识经验和现有的发展水平是教学的起点。在传统的教案设计中,教师对学生学习状况的分析大都过于笼统,有时所表达的是整个学段或整个班组学生发展的一般特征,甚至只是用"基于学生的兴趣需要""根据学生的特点"等类似话语加以概括,这种分析对课堂教学几乎没有实际意义,也可以说是当前教师进行学情分析的通病。

在教案设计阶段,教师可以运用先测试或访谈等手段,开展实证性的调查研究,以便了解学生已有的知识基础、经验、兴趣,学习新知识可能会遇到的困难以及适合学生学习的方式等。教师越是深入了解所教的学生,越有利于设计出有针对性的教案。

2-2-3-3 转变教案的设计重点

教学课例研究致力于理解学生是如何学习的,"丰富学生的见解"才是教学课例研究的核心追求。教学课例研究对学生学习的关注,要求教案设计必须突破传统意义上只关注教师如何教的局面。受基础教育课程改革的影响,人们对传统的针对教师的教学行为加以规划的单线型教案作了大胆革新,将其细化,分为两栏:即教师活动与学生活动,或添加"设计意图"分为三栏。这种复线型教案有意识地增加了教师对学生主体活动的设计,并将设计意图也列在旁边,有助于教师课后进行反思。

在此介绍一种复线型教案,以便教师对教学课例研究有更深入的理解。教学课例研究由四个方面内容组成:

教学活动及提问:包括对课堂学习活动的组织和教师在不同情况下要提的关键问题。

预期的学生反应:包括教师对学生会产生的想法、答案、反应等的预期。

教师行为描述:概略叙述教师怎样应对学生的不同反应以及教师在教育教学过程中应该记住的重要事项。

课堂教学评估:教师同步记载和评估课上各个不同阶段的教学效果。

一方面,上述复线型教案不仅充分考虑了学生的反应,而且将教师对学生的反应作出的应对措施列入教案写作范畴,使教师的教学更具有可操作性。另一方面,作为观察和交流的工具,复线型教案可以为随后的教学研讨提供反映学生学习状况及教师教学状况的详细资料。

2-2-4 教学课例的类型及其撰写

2-2-4-1 教学课例的类型

对教学课例的划分没有一个统一的标准,以下分类是根据教学课例对教师专业水平提升的作用来区分的,它们之间在逻辑上没有严格的并列关系,反而有相互交叉的关系,这种分类是就教学课例的侧重面对教师专业发展的价值而言的。

(1)问题呈现型。这种教学课例主要来自教师课堂教学实践中所产生的问题,主题往往就是问题的核心所在。它关注到理论与实践的关系,但偏重于实践中存在的问题,教学课例设法找到理论来解释并协助解决实践问题,以问题的形式唤起教师的深刻反思以及随后开展反思行动,问题通常是开放型的,没有相对统一的共识。

(2)经验分享型。这种教学课例主要来自于教师一个新颖的教学设计及其随后的教学改进过程。它通常会以"故事"的形式来叙事,这种利用"叙述体"的知识极易促使教师之间进行沟通。教学课例本身是教师查找他人就同一内容载体如何教学的重要文献资料,是一般的理论性文献资料无法取代的知识。

(3)理论验证型。这种教学课例的出发点是推崇某种教学思想或教学理论的价值,认为教学就是将这种思想或理论应用于实际课堂教学的结果。教学课例往往成为从各个角度印证教学思想或教学理论的鲜活实例。这种教学课例暗含的结构是演绎型的,就是从理论观点出发,按照理论来组织和改进课堂教学,最后再用之解释教学或教学课例以丰富该理论。

(4)知识产生型。这种教学课例比较少见,但其价值较高。这里的知识产生既包括教学课例所反映的新的教学思想、理论视点等,也包括教学课例研究中有关学科内容的新发现、获得的新知识。

实际上当我们阅读一个教学课例时,它很可能同时具有两种类型教学课例的特征,只不过其中某一方面更为突出。

2-2-4-2 教学课例的撰写

很多有经验的教师和优秀教师都经历过"磨课"的过程,他们的记忆中都或多或少储存有一些精彩的课堂教学实例。如能对它们进行梳理加工,凝练出一个焦点主题,并赋予一定的背景意义,就会形成一个教学课例。如何把这样的教学经验转化成一个教学课例呢?

(1)第一阶段:琢磨典型的教学课例。在前期准备阶段,可选择一个或几个典型的教学课例,对其内容、结构进行分析。可重点领会以下几个方面:教学课例的作者如何陈述事件的发生、发展过程?如何突出研究的主题和产生的主要问题?如何处理教学课例各个组成部分之间的关系?提炼的主题如何与选择的课堂教学情境或内容相关联?通过这样的学习过程,体会教学课例的几个要素。

(2)第二阶段:回溯教学实例的产生过程。可以回想自己头脑中认为精彩的教学实例是如何产生的,包括以下几个方面:当时有哪些人参与教学研究过程?哪些人哪个阶段的观点给自己留下了深刻印象?该教学实例产生前后上过几轮课？教研活动是如何展开的？不同阶段授课教师的心理感受、遇到的问题是怎样的？不同阶段每个参与者的观点是如何发生改变或逐步深入的？对于这些问题的回溯性思考，目的是抓住精彩的教学实例产生的前因后果和重要细节。

（3）第三阶段：撰写教学课例初稿。如果该教学实例的整个过程非常清晰，而且当时研究的主题和问题，包括它的背景、价值、意义都很清楚，那么可以立即从教学课例的几个要素着手开始写作。在很多情况下，教师面临的问题是，觉得教学实例很精彩，但对研究过程、主要问题等感觉无从下手。在这种情况下，可以先回想整个教学实例研究过程中留给自己印象最深刻的、具有冲突性的事件片断，而这往往是教学课例中的关键事件。然后对这个关键事件是如何发生的进行回想。思考当时的背景是怎样的？这个关键事件后来是如何处理的、得到了什么结论？这个办法其实是从最重要的事件入手，追因索果，是一个比较有效的技巧。

（4）第四阶段：斟酌和修改教学课例。写好初稿后，首先可以用教学课例的几个要素来衡量，看看是否具备教学课例的基本条件，缺什么补什么，累赘的可以删去。自己感觉基本满意后，可以请没有参与过这个教学课例研究的人阅读，看他们是否理解了自己想要表达的思想。因为写教学课例的人头脑中有很多潜在的细节，他们自以为都交代清楚、明白无误了，可是没有参与过的人对这些潜在的细节一无所知，就不一定理解。所以听取"局外人"的意见，进行反思、斟酌，甚至重写，也是一个有效的技巧。

（5）第五阶段：凸显教学课例的价值和意义。在教学课例基本完成后，考虑下所写教学课例的类型，也就是整体考虑下教学课例的价值和意义究竟在哪里。这个阶段可以重新考虑修改标题，用比较贴切的主题词汇突出该教学课例的价值和意义所在。如果再配以优美的语言和吸引读者的文风，就像品味美酒，小酌便能叫人陶醉。

2-3 语文课堂学习的课例研究要素

2-3-1 课例研究的要素构成

2-3-1-1 主题与背景

主题与背景是教学案例的第一要素。因为课堂教学是复杂的，通常的听课、评课往往从各个角度提出各种改进意见。教学案例研究并不追求通过一节课试图解决很多问题，而是追求通过一个教学案例认识一个小的研究问题——这就是研究的主题，"小"才有可能"深"。研究主题最好从教学案例的题目就能看出，或者开门见山地交代，这样别人可以直接知道这个教学案例探讨什么方面的问题，而不是读了洋洋洒洒几千字还不知道教学案例想解决什么问题。主题从哪里来、为何选择这个主题进行研究？这就需要交代该教学案例产生的背景。例如，背景中可以交代主题是困惑、难点，来自课改中核心理念的践行等。背景的交代可以使教师感受到整个教学案例的价值和意义所在，帮助教师改进课堂教学的背景和条件等。

2-3-1-2 情境与描述

教学案例的载体是学科课堂教学，因此课堂情境的描述是必不可少的，但这不等同于把大篇的课堂实录直接摆进教学案例报告。教学案例的描述不能杜撰，它来源于真实的课堂教学及其改进教学的研究过程，但其情节可以适当调整与改编，因为只有这样才能紧紧围绕主题并凸显讨论的焦点。各个课堂情境的选择要围绕教学案例研究的主题，有时为了凸显与研究主题密切相关的问题，甚至可以对片断中的语言作适当剪裁（如用省略号略去一些无关的话语、删去一些口头禅等）。除使用第一手直接的实录描述外，还可以用作者讲述的方法对实录片断进行第二手的描写，包括作者本人当时的想法、感觉等都可以写入教学案例。围绕主题的情境描述力求准确、精简、引人入胜。

2-3-1-3 问题与讨论

教学案例反映的是教学改进的过程，因此在教学案例描述中必然包含着提出问题,以及由问题引发的后续讨论。因为教学案例反映的是教学研究"背后"的故事,交代这个教学案例产生过程中的问题线索,使读者知道教学的进展,否则读者只是感觉到描述了一节"好课",却不知产生这个"好课"的过程是怎样的。对读者来说,把研究授课的问题及其讨论梳理、展现出来,可能更具启发性。教学案例描述中提出的问题有的可能在后续讨论中解决了,有的没有解决,但都可以呈现出来。作者甚至可以提出一些启发思维的后续问题或两难问题,留下一个今后可以继续研究和讨论的空间。对研究过程中提出的各种问题加以筛选和梳理,最好是问题的线索能够环环相扣,这样对读者更具吸引力,还可以引发深入思考和讨论。那种没有问题的教学案例描述,可以说只是一节"好课"的展示,实际上并不是我们所倡导的。

2-3-1-4 诠释与研究

对教学案例加以解读,赋予它普遍意义,就需要对教学案例作出诠释、增加一些研究的成分,这是教学案例的另一要素。不过这种诠释应该是归纳型的、内容紧紧扣住描述的课堂教学和讨论过程,不宜夸大或跳得太高,否则极易沦为空谈。对教学案例的诠释,实际上就是交代教学案例研究不同阶段出现的问题是如何处理的,课堂教学是如何改进的等,也就是要讲出课堂教学"好"在哪里、"不好"在哪里,使读者明白其"背后的故事"。诠释可以选择多个角度而不脱离主体的解读,尽可能回归教学的基本层面而不要脱离课堂教学。对教学案例的研究,主要包括对一节课改进情况的研究和研究通过教学过程究竟获得了哪些理性认识或者得出哪些初步结论。这些"研究成分"使得教学案例不仅仅是对一节课的描述,而且有利于教师日后课堂教学的改进和提高。

2-3-2 课例研究的关注要点

2-3-2-1 关注课后对教案的二次设计

基于观察的结果和课后研讨的结论,持续对教案加以改进是课例研究的一个重要环节,因此教案的修改状况直接影响第二轮教学的改进质量。授课教师在课后要充分吸收研究小组的研讨意见,总结教学经验,明晰课堂教学的问题,探究问题的症结,思考修补方案,改进不合理的做法,以便在随后的教学中避免出现同样的问题。

　　备课是上课的基础,我们期待教师能够重视对教案的设计,并践行以上各项要求,以优化课堂教学,不断提升教师的专业素养。

2-3-2-2　关注课堂观察工具的开发

　　课堂观察是课例研究的中心环节,但传统的教研活动进行课堂观察的工具仅限于一本听课记录和一支笔。怎样使课堂观察走向规范?怎样使教师的教学反思和重新规划"有据可依"?

　　教案观察表是在教案的基础上开发的。"教学活动设计"与"预期行为"两栏是复线型教案的设计内容,"非预期行为"包括学生的非预期行为及教师的非预期应对,是课堂观察时应该重点记录的内容,"提升空间"则是基于对非预期行为的分析提出课堂教学改进的建议。以人教版小学语文《猫》一课为例:

📖 教学片断

　　教学活动设计:刚才我们感受了老舍笔下的猫的多变性格。大家还有什么问题要问吗?

　　学生:作者在课文中写的是大猫还是小猫呀?

　　预期行为:可以把这个看似"顽皮"的问题,依据学科特点再抛给学生:"这个问题提得多有趣呀!浏览一下课文,从作者的描写中你们看出是大猫还是小猫呀?"启发学生,从老舍先生亲切、质朴的语言文字中感受猫的勤劳又懒惰、勇猛又胆小等性格。

　　非预期行为:至于是大猫还是小猫,答案是多元化的。大作家老舍是怎样把猫写得这样惹人喜爱的?鼓励学生积极表达自己的观点。作者在生活中长期观察,运用了拟人、对比的表达方法。

　　提升空间:文中的猫是一只大猫还是一只小猫?老师备课时没有想到这个问题,课文中也没有提到。课后老师查一下资料后,再和同学们探讨这个问题。

　　由此我们可以看出:课例研讨的中心不再是单一的"怎么教",而是把学生的学习状况和教师对学生学习状况的应对作为课例研讨的重点。课例研究重心的转移不仅可以加强教师对学生的认识,而且可以提升教师的教学机智，丰富教学策略。

2-3-2-3 关注课后研讨活动的开展

课后研讨活动水平的高低直接影响后续教学改进的质量。

(1)课后研讨活动的组织方式。

场地的选择。可选择会议室等地方。不过最理想的是执教者上课的教室。因为教室中的板书、文本资料还留存着上课的痕迹，更容易激活观察者的记忆。

建立研讨的程序。一般遵循这样的程序：主持人介绍团队→概述研讨的基本结构→执教者叙述教学意图（教学设想和做法）→依观察结果展开小组评论（执教者可与评论者进行对话）→小组成员代表作简要总结。

明确参与者的角色和职责。通常包括这些成员：主持人、执教者、评论员、记录员。主持人组织研讨、执教者把握时间、评论员营造研讨氛围：阐述教学意图、与评论者积极互动、客观公正地汇报课堂观察结果；展开教学评析，帮助执教者深化对教学的理解，明确课堂教学的改进途径。记录员记录研讨内容，为课例研究报告提供一份研讨概要，并送交至撰写报告者手中。

(2)课后研讨活动的基本原则。

关注对问题的研究。摒弃以往仅专注于理论课，转向对问题的研讨和探求，从而纠正原有的认识或行为偏差，产生新的教学理解，同时使研讨更具有针对性。

关注学生学习的事实。避免聚焦于课的成功与失败或教师的教学风格，把研讨的主旋律定位为学生的学习，通过分析和研究学生的学习来改进课堂教学并形成教学实践，创造"以学为中心"的课堂。

关注执教者与观察者的民主协商。执教者与观察者积极互动，在互动中实现多种视界的沟通和融合，而不是缄默不语或唯命是从。研修共同体的打造将有助于把研讨发展成一种自我成长的内在机制。

(3)课后研讨活动的进程安排。

汇总观察结果。课后，承担不同观察任务（速记者：师生话语的完全记录；总体观察者：观察课堂的整体氛围和学生的整体参与情况；抽样观察者：

选取特定生作为观察对象;摄像员:录制课堂活动)的观察者必须进行观察信息的汇总以全面反映课堂教学实况,进而为课例分析与研讨提供充足的证据。有时,几位小组成员共同观察一个观察点,然后确认观察结果是否一致。

执教者讲解教学意图。首先要阐述自己的构思,对教学设计的依据作充分的说明;其次要说明教学实践中的调适(对教学中可能的、即时的变更作合理的解释);再次要阐述实践后的反思,评论教学的困惑和乐趣所在。从而让执教者和观察者在平等协商中就教学难点问题的解决达成一致意见,使教学改进落到实处。

基于观察结果展开群体研讨。观察者首先汇报"观察到了什么";接着询问执教者"观察结果反映出教学存在怎样的问题";最后观察者和执教者分享"从课堂中学到了什么"及解决问题的策略。

形成改进建议。通常修订的教学方案会在另外一个班级实施。当然,对所实验的班级情况要尽可能把握,以便考虑改进建议是否适合所执教班级,从而作出取舍。另外,改进建议不应随课后研讨活动的结束而结束,就某一主题的探究常常具有可持续性。

3　语文课堂学习与课例研究的关系

 3-1　语文课堂学习是课例研究的基础

没有优质的语文课堂学习实践教学案例,就没有优质的课例研究。因此,在语文学习的课堂上,教师要善于运用各种手段和方法创设一个互相尊重、理解、宽容的课堂学习环境,使学生对教师产生亲近感,即情感上的安全感和心理上的轻松感。有时教师形象生动的富于智慧的语言,一个含蓄的微笑,一句鼓励的话语,一个富有启发性和创造性的问题,一个激发学生学习动机的探索活动,都能创设一个良好的学习环境,使学生不仅学会知识,形成技能,也能获得情感上的丰富体验。只有在这样的课堂上,学生的思维才不会受到压抑,不同的声音才会产生,不同的观点才得以自由呈现;只有这样的课堂才是充满愉悦情感的课堂,学生的情感才能得以舒展,个性才能得以张扬,生命潜能才能不断开发,生活品质才能不断提升;只有在这样的课堂,每个孩子的潜能才会得到淋漓尽致的发挥,教师要让"爱"充盈课堂,爱每一个学生,细心呵护每一颗幼小的心灵,用自己的劳动为学生打造一个快乐的家园。

"兴趣是最好的老师,有兴趣不是负担",这句话饱含深刻的道理。当学生对知识不感兴趣时,一个再小的任务对他来说也是负担,是不可逾越的"鸿沟"。反之,对知识有浓厚兴趣时,学生就会产生不断前进、渴求新知、欲求明白的强烈愿望,就会全身心地投入所感兴趣知识的学习中。教师的责任在于以丰富的教育经验、智慧和教育艺术来培养和激发学生潜在的学习兴趣,使之处于"激活"状态,从而爆发出强烈的学习动机。教师之责任不在于传授,而在于激励、唤醒和鼓舞。因此,在教学中教师要结合所教学科内容,激发学生的学习兴趣,学生只有全身心投入,才有利于知识的掌握、能力的培养。这也是一堂课成功的关键,否则就会变"我要学"为"要我学",课堂效果不会太好。在语文教学中,我们要善于抓住每节课的内容,巧设导语、问题或联系生活实际,开展课堂活动,来激发学生的学习兴趣。

大多数教师受公开课影响太深,当有人听课的时候,容易出的毛病是准备过度。课前教师备课很辛苦、学生很兴奋,上课时则是用准备好的东西来表演,就像演戏一样。但是,大量的问题预设使课堂上没有新的东西生成,这样的课就谈不上是一堂好课。当然课前准备有利于学生的学习。但课堂有它的特点,这个特点就在于它有自由的空间,这个空间需要有思维的碰撞、相应的讨论,在这个过程中会生成许多新的东西。所以教师要做到,哪怕是校长来了,局长来了,都要旁若无人。你是在为学生上课,不是讲给听课的人听的,所以我们认为教师要上的课应该是这样的课——平实的课,即平平常常、实实在在的课。我们上的每一节课不可能是十全十美的,十全十美的课作秀的可能性很大。只要是真实的即使有缺憾也没什么。要将公开课上成是没有一点点问题的课,这个预设目标本身就是错误的,这样的预设给教师增加了很多的心理负担,然后作大量的准备,结果是出不了"彩"。所以教师要上的一堂课应该是真实的课,要是没有实际价值,就难以适应新课标的要求。

何谓创设成功的课堂？表现在两个方面：一是对学生而言。一堂课下来,对全班学生中的多少学生是有效的,包括优秀生、中等生、差生。二是效率的高低。如果没有效率或者只是对少数学生有效率,那么这节课都不能算是比较成功的课。从这个意义上说,创设成功的课应该是充实的课。整个过程中,大家都有事情干,通过教学,学生都发生了一些变化。苏霍姆林斯基说过："每一个学生都是具体的,一个班学生学习习惯、行为方式、思维品质和爱好都存在着不同,要求我们关注不同层次学生的发展,关注学生的成长。"一位教育专家也说过一句话："如果我们教给孩子仅仅是知识,那就直接告诉他好了,而教育的艺术在于激励和唤醒。"教师唤醒他们的灵感,唤醒他们的表现欲望,唤醒他们的创新潜能。许多教师在课堂上只关注优秀学生,当我们把爱洒向学生,特别是好学生时,不要忘了一个容易被遗忘的角落——更需要关注的对象"弱者",应该说教师不仅要关注孩子的现在,而且要关注孩子的明天、孩子的未来。教师只有在自己的心田里种植了关注的种子,这颗种子才会生根、发芽,教师也才是真正做到关注学生的发展。所以在教学中教师要因材施教,根据学生智力水平的高低,设计不同的问题,这样不同的学生才会在各自原有的水平上有所发展,有所提高。一堂课下来,无论是学习好的学生,还是学习不好的学生,都要有所收益,这样的课才算一堂成功的课。

我们提倡自主、合作、探究的学习方式,以学生为本,还课堂给学生。教师应着力构建自主的课堂,让学生高效率地学习。给学生一些权利,让他们自己去选择;给学生一些机会,让他们自己去体会;给学生一点困难,让他们自己去解决;给学生一个问题,让他们自己找答案;给学生一片空间,让他们自己去开拓。"教无定法,各有各法",作为新时代的教师,要不断学习,与时俱进,才能在教改的路上越走越远,才能更好地教学生学会学习,学会做人。

 3-2 课例研究是语文课堂学习的升华

课例研究是为了实现教师专业发展而进行的一种行动研究,通过对真实的课堂情境中的问题进行跟踪检查、评估诊断来达到促进学生学业发展、增强课堂教学有效性的目的。课例包含于教学案例之中,以学科教学内容为载体、具有研究主题的教学案例才可以称为课例研究。课例研究实质上是指聚焦课堂教学的研究案例,是通过教师集体对研究课进行设计、观察和反思的循环来促进教师专业发展的活动。需要强调的是,课例不仅仅是课堂教学实录,还要交代这样教学的理由和认识,要和研究结合在一起。

课例研究表现为教师研究如何改进课堂教学的过程(即做课例),是教学过程中为了解决实际问题、破解教学难题、改进教学而进行的专题研究。课例研究有两个要点:一是以学科教学内容为载体(以某个学科的某节课为研究对象);二是围绕某个具体的教学问题研究改进策略(研讨活动要聚焦研究主题)。

课例研究基于日常教学中需要解决的问题,在过程中持续进行实践改进,其具有四个特点:基于专题、持续研究、见证效果、形成成果,即梳理研究过程、提炼结论与观点、形成研究报告。课例研究由四个要素构成:一是背景与主题——研究问题和研究原因;二是情境与描述——教学中的原始关键片断或撰写的叙事描述;三是问题与讨论——授课思路和过程背后的观点争鸣;四是诠释与研究——揭示理念或总结概括主要观点。

课例研究注重教师的实际体验与亲历亲为:课例研究发生于课堂教学现场,置于真实的教育情境中。教师的教学操作过程大多是镶嵌在具体教育情境中的案例场景,课例研究把教师置于他们所熟悉的教育场景,有利于教师在原有基础上提高自身的专业知识水平。

课例研究源于教学中实际问题的驱动,直接指向实际问题的解决。以实际问题为活动内容,探讨教学设计、评价学生学习效果、检验教学设计和教学方法的好坏。带着问题开展课堂教学,改进研究,具有针对性和实效性。

课例研究强调教师的"做中学",分层推进并逐步深入。出发点是让教师在真实的教学场景中学习如何教学、如何做教学研究,是一种知行合一的研修方式。

课例研究反映的是教学的改进过程,易于迁移到日常教研活动中。课例研究实际上是做课例的过程,展现的是课堂教学研究活动的过程,如研究主题的遴选和明晰过程、统一的教学内容连环多次的改进过程以及过程中使用的课堂观察和诊断技术、教研组群体合作的研修技能等。

课例研究与传统的听评课有着显著的区别:第一,关注点不同。传统听评课存在的问题:一是直接进入教学情境进行观察,弱化观察前对教学内容和教学目标的了解。二是注重结果,忽略课堂上动态生成的知识。三是注重活动形式本身,忽视对其质量和效率的深度审视。四是注重教师教的过程,而对学生的学习情感体验和个性差异的关注不够。五是注重对教材内容的审视,忽视教师对课程二次开发的智慧与创造。新课程要求教师基于个人自身的经验和理解对教材进行二次开发和加工。第二,要求不同。传统听评课存在的问题:一是无关痛痒,不解决实际问题。二是没有中心观点或主题。三是以经验为主,缺乏理性高度的专业论断。四是以评价为主,缺乏具体可行的改进建议。五是片面居多,缺乏把握全局的系统眼光。六是以发言为主,缺乏观点的碰撞与互动。

3-3 语文课堂学习方式变革中的教师

在语文课堂学习方式变革的背景下,教师除具有精深的专业知识、明确的教学目标和高度的责任感之外,还应具备以下素养:

(1)搜寻信息、博览群书。汉语是一个民族的语言,是传递信息的载体。当今社会科技发达,信息灵通,教师必须注重搜寻信息、博览群书,讲课时渗透信息,充实教学内容,学生在进行合作探究的同时,对于学生的质疑,教师必须给予一个完美的解答,这样学生才会学得满足满意。同时还要注意课文阅读取材的广泛性,使教材承载大量的社会、人文、历史及自然科学知识,学生在学习使用语言的同时,还将接触到诸如天文地理、文化艺术、古今中外的背景知识和一些未知领域。若老师孤陋寡闻,知识面窄,在教学中就会捉襟见肘,被动应付。

(2)语文兼顾、训练驾驭。交际功能是语言最本质的功能。汉语是世界上最古老、最具多义性的语言。运用语言表达思想要恰当,运用语言传递信息要准确,运用语言辩论事理要严密。教师要引导学生进行听、说、读、写的训练,在兼顾教材的同时,让学生学会在生活中撷取语言。生活处处皆语文,利用这一优势,尽可能为学生打开语文世界之窗。所以教师应加强自己的文学修养,丰富自己的知识储备,提高自己的文化知识,使教学富有文学色彩和生活情趣,让学生在活跃的氛围中掌握知识。

(3)情感融合、因材施教。课堂是教师工作的主阵地,是探究教育的主渠道。教师对学生有关爱,在教学工作中就会有动力、有办法、有信心、有成绩。教师要善于研究学生、了解学生,要认真钻研分析教材,把学生和教材联系在一起考虑,这样可缩短学生间的差距,有的放矢地进行引导、教导。

(4)多动脑筋、勇于创新。学习语文的目的在于运用。参加社会实践活动是检验和巩固课文知识的最佳方法,是课堂教学的延读。多开展语文综合实践活动,让学生走向社会,到语文世界去漫游,去体验和感悟语言的含义,去感受学习语文的实际价值。

小学语文识字/写字课堂学习与课例研究

1 小学语文识字/写字学习标准

 1-1 小学语文第一学段识字/写字学习标准

学习标准

(1)喜欢学习汉字,有主动识字、写字的愿望。

(2)认识常用汉字1600个左右,其中800个左右会写。

(3)掌握汉字的基本笔画和常用偏旁部首,能按笔顺规则用硬笔写字,注意间架结构。初步感受汉字的形体美。

(4)努力养成良好的写字习惯,写字姿势正确,书写规范、端正、整洁。

(5)学会汉语拼音。能读准声母、韵母、声调和整体认读音节。能准确拼读音节,正确书写声母、韵母和音节。认识大写字母,熟记《汉语拼音字母表》。

(6)学习独立识字。能借助于汉语拼音认读汉字,学会用音序检字法和部首检字法查字典。

学习标准解读

(1)强化"识写分开",提倡"多识少写"。《义务教育语文课程标准(2011年版)》(以下简称《语文课程标准》)明确提出"认识"和"学会"两种不同的目标,体现了《全日制义务教育语文课程标准(实验稿)》(以下简称《语文课程标准(实验稿)》)提倡的"识写分流""多识少写"的理念。"多识"是为了尽快阅读,"少写"是为了以后能够写好、写快。学生"会认"与"会写"的字量要求有所不同。"会认"的字只要求认识,在本课中认识,放到其他语言环境中也认识,只要求读准字音,不要求会意、会写、会用;"会写"要求会读会写,了解字词在语言环境中的意思,能逐步在口头和书面表达中加以运用。

(2)难度有所降低,体现过程性。《语文课程标准》要求会认汉字1600～1800个,会写汉字800～1000个,《语文课程标准》中规定的识字量、写字量都有所下降。同时,《语文课程标准》还推出了《识字、写字教学基本字表》和《义务教育语文课程常用字表》,让学生在学习之初接触高频字、常用字,更加切合儿童学习识字、写字的实际。对查字典的要求,《语文课程标准(实验稿)》要求"能用音序检字法和部首检字法查字典",《语文课程标准》改为"学会用音序检字法和部首检字法查字典",体现了儿童学习循序渐进的过程性。

(3)三维目标统整,注重多元化。第一学段目标要求共有六项。第一、三项侧重于情感态度的目标;第二、三、五项则侧重于知识与能力目标;第四、六项,尤其是第六项同《语文课程标准(实验稿)》相比新增了"学习独立识字"的要求,更侧重于过程与方法目标,呈现出多元化特点。

降低写字量,注重写字基本规律的培养。写字首先是练习执笔,练习写基本笔画并了解基本结构,这是写字的基本程序。第一学段的写字要求要突出一个"好"字,学生一出手就要做到"书写规范、端正、整洁",一动笔写字就要求姿势"正确"。

1-2　小学语文第二学段识字/写字学习标准

学习标准

(1)对学习汉字有浓厚的兴趣,养成主动识字的习惯。

(2)累计认识常用汉字2500个左右,其中1600个左右会写。

(3)有初步的独立识字能力。会运用音序检字法和部首检字法查字典、词典。

(4)能使用硬笔熟练地书写正楷字,做到规范、端正、整洁。用毛笔临摹正楷字帖。

(5)写字姿势正确,有良好的书写习惯。

学习标准解读

(1)注重识字兴趣,强调主动识字习惯的培养。只有爱,才会主动。第二学段的识字,不仅要主动,而且要养成习惯,使之变成学生的自动化动作,让他们经常自觉这样做。与第一学段相比,要求显然提高了。

(2)注重识字能力的提高。识字最好的老师是字典、词典。第一学段已经掌握了音序查字法,本学段是进一步熟练的问题。部首查字法是第二学段要重点掌握的内容。第一学段已掌握了汉语拼音和偏旁部首知识,本学段还要继续拓展,要注意部首的位置、部首的变形等,注意数准笔画,以提高查字典的速度。

(3)适度降低生字中会写字的数量。由《语文课程标准(实验稿)》要求会写"2000个左右"降至"1600个左右",体现出"多识少写"的理念。第二学段对写字提出了三个新要求:一是熟练写字,二是"用毛笔临摹正楷字帖",三是提出"写字姿势正确,有良好的书写习惯"。"用硬笔熟练地书写正楷字",对基本笔画要熟悉,对字的结构要熟悉,写字速度要比较快,这标志着对写字能力的要求进一步提高。学习用毛笔临摹正楷字帖,掌握临摹的基本方法。学会楷书基本笔画的写法,初步掌握起笔、行笔、收笔的基本方法。注意利用习字格把握字的笔画和间架结构。

1-3 小学语文第三学段识字/写字学习标准

学习标准

(1)有较强的独立识字能力。累计认识常用汉字3000个左右,其中2500个左右会写。

(2)硬笔书写楷书,行款整齐,力求美观,有一定的速度。

(3)能用毛笔书写楷书,在书写中体会汉字的优美。

(4)写字姿势正确,有良好的书写习惯。

学习标准解读

(1)逐步提高识字能力和增加识字量。从某种意义上讲,培养独立识字能力,要比单纯多认识几个汉字更为重要,因为独立识字能力的培养,会促进识字任务的顺利完成,提高识字教学效率。一般来讲,第一学段的识字、写字应该以读准字音、识记字形为重点;第二学段应该逐步向字义学习转移;第三学段则要突出字义学习,寻找规律,加强比较。尤其是高年级学生掌握的汉字越来越多,而"回生"现象也越来越严重,更应注意指导学生主动用多种方法归类辨析、及时整理类推。

(2)讲求书写的质量和速度。"又快又好"要建立在"行款整齐,力求美观"的基础上,在日常作业中逐步提高书写质量和速度。

(3)继续用毛笔写楷书。比较熟练地掌握毛笔运笔方法,能体会提按、力度、节奏等变化。借助于习字格,较好地把握笔画之间、部件之间的位置关系,逐步做到笔画规范,结构匀称,端正美观。保持正确的书写姿势和良好的书写习惯。

2　小学语文识字/写字学习关键问题及指导

2-1　如何培养学生的独立识字能力？

问题呈现

汉字数量庞大,仅小学生常用的《新华字典》就收单字10000余个,且多音字、多义字、异形字、同形字众多,又有繁体、简体之分,人们穷尽一生几乎都不能完全掌握,何况现在汉字还在发展。要解决这个矛盾,唯一的方法就是培养学生独立识字的能力。吕叔湘先生早就指出:"教学,教学,就是'教'学生'学',主要不是把现成的知识教给学生,而是把学习的方法教给学生,学生就可以受益一辈子。"

学习指导策略

《语文课程标准》非常重视学生独立识字能力的培养。第一学段提出了"学习独立识字"的目标;第二学段要求学生"有初步的独立识字能力";第三学段要求学生"有较强的独立识字能力"。

"独立识字能力"可以分解成几个小要点:一是有独立识字的兴趣和愿望。二是掌握《语文课程标准》提出的300个基本字,大体把握汉字的特点。三是了解独立识字需要的程序性知识,知道"做什么"和"怎么做",能熟练运用。四是在有实际意义的语文实践——阅读和写作中识字,"力求识用结合"。

有人把教师的识字教学与学生的独立识字混淆起来,认为只要教师把识字的音形义讲明白、把生字相关的知识传授清楚就是在培养学生的独立识字能力,这是一种"以教代学"的观念。当然,教师的必要讲解是不能缺少的,但是仅有教师的讲解是远远不够的,学生独立识字的能力需要培养,需要经历从"知"道怎么做、"懂"得怎么做,到学"会"怎么做,直至"熟练"的过程,其间需要经历大量的独立识字实践，以及教师的适当点拨。

● **激发学生识字的兴趣**

兴趣为师。《语文课程标准》明确提出第一学段要让学生"喜欢学习汉字，有主动识字、写字的愿望"，第二学段"对学习汉字有浓厚的兴趣，养成主动识字的习惯"。因此，激发学生识字的兴趣，不仅是针对小学生的年龄和心理特点提出的用以帮助他们完成"识字数量"这一显性目标的，而且是培养学生"识字情感与态度"这一隐性目标的必然要求。激发小学生识字兴趣的操作方法主要有直观展现激趣、图画演示激趣、电脑课件激趣、创设情境激趣、游戏活动激趣等。

● **掌握三套识字工具**

《语文课程标准》明确增加了一项使用学习工具的方法练习，"会运用音序检字法和部首检字法查字典、词典"。部首查字法用在阅读中：遇见生字，根据字形查，了解其读音和字义。而在写话、习作过程中，遇到不会写的字时，则需要运用音序查字法：根据字音查，了解这个字的字形与字义。音序查字法实际使用频率高，要求也高（因为要在若干个同音字中选定自己需要的字），必须熟练掌握汉语拼音，尤其需要熟练把音节拆分成声母、韵母、声调。在学习查字典、词典时，不要以为这是十分简单的事情，要站在学生的角度，和学生一起去分析什么时候使用什么方法，每种方法怎么操作，逐步掌握查字方法，直到学生在课堂上能够自如运用这种方法，才可以延伸拓展到课外练习中。

"授之以鱼，不如授之以渔。"为了让孩子们尽快多识字，轻松识字，教师教给孩子一些基本的识字方法是必要的。袁瑢老师曾讲过，一个小学生有了独立识字能力，就等于掌握了一把开启宝库的金钥匙。她还在《提高小学一年级识字教学质量的体会》一文中精当地概括：教给学生识字工具和识字方法是培养学生独立识字能力的基础。对于三套识字工具，一是汉语拼音，这是让学生掌握字音的工具；二是汉字的笔画、笔顺、偏旁部首、间架结构和构字率较强的独体字，这是让学生掌握字形的工具；三是按音序和部首查字法查字典，这是让学生初步掌握理解字义的工具，学生如能正确而又熟练地掌握,就为他们独立识字奠定了基础。

注重查字典,并使之成为习惯,要靠教师坚持不懈地指导和检查,激发学生的兴趣,让孩子们感受到查字典的乐趣,在他们心中埋下勤查字典的种子。学生初步掌握了部首查字法后,教师创设查自己的姓和课外书中不认识的字的实践活动,这样既巩固了部首查字的方法,又激发了学生查字典的兴趣,同时使学生进一步认识到部首查字法的用处。

学生正确而熟练地掌握这三套识字工具,独立识字能力的"生长"就有了肥沃的土壤。

● **多法并用提高识字教学效率**

"要运用多种识字教学方法和形象直观的教学手段,创设丰富多样的教学情境,提高识字教学效率。"在学习实践中,教师创造了丰富多彩的识记方法:比较辨析法、联想记忆法、游戏识字法、组字归类法、变换部首识记法、口诀记忆法、故事记忆法、字理分析记忆法、字谜法、儿歌法……学习时,要根据学生的年龄和认知特点,引导学生运用多种方法进行识记,力求生活化、形象化、趣味化,把枯燥的识记过程变为趣味盎然的学习过程,从而提高识记效果。

● **利用各种机会主动识字**

"语文又是母语教育的课程,学习资源和实践机会无处不在,无时不有。"多样的生活应该是学习识字的课堂。教师有责任引导学生形成将识字和生活结合起来的意识,处处留意,时时在意,积极主动地识字。

(1)联系教科书中的识字内容,引导学生增识字词。如,学习《操场上》一课,结合"打球、拔河、拍皮球"等字词,把学生带到操场上,认识一些体育器械,认识一些汉字。再如,学习《自选商场》一课,结合认识食品、日用品、文具用字,引导学生到超市看一看,搜集一些商品包装袋,认识上面的字。

(2)借助教科书中的有关提示,鼓励学生自主识字。如,人教版教科书在"语文园地"中,陆续出现认班上同学姓氏,认广告、路牌上的字,认电视屏幕上的字,认书报杂志上的字的提示。教师可据此进行课外自主识字的引导与交流。

(3)鼓励学生随时随地在生活中识字,多为他们提供交流、展示自主识字成果的机会。如,指导学生把课外认的字,制成卡片装进识字袋,或剪贴成册,定期在班上交流。又如,在班上开辟"识字园地",鼓励学生在园地中展示识字成果,与大家分享,把一个人认识的字变成全班同学都认识的字。也可以围绕一个专题(动物、植物、玩具、文具、生活用品等)定期组织自主识字交流与展示。

（4）《语文课程标准》还"提倡与其他课程相结合,开展跨领域学习"。数学、音乐、美术、科学课上涉及的生字远远超出语文课程指定学习的字,但是这些课的任课教师不可能把注意力放在识字教学上。语文老师大都是班主任,如果每天利用三五分钟的时间,带学生复习一下各门功课中出现的生字,大有裨益。这也是"大语文观"应涵盖的内容。

（5）识字评价要跟上。要转变观念,课内、课外认的字都能帮助阅读,都要计入学生的识字量。课内认识丢几个,课外认字捡一些,这样的学生认字成绩仍应认定为优秀。允许学生在学习过程中暂时遗忘,要相信在今后的阅读中学生能把暂时忘掉的字找回来。

● **力求识用结合**

"识字教学要注意儿童特点,将学生熟识的语言因素作为主要材料,结合学生的生活经验,引导他们利用各种机会主动识字,力求识用结合。"识字的目的是为了阅读与写作,识了字自然要用于读写。只学不用,所学汉字就很容易被遗忘;一旦在读写中用上了字词,记忆就会深刻。"用"不但可以增强记忆,还可以进一步激发学生识字的兴趣。

有位教师在引导学生学习"副"与"幅"字时,抓住两个字的不同偏旁理解字义。学生在理解了"幅"（原指布帛的宽度,故从"巾"。）和"副"（用刀剖物,使物一分为二,合二为一。）这两个字为什么是巾字旁和立刀旁后,为了让他们很好地区分这两个字,教师说了这样一段话：

张爷爷六十多岁了,他戴着一副老花眼镜,待人很热情,见人总是一副笑脸。他爱好书画,给我画了一幅国画,写了一副对联和一张条幅。天气太冷了,我把一副手套送给张爷爷。

这位教师在说这段话时,左右手分别拿着"副"和"幅"的识字卡片,讲到该用"副"字词语时,学生举左手表示,说到该用"幅"字词语时,则举右手表示。

这样学习生字,给学生提供了识别运用的机会,而且让学生举左右手表示答案,形式新颖,易于激发学生识记的积极性。

学生识了字,就能接触句子和文章,识字和读写的关系变得更为密切,为识字与读写训练的结合创造了条件,为学生用字提供了更多的机会。但教科书中编排的语言训练方式不多。这就需要教师根据学习需要,灵活设计,提供多样的听说读写的机会。

识字能力的形成与提高是一个发展过程,需要学生不懈努力。低年级学生"学习独立识字",重点在"知""懂""会"上。而学生要真正实现"独立"识字,还需要迅速把"认""想""写""用"综合在一起,灵活运用,并学会应对生字中的多音字、同音字、异形字、同形字、多义字、同义字、繁体字等多种情况,逐步达到"熟"——熟练、纯熟、娴熟的水平,这是三年级到六年级教师应关注的问题。《语文课程标准》规定三四年级的识字量明显高很多,而且回生字也开始大量出现,所以,三四年级的识字任务还是相当重的,对独立识字的要求也相对提高。

2-2 如何利用汉字自身特点指导学生识字?

 问题呈现

汉字是象形文字,其显著特点是字形和字义的联系非常密切,具有明显的直观性和表意性。汉字有一套功能奇特的部件(偏旁部首)和有趣的构字规律(象形、指事、会意、形声)。根据汉字构字规律进行教学,能达到事半功倍的效果。比如,学习了"火",并懂得"火"作偏旁时变为四点底,那么学到"热""烈""煎""熬""蒸""煮""照"等字时,就能自觉用"火"去理解它们的字义。概而言之,掌握字理的基础知识,学生就能逐步提升识字能力,进而无师自通地认识大量合体字。并且如果依据字理进行教学,当汉字出现在学生面前时,就不再是一个个抽象的符号,而是一幅幅生动有趣的画。既有助于学生形象地识记汉字,又能有效开发学生的右半脑,发展学生思维。然而,有人却不顾汉字本身的特点和汉字的流变而牵强附会地拆解汉字,例如,"饿"字中的"我"是表音部分,没有表意功能,却有人硬把它讲成"我要吃(食),因为我饿",把"我"曲解为表意构件。这样一来,"俄""鹅""娥""蛾""峨"的讲解,就会被类推成"我的人""我的鸟""我的女儿""我的虫""我的山",岂不将学生引入歧途?如果在学生打基础阶段,采用的方法违背了汉语言文字规律,虽然一时或短时期内取得一定成绩,但是会误导、制约学生独立识字能力的发展,甚至对学生终生学习都产生负面影响。

学习指导策略

在低年级归类识字教材中,编者采用多种形式,以体现汉字规律、汉字表意的特点。我们可以充分利用教材的编写特点帮助学生识字。

汉字是一种表意文字,在古代有"六书"(指象形、会意、指事、形声、假借和转注)造字之说。它们体现了汉字各种各样的构字规律,对于理解汉字意义、掌握汉字字形有很大帮助。虽然理解"六书"内涵并正确区分某一汉字所属造字法,对小学生来说有一定困难,但在小学生识字过程中适当借鉴一些"六书"构字规律,是可以提高他们的识字效率、增加他们的识字数量的。人教版教材在识字编排中借鉴"六书"造字法,编排了一部分利用"六书"构字法识字的内容。比如:

形声字:一(下)《识字 4》将"蜻、蜓、蚂、蚁、蚯、蚓、蝌、蚪、蜘、蛛"等字成组编排,就利用了形声字有声旁、形旁的特点,将相同形旁的字归到一起编排。在学生认识了蜻蜓、蝴蝶、蚯蚓、蝌蚪和蜘蛛等生字后,引导学生发现这些字都有虫子旁,虫子旁的字与小动物有关,发现"蜻"和"青"之间的联系,掌握借助形声字特点识字的方法。

象形字:一(上)《口耳目》在教"口、耳、目、日、月、火、羊、鸟、兔、木、禾、竹"等字时,把这些字在古代的象形字写法附在旁边,同时画上这些字所代表的事物,将几种因素结合起来,能大大提高识字效率。学习时,可以充分利用教材中的这几幅图来引导学生看图识字。先看图片、小篆以及后来的简体字,想一想三者之间的联系;再引导学生看着图片来说一说图与字之间有什么联系,帮助学生通过观察图与字之间的共同点来识记生字。学生在识字过程中不仅认识了字形,理解了字义,还初步了解了汉字的造字规律,感受了汉字义形结合的特点,使识字教学更科学、更有趣。

会意字:一(上)《日月明》在呈现"明、鲜、尘、尖、灭、男、休、看、林、森、从、众"等字时是这样设计的:"日月明,鱼羊鲜,小土尘,小大尖。一火灭,田力男,人木休,手目看。二木林,三木森,二人从,三人众。"学习时要结合韵文让学生明白会意字的构字特点。以"明"为例,先引导学生了解"日""月"所表达的事物,再进一步引导学生理解太阳也好,月亮也好,它们都会发光,给人带来光明,所以这两个字组合在一起就成了"明"。通过本课的学习,学生不仅了解了许多汉字是由两个或两个以上汉字组成的,而且知道它的意思就是这几个汉字意思的组合。

总之,利用"六书"构字法帮助小学生识字,让他们在轻松愉快识字的同时,也很容易了解字义,同时对他们自学生字、提高独立识字能力大有帮助。

2-3 如何落实每天10分钟的随堂练字?

问题呈现

受应试教育的影响,写字一直以来不被人们重视。虽然课标上有要求,课表中也排了写字课,但这些课常常被挪作他用。学生的写字基本功令人担忧,能把字写得漂亮的学生凤毛麟角。学生在书写中存在的主要问题:笔画不规范,间架结构不合理,字体不美观,错别字多。造成这种状况的原因很多:老师们对写字教学不够重视,写字教学的时间无法保证;作业量超标,教师对学生的书写要求不够严格;电脑的普及对写字教学的冲击……最为关键的一点是,教师缺乏书法专业知识,没有进行系统的训练。各个年级的写字教学几乎是同一个模式,缺乏层次性和针对性。另外,小学教育受到批评的焦点就是回家没完没了地写作业,机械地抄写生字词。甚至把学生眼睛近视问题也一并迁怒于写字上,一些家长由此认为减轻学生学业负担是关键,字写得好坏无关紧要,这就导致社会、家庭,甚至个别老师都不重视写字教学。

学习指导策略

《语文课程标准》在写字实施建议中指出:"按照规范要求认真写好汉字是教学的基本要求,练字的过程也是学生性情、态度、审美趣味养成的过程。每个学段都要指导学生写好汉字。要求学生写字姿势正确,指导学生掌握基本的书写技能,养成良好的书写习惯,提高书写质量。第一、第二、第三学段,每天的语文课中安排10分钟,在教师指导下随堂练习,做到天天练。要在日常书写中增强练字意识,讲究练字效果。"如何灵活对待每天语文课中的"写字10分钟",使之在有限的时间内发挥最大功效?可以从以下几个方面入手:

● **灵活指导书写方法,掌握基本的书写技能**

写法随堂练习,指导的重点是什么?根据各个学段教材安排,结合年段特点,应有所侧重,进行多种方式的指导。

写法练习,可以根据学生年龄,有重点、循序渐进地进行,如一年级上册,以书写简单的独体字为主,逐步学写基本笔画。指导重点是帮助学生掌握正确的执笔姿势和坐姿;引导学生观察每个笔画的高低、长短、斜正、收放等,手把手地教好每个笔画的运笔,力争把每个笔画写正确,写规范。要想写好字,必得练好笔画。因为练写基本笔画是基础中的基础。我们还可以把笔画的书写要点编成歌谣,帮助学生练习笔画的写法:"小小一点要写好,学会顿笔很重要;横要平,竖要直,撇有锋,捺有脚;提钩要尖折有角,运笔轻重要记牢;认真练习功夫到,笔画健美字才好。"

一年级下册、二年级,重点引导学生观察、比较独体字成为偏旁、部首后发生的变化,发现其中的规律,帮助学生写好每一个偏旁、部首,进而写好整个字。把偏旁部首写好了,再写组合汉字,就可以举一反三,以一带十。比如,单人旁的写法:"首撇写得直而尖,竖画起笔撇中段。竖为垂露要注意,体形要窄不要宽。"再比如,"土"作左旁时的写法是:"短横左低右略昂,竖画穿过横中央。斜提出锋形要尖,收笔不要比横长。""土"作字底的写法是:"土字作底形态扁,下横长来上横短。短竖沿着竖中线,上横仅为下横半。"

中年级,写字练习重点则转移到各部件的组合搭配上,学习汉字的向背、呼应、避让、穿插等组合规律,重点指导上下、左右、上中下、左中右、半包围、全包围、品字形等几类结构的书写。比如,上下结构的字书写要领:上下对正竖要短,记清格部窄和宽;下部穿插上空间,结构紧凑不松散。再比如,左右结构的字书写要领:各部写正横要短,高低长短要规范;左旁右侧成一线,钩横改提捺改点;右旁笔画要舒展,横撇穿插左空间。

高年级,除将生字书写作为指导的重点外,还要加强课内其他书写练习的指导。如有针对性地指导学生写好课文中出现的难写字和容易写错的形近字。

● **灵活运用书写评价,提高练字质量**

"在每天的语文课中安排 10 分钟"练字,要"讲究练字效果"。效果怎么样要通过评价来体现,评价可以将教师评价、学生自我评价及学生之间的相互评价、展示评价等有机结合,灵活运用。下面简单介绍两种评价方式:

对照评价——引导学生将自己的书写作品与课本田字格里的字或与同学的作品进行对照。不仅可以发挥学生学习的主动性,还可以培养学生的观察能力,有利于提高学生的书写质量。如,北师大版二年级上册《春风》一课,有不少生字带有"肖"字,如"哨、梢、悄、捎、俏"等,书写前先引导学生观察这些字的共同点,感知汉字各个部分在田字格里所占比例,注意把"肖"字的第四笔写成竖。然后把要掌握的"哨、梢、悄"三个字进行对比,明确其异同,再用 1 分钟时间,把这三个字的笔画在田字格中的位置记在脑海里,接着进行书写。然后请学生将自己的字或同桌的字,与课本中的生字进行对比,注意书写方法:(1)这些字均是左右结构,注意写好左窄右宽;(2)"小字头"在"肖"中只占三分之一的比例;(3)"肖"字的第四笔是竖,应该写在竖中线上。评价时,可让同学相互评价,也可让学生对照田字格里的字进行评价,还可展示一至两个学生的作品进行评价,找出其书写优点,再指出不足,及时更正。

展示评价——选择有代表性的学生作品,进行展示,引导学生进行评价、欣赏。如《燕子》(人教版三年级上册)这一篇课文,句子优美,可以在引导学生理解内容的过程中随堂进行摘抄练字。练字的重点是:在横线格上抄写句子,要贴着下面的横线写,字与字离得近一些。因此,我们在展示学生摘抄的优美句子时,可以引导学生从四个方面进行评价:(1)字是否居格中,占三分之二;(2)字的大小是否一致;(3)字的间距是否相等;(4)行款是否整齐。再如,《草原》(人教版五年级上册)一课,在学习课文第一自然段时,教师应给予学生足够的时间,感受内蒙古大草原美好的风光,让他们进行批注:作者描写了哪些景物?各有什么特点?表达了作者怎样的思想感情?运用什么方法写的?为什么这样写?请画出关键的词语,并写写自己的体会。学生批注后,教师可以用投影进行展示欣赏:批注书写字体及书写格式的美,批注语言表达的流畅美等。这样的欣赏能给予学生榜样的力量、学习的快乐,同时,使学生的阅读能力、写字技能在欣赏中得到提高。

2-4 如何养成良好的书写习惯?

问题呈现

随着社会的高速发展,书写训练呈现低龄化趋势。孩子的肌肉发育不成熟,家长和教师缺少必要的书写常识和技巧,使得许多孩子从一开始就走上"错误"的写字道路。随着年级增高,学习任务加重,书写姿势不但纠正不过来,而且养成坏的书写习惯。

学习指导策略

《语文课程标准》指出:"按照规范要求认真写好汉字是教学的基本要求,练字的过程也是学生性情、态度、审美趣味养成的过程。每个学段都要指导学生写好汉字。要求学生写字姿势正确,指导学生掌握基本的书写技能,养成良好的书写习惯,提高书写质量。"书写习惯是在长期反复的练习中形成的稳定的书写能力与书写方式。良好的书写习惯包括坐姿、握笔姿势正确,书写规范,字迹工整,作业本整洁等。我们大致可以把书写习惯分为以下几类:

● 保持正确的姿势

(1)正确的坐姿:头正、肩平、身直、足安。

(2)正确的握笔姿势。"三个一":一拳、一尺、一寸。

● 正确地使用书写工具——笔

(1)正确使用铅笔:①选用 HB 木质铅笔。②笔写粗了,可转动笔杆,调整笔尖角度即可变细。③执笔轻松,落笔力量适中。④不写时应放入笔盒。

(2)正确使用钢笔:①写前检测出水是否流畅。②笔尖受力均匀,不能用力太大。③不写时立即套上笔帽。④钢笔不出水时,切勿乱甩。⑤每月清洗钢笔一次。

● 在田字格中认真地写字

(1)细心描红。

(2)认清笔画位置。

(3)认真临写。

● 在方格中认真地写字

(1)字居格中,上下左右间距离相等。

(2)大小一致。

(3)标点占格,于左下格居中。

● 在横条格中认真地写字

(1)字居格中,占三分之二。

(2)大小一致。

(3)字距相等。

(4)行款整齐。

● 具有认真书写的态度

(1)保持本面清洁,减少涂改。

(2)字迹清楚。

(3)有一定的速度。

(4)善观察、善比较、乐于矫正。

(5)明确"提笔就是练字时"。

良好书写习惯的养成是一项看似简单实则艰巨的工作。在训练中要遵循三个原则:示范与实践相结合的原则,教师要精讲多练;趣味性与激励性相结合的原则,让学生感受乐趣;学校和家庭相结合的原则,明确"提笔就是练字时"的道理。

● 练字先练眼

写字是一项十分精细的活动。写字活动的顺利进行,需要眼睛、大脑、双手等器官的高度协调。要把字写正确、美观,必须注意"三动":动眼,认真观察;动脑,深入思考;动手,细心操作。其中,动眼是关键,动脑是核心,动手是根本。练眼可以从三个方面入手:读准字的笔画,读好字的结构,读准字的占格位置。

(1)读准字的笔画。"意在笔先,胸有成竹"是书法的第一要诀。要注意每一个笔画的长短、粗细、顿笔、弧度、斜度、折向、挑锋等。例如,"横折"这个笔画,是由横和竖组成的,横长的时候,折就短,如"白"字;横短的时候,折就长,如"自"字。同时要特别关注相同笔画的变化,就拿"撇"画来说,处在汉字的"头顶"时使用平撇,左边用长撇或竖撇,左上角用短撇,中间用竖弯撇。发现了这些规律,书写出来的汉字,就不会太离谱。

(2)读好字的结构。首先,要看看这个字的轮廓是什么形状。汉字的形状有正方形的、长方形的、三角形的、梯形的等许多种。我们可以让孩子说一说,再把汉字的形状画下来,然后书写。郑板桥把"眼中的竹"变成"胸中的竹",再变成"笔下的竹",是观察、比较、创造的过程,也是形象思维的过程。同理,书写也是把"眼中的字"变成"心中的字",再化为"笔下的字",这个过程也是训练形象思维的过程。例如,书写"二",可以先画一个梯形;写"月",先画一个长方形;写"吕",先画两个梯形;写"树",可以画两个高高的长方形,中间夹一个矮的长方形……有了图形参照,就会"得之于心,应之于手",就不会写走样了。其次,要看看它是什么结构,由几部分组成的,每一部分的高矮、宽窄比例是多少。同时要特别留意"上紧下松、左收右放"的汉字结体技巧,先写的部分稍微收敛,给后续的部件留下充裕的空间。例如"月",里面的两条短横,要写得高高的;再如"地",左右结构,由"土""也"组成,左边的"土"最后一横要变成提,如果不变,结构就会出现大问题。

(3)读准字的占格位置。一般来说,汉字的大小占到整个格子的70%左右为宜。笔画多的、外放的可能多占一点;笔画少的、内敛的少占一点。用一句顺口溜来说,就是:上留天,下留地,左右留空隙。但仅仅做到四周留空是不够的,我们还必须要求学生把生字安放在格子的正中心。也就是说,上下的留白大体一致,左右空隙基本相同。横中线、竖中线就是汉字的对称轴,要让汉字居于田字格的中间。

所以有人说,写好字三分手艺,七分眼力。眼熟才能手熟,把要写的字形体特征、结体规律熟记于心,写时才能成竹在胸,一气呵成,真可谓"磨刀不误砍柴工"!

2-5 如何指导学生学习书写毛笔字?

问题呈现

国家虽然多次下发有关书法教育方面的文件或指导纲要,但在实际教学中大家普遍不重视书法教育。第一,学校不够重视,没有专职的书法教师。第二,家长对毛笔字的书写也不重视,认为小学阶段只要专心学好语文、数学、英语就行了。第三,无论是老师还是学生都有这样的思想,写毛笔字麻烦,弄得到处是墨水。第四,老师的毛笔字写得不好,不敢指导学生书写,虽然老师也让学生写过,但学生写得不成样子,"火柴棍""蚯蚓"等各种各样的字体都有。怎样有效地训练学生写好毛笔字呢?

学习指导策略

小学书法教育应本着打好技能基础、坚持循序渐进、注重书法修养、提高文化素质的原则,持久训练。学习指导策略要注意以下几个方面:

一选,即选帖和选字。小学生习字宜从楷书学起,所选择的碑或帖,应点画简洁、规范,备选的字体以及点画结构要有代表性,既考虑有左右、左中右结构的字，又要有上下、上中下结构的字，以及半包围、全包围等结构的字，并遵循宜于临习和先易后难的原则。

二比，即比字。对备选习练的字，指导老师要教会学生去观察分析，揣摩其偏旁、部首以及点画结构上的差异。考虑中国书法的文字繁体较多，比字时，指导老师应从文字的渊源着手予以讲解，使学生能对文字的由来和结构变化有一个比较清晰的印象。通过比，让学生明白书法文字用毛笔书写出来的，是有粗细变化的，是有提按顿挫的。左右结构的字，在什么情况下是有谦让的；宝盖头（天覆）好比是人戴的帽子，该写大一点还是小一点；用一个生动有意思的比喻，描述什么是起笔和收笔，什么是长短和粗细的对比等。总之，老师以较为形象的方式教学生发现文字结构点画的共性和个性，并让他们熟记于心，是一个可行的方法。

三摹，即描字。用米字格描红簿或薄宣纸，覆盖在所选范字上，按笔顺仔细描摹，力求神形兼备。摹字不求数量，重在质量。刚开始，指导老师对学生习作的点评以鼓励褒奖为主。

四临，即临字。即对照范本临摹书写。但如何临，既有方法问题，也有临书人的悟性问题。临帖第一阶段是照着样子写，第二阶段是开始写得有样子，第三阶段是写得跟样子一样。从最基本的临、背、默帖开始，如此一遍二遍三遍四遍，数十遍，从眼到手不到，到眼到手到，再到眼手心合一，等到写得与范本几乎没有差别的时候，临写就算过关了。而这一过程恰恰是最难的，连成人也很难熬，更何况是正值好动贪玩时的学生。

五评，即评字，评学生习作与范本的差距。通过点评形成一种学习的互动，既要有老师对学生的习作分析，也要有学生与学生之间的互评，最后由老师当堂示范，以达到应有的课堂教学效果。

六创，这是小学生习字的高级阶段，也是对书法教学成果最真实有效的检验。所谓创，就是要敢于和范本不一样，在指导学生遵循用笔法度的前提下，根据各自的爱好和习惯，采用加重或减弱点画、墨色的变化等方式，以达到不同的艺术效果。创作的形式很多，可以选择两个或四个字的词语，进行"少字法"创作，还可以选择诗词或楹联进行多字的"集字法"创作。

曲不练口生,拳不练手生。说的是只有经常练习,才能学好一种本领。古代有"练字亦即练志"的说法,学习书法,就要有这种持之以恒的精神。锲而不舍,金石可镂。只要经常练习,刻苦勤奋,就一定能写出一手漂亮的毛笔字。

3 小学语文识字/写字学习课例研究

  3-1 会意识字课例与评析

课例展示

师:谁是优秀解说员,能为这些字娃娃解说一下?

生:我能为"休"字解说——人累了就靠在树下休息。

生:老师,我还可以用动作来表示。(该生走到门边,靠着门框,闭上眼睛作打盹状。)

师:表演得真棒!

生:我来解说"看"字。(说着他把手搭在眼睛上,睁大眼睛看。其他同学看了都喊"孙悟空,孙悟空"。)

师:你到讲台这儿来,把你的动作再做一次,让大家看仔细。行吗?(该生再次表演了那个动作。)

生:(恍然大悟)我知道了,他是在用动作解说"看"字。

生:孙悟空就是这样看的,看得可远了。

师:那咱们也来当一回孙悟空看一看吧。(全班都做"看"的动作,你看我,我看你,乐得嘻嘻哈哈。)

师:大家看,他多会动脑筋,能想出这样的好办法为"看"作解说,你们想送给他什么呀?

生:(齐喊)你真棒!你真棒!

师:还有谁更棒,能用老师提供的这三样东西为"灭"字解说呢?(说着老师拿出了蜡烛、打火机、铅笔盒,学生觉得奇怪,议论着:这是要做什么啊?)

师:(点燃蜡烛)谁能够帮老师灭掉这点燃的蜡烛呢?

生:(一下子明白过来了,高兴地举起手)老师,让我来!(一生走到讲台前,拿起铅笔盒朝蜡烛的火苗一压,火马上灭了。学生欢呼起来:火灭了,火灭了!)

生:我还在电视上看到过,发生火灾,大人就是这样灭火的。(说着,做了灭火动作。)

师:对了,火公公最怕我们用东西压它。不过,老师要提醒小朋友不要玩火,因为火公公生气发起火来,很容易引起火灾。

(课例提供者:安徽省阜阳市铁二处学校　薛万久)

课例透析

本课例中的"休""看""灭"三个字都是会意字。会意字可以根据字形推断字意。而小学生长于形象思维,因此,引导他们借助于会意字的特点识字,不仅符合会意字的构字特点,而且符合小学生的心理特征和思维规律。在上述教学片断中,这位老师无论是让学生模拟动作认识"休""看"二字,还是借助于生活化情境学习"灭"字,都充分注意到形象情境的创设,让学生在动手实践中认识生字,从而激发学生的学习兴趣,让学生尝到学习的乐趣,由"厌学"变为"乐学"。

3-2　学习查字典课例与评析

课例展示

在读课外书,遇到不认识的字时,用部首查字法就能查出它的读音。

1. 课件出示:小男孩和小梅说的话。指名读小男孩说的话:"我学会了部首查字法,我要教你们这种查字典的方法。"

2. 自由读查字典方法的提示。"缓"这个字的读音,他是怎么查出来的,请你们小声读读他告诉我们的方法。

3. 四人小组边读查字典方法提示,边讨论部首查字的方法。说说自己知道了什么,提出不懂的问题,共同探讨。

4. 学生交流汇报,教师相机指导。

请一组学生代表说查"缓"字的方法。其他学生边听边动手查字典,教师总结方法。

第一步:确定要查字的部首,数数有几画,从部首目录中找到这个字的部首和页码。

第二步:在检字表中,找到这个部首,数清这个字除部首外还有几画,找到它在字典中的页码。

第三步:按页码在正文中找到要查的字,看拼音读出这个字的读音。

5.课件出示:小女孩和小梅说的话。

现在我们学会了部首查字法。小梅也学会了,听听她说些什么?

指名读小梅的话。

6.课件出示:"铺、笼、绕、羞、隆"五个生字。

(1)让学生用部首查字法查字,一边查一边填表。

生字	部首在检字表的哪一页	除去部首外还有几画	在字典哪一页	读音
铺				
笼				
绕				
羞				
隆				

(2)集体反馈。

7.拓展。

(1)让学生用部首查字法查找自己的姓。找到后让同桌小伙伴看。

(2)请学生拿出自己喜欢的课外书,从书中找出不认识的字,用部首查字法找到它的读音。

(课例提供者:马鞍山和县历阳三小 郑小键)

课例透析

注重查字典,要使之成为习惯,这要靠教师坚持不懈地指导和检查,激发学生的兴趣。让学生感受到查字典的乐趣,了解其作用,在他们的心中埋下勤查字典的种子。学生初步掌握了部首查字法后,教师创设查自己的姓和课外书中不认识的字的实践活动,这样既巩固了部首查字的方法,又激发了学生查字典的兴趣,同时使学生进一步认识到部首查字法的用处。

 ## 3-3　自主识字课例与评析

课例展示

根据学生交流汇报情况,教师相机引导学生用以下方法识字:

1. 加一加:"云"加走之底就是"运"。"知"加虫子旁,就是"蜘"。"丘"加虫子旁,就是"蚯"。"朱"加虫子旁,就是"蛛"。

2. 换一换:"妈"去掉女字旁,换上虫子旁,就是"蚂"。"清"去掉三点水,换上虫子旁,就是"蜻"。

3. 画一画:教师用简笔画画出蜘蛛网,引导学生对比识记"网"。

4. 演一演:请学生用肢体表演"展翅"的动作,识记"展"。

5. 组词法:左边虫,右边义,"蚁","蚂蚁"的"蚁"。左边虫,右边廷,"蜓","蜻蜓"的"蜓"。

6. 猜谜法:一张弓,一支箭,射到一条虫。什么字?(谜底:蚓。)

7. 故事法:两条虫子在辩斗,一条虫子说不过另一条虫子,就气呼呼地爬到一棵禾苗上去了。("蝌"和"蚪"的识记)

一条虫子到湖边喝水,十口水吞到肚子后,它高兴地说:"真解渴啊!"("蝴"的识记)

(课例提供者:安徽省阜阳市颍东区袁寨镇小学　朱金英)

课例透析

生字的学习若能与学生的生活实际、个体经验结合起来,就会内化为学生学习新字的内在动力,进而使学生养成主动识字的习惯,形成自主识字的能力。当然,在激励学生运用多种方法自主识字时,教师还应该发挥主导作用,渗透学习方法的指导,引领学生进行有效、科学的识记,从而真正提高识字效率。

3-4 情趣识字课例与评析

课例展示

1. 自己读诗,随文识字。

当你在读诗时,如有的字不会读,怎么办?(可以借助于拼音,可以问老师,可以问同学。)现在请同学们把生字圈出来,看一看哪些同学能准确认识这些生字宝宝。

2. 带拼音读生字,巩固汉语拼音。

(1)小老师领读(课件出示带拼音的生字)。生字宝宝们从课文中跑出来要和小朋友们交朋友,谁做小老师为大家介绍一下它们叫什么?

(2)说说整体认读音节是哪个字,三拼音节的字有哪些。理解"故乡",故乡是哪?我们的故乡是哪?

(3)同桌互相检查。

3. 生字组词,帮助记忆。

(1)你们给这些生字宝宝找个朋友吧,这样大家才会记得更牢啊!

(2)游戏巩固:开火车读词语。

4. 去掉拼音及词认读生字。

(1)生字宝宝离开了它的拼音朋友和词语伙伴,你还认识它吗?(齐读)

(2)游戏巩固:做"摘星星"的游戏。

看到小朋友学得这么认真,月亮姐姐带着许多星星也赶来凑热闹了,月亮姐姐说:"星星后面藏着你们刚刚认识的字宝宝,我来考考你们,谁能认识,这颗星星就送给谁。"

5. 识记字形。

(1)交流方法。

这么多的生字中,你记得最牢的字是哪个呢?你用什么好办法记住的?把你的识字方法教给大家吧!(学生交流,在交流过程中认识新偏旁"夂"。)

同学们真聪明,想出了那么多好办法来识记这些生字。识记生字的方法很多,我们可以用加一加、减一减的方法,可以编字谜、儿歌、故事,还可以做动作,只要大家仔细观察,认真动脑筋,一定会认识更多的字。

(2)猜谜语强化巩固。

同学们刚想了很多办法,那现在老师来考考大家,看谁脑筋动得快!听老师叙述,猜猜是什么字。

谜语一:此木虽宽,供人卧躺。

谜语二:他是何方人氏,老爱脚踢石子。

谜语三:大字左上有两点,像人把头点又点。

(给最先说出答案的学生奖励"智慧星")

(课例提供者:安徽省阜阳市和谐路小学　蔡红)

课例透析

学习古诗,重在吟诵。但本课的学习重点是识字、写字,朗读和背诵古诗。教学中教者采用随文识字的方法落实以上学习重点。初读古诗,借助于拼音读准字音;给识字组词、做游戏巩固生字;交流识字方法,猜谜强化。但需要说明的是,二年级以后编排古诗的目的,主要不是用来识字,而是让小学生了解一点关于诗歌的知识,诵读积累,陶冶情操。

 3-5　字理识字课例与评析

课例展示

学写"鼎"字

师:刚才他读的这段话里有一个生字特别难写。【板书:鼎】"鼎"字中间是个目字,左下角起笔要注意,起笔是竖折折,一笔写成。你们拿起食指跟我写。

(生集体书空。)

师:右下角和它对应的就不是一笔了,那可要分成三笔写,竖、横、竖。什么是"鼎"?

生1:就像是寺庙里上香的那个炉子。有三个脚,圆形。

师:那可不是"鼎",那叫——(众生答)香炉。

生1:我知道,我是说像它那样。

师:那你说对了,"鼎"一般也是圆形、三脚。

生2:"鼎"是古代人煮东西用的。

师:没错。"鼎"是古代人烹煮东西的器物,一般用青铜或铁制成,圆形,三足,两耳。也有方形,四足。(师边说边画简笔画。)

师:看到这个"鼎",你会想到跟它有关的成语吗?

生1:三足鼎立。

师:同学们看,三足鼎立。(师手指示意图。)

生2:鼎鼎大名。

师:鼎鼎大名,名气真大啊!

生3:人声鼎沸。

师:你看,像在这里煮开了一样,热闹极了。(师手指示意图。)

生4:一言九鼎。

师:一句话九个鼎,说话多有分量啊!

师:记住了"鼎"的意思,你就不会写错别字了。现在请你们在课文中写一个带"鼎"字的成语吧。注意把"鼎"写端正、写稳当,笔画笔顺要正确。(生书写。)

(课例提供者:安徽省阜阳市铁路学校　孙月昇)

课例透析

这个"鼎"字很难写,因为它是难写字,字形相对复杂,稍不注意,笔画、笔顺都容易写错。教者抓住"鼎"字,在难点上予以指导,并采用低年级常用的方法——"集体书空"来解决。初看,似乎是很笨的办法,其实这是很必要的。然后让学生相互交流,解决字义。最为精彩的是让学生说说与"鼎"有关的成语,调动了学生平时的词语积累,再来一次复现,巩固了原有的印象,促进了成语的内化。

3-6　写字姿势课例与评析

坐姿和握笔姿势

师:小朋友们,我们在写字的时候一定要保持正确的坐姿,这样不仅有助于把字写端正,也能保护我们的骨骼健康生长。老师这里有一句坐姿口诀送给大家:头正、肩平、身直、足安。请大家一边轻声念一念,一边纠正自己的姿势。

生:(一边念诵口诀,一边自己检查自己的姿势,坐端正。)……

师:写字的时候,也要正确地握笔,这样才能轻松自如地写字。送给大家一首握笔姿势歌,你们一定会喜欢的——

老大老二对对齐,手指之间留缝隙,老三下面来帮忙,老四老五往里藏。

请小朋友们边念边检查自己的握笔姿势。

生:(边念握笔姿势歌,边调整自己的握笔姿势。)……

(课例提供者:安徽省阜阳市文峰中心学校　韩亚敏)

课例透析

养成正确的"双姿"是培养良好书写习惯的首要任务,从一年级学生入校第一天起,就要树立"姿势先行"的理念。教学生写字,教师的导向一定要明确:姿势重于笔画。学会了正确的书写姿势,拥有了良好的书写习惯,写一手好字,那是迟早的事。"义务教育的各个学段的写字评价都要关注学生写字的姿势与习惯,引导学生提高书写质量。"

 3-7　随文识字课例与评析

 课例展示

一、图画导入,据图质疑

1. 出示棉花图片。

师:请同学们先来欣赏一幅图。

师:你们在图片上看到了什么?你知道棉花有什么用吗?

师小结:棉花与我们的生活息息相关。今天我们一起学习一篇童话,讲的就是棉花姑娘的故事。(板书课题:棉花姑娘。)谁来读一读课题?指名读课题,强调:"棉花"的"花"字与"姑娘"的"娘"字都要读轻声。

师:"姑娘"两个字是生字,你有什么好办法记住它们吗?

【评析】引导学生利用熟字加偏旁、换偏旁,或形声字规律来记忆。

2. 出示两幅图。

师：请你仔细观察，这两幅图中，棉花姑娘的表情有什么不同？（指名说一说。）

师：从"伤心"到"开心"，这中间发生了什么事呢？让我们来读一读课文。

【评析】在这一教学环节中，教师抓住低年级学生的心理特点，采用图画导入、据图质疑的方法，既有字音的强调，又有识字方法的积累，还有观察能力的训练，使得学生在生动、有趣的情境中学习生字，展开思考，调动了他们学习的积极性。

二、初读课文，认读生字

1. 要求学生自读一遍课文，并把生字圈画出来，遇到不熟悉的字可以借助于拼音多读几遍。教师巡视，进行个别指导。

2. 同桌互读圈画的生字，比比谁读得最准确。

3. 集体认读词语：蚜虫、盼望、姑娘、斑点、治病、啄木鸟。

出示带拼音的词语，指名读，跟读。

再出示不带拼音的词语，全班齐读。

4. 指名学生自选一个自然段，读给全班同学听。

【评析】这一环节的设计看起来很"传统"，却很有效。学生通过自读、圈画、互读、齐读，对生字新词有了初步印象。接着教师又让学生"将生字、词语送回家"，在具体的语言环境中去进一步识记。特别值得一提的是，在初识生字之后，教师给不同层次的学生一个自主选择的空间，让每个学生都能开口读一段，并悉心听别人读一段。在反复的朗读中，学生逐渐读准生字新词，读通句子，了解课文大意。

三、随文识字，感悟语言

（一）学习第1自然段

1. 指名读第1自然段。说一说：棉花姑娘遇到了什么麻烦？

2. 随文识字：蚜虫、盼望、治病。

师：（出示蚜虫图片）这就是蚜虫。夏天，如果我们穿上黄色的衣服，就会引来蚜虫落在我们的衣服上。蚜虫的肚子很大，靠吃植物枝叶生活，是害虫。

指名说一说怎样记住"蚜虫"的"蚜"字。

出示填空练习，指名学生填一填：

（　　　　）的蚜虫

出示句子，指名学生读：

棉花姑娘生病了,叶子上有许多可恶的蚜虫。

出示第一幅课文插图,请学生读句子:

她多么盼望有医生来给她治病啊!

师:看看图中棉花姑娘的表情,从"盼"字的部首想一想,"盼"与什么有关?为什么?

学生体会棉花姑娘的心情,再读这句话。

师:关于"治病"的"治"字。它的本义是"治水",后来也用于"治病"等词语。

3.学生带着自己的体会读一读第一自然段。

(二)学习第2～4自然段

1.学生自由读第2～4自然段。

思考:棉花姑娘请谁帮助自己捉蚜虫?标画出几个小动物的名字。

2.反馈,交流。

师随着学生的反馈,贴出相应图片并板书:燕子、啄木鸟、青蛙。

3.随文识字:啄木鸟。

师引导学生观察图片:啄木鸟用尖尖的嘴啄害虫,所以有个口字旁;右边中间的一点,像一条小虫子;剩下部分像树的枝杈。

语言训练:试着用一句话说说"棉花姑娘请谁帮助自己捉蚜虫"。(引导学生用"棉花姑娘请"和"帮助自己捉蚜虫"的句式练习说话。)

4.朗读指导,了解燕子、啄木鸟、青蛙不能帮助棉花姑娘的原因。

师:棉花姑娘说:"请你帮我捉害虫吧!"燕子、啄木鸟、青蛙是怎么回答的呢?

师指名学生朗读燕子、啄木鸟和青蛙的话。

5.同桌分角色练读。

师:虽然帮不上忙,但它们还是很有礼貌地告诉了棉花姑娘。朗读时要把"有礼貌"表现出来。

6.师示范,一个人读多个角色。再让学生练读,指名读。

(课例提供者:安徽省蚌埠市铁路第二小学 尤静)

课例透析

随课文识字是当前学习识字的主要形式。其中出示生字一般有两种形式:集中出示识字和分散出示识字。到底采用哪种形式,要视学生识字量的多少、识字能力的强弱以及课文生字的特点而定。出示生字之后,就是字音、字形、字义的教学。通常的做法是:第一步,初读课文环节,借助于拼音和查字典重点解决字音,读准字音,初认字形,粗解字义;第二步,精读课文环节,结合课文内容重点理解字义,巩固字义,再认字形;第三步,总结写练环节,着重辨析字形,指导书写。一看二写三对照,一个更比一个好。"意在笔先,笔在心后",下笔之前认真观察,发现规律,才能把字写正确、写端正、写美观。低年级语文课每节课都要练习写几个字,练习字数不宜过多,时间不宜过长。教师指导要与示范结合起来,评议以肯定为主,让学生通过评价获得成功的体验。

3-8 观察写字课例与评析

课例展示

1. 出示汉字,引导观察。

读一读:小、少。

看一看:这两个字哪里不同?引导学习新笔画"竖钩",注意"少"上面的"小"没钩。

【评析】教师先引导学生自主观察,发现字形的细微差别。

2. 课件出示,学习笔顺。

课件展示书写过程。

问一问:两个字在书写顺序上有什么相同的地方?

引导学习笔顺规则:先中间后两边。

书空:随着课件展示,学生书空。

【评析】运用课件展示书写过程,帮助学生掌握笔顺规则。

3. 练习写字,欣赏评析。

再观察:这两个字在书写时要注意什么?(第一笔都写在竖中线上;两个字中都有两点,一个左点,一个右点,左点稍低,右点稍高。)

教师示范书写。学生练写。

引导欣赏:自己先用红笔画出写得比较满意的字,然后同桌相互学习。(教师边深入学生中间指导,边挑选有代表性的作业,最后用实物投影展示并评析。)

【评析】通过再观察范字、教师范写等方式,使学生进一步明确生字的书写要领;组织学生欣赏评议,使学生体验到成功的快乐。

(课例提供者:安徽省阜阳市清河路第一小学 许娟)

课例透析

从这个课例可以看出该老师写字的教学指导,扎扎实实,有序,有效,值得学习与借鉴。对一二年级的学生来说,要掌握基本的写字技能,只练不教不行,光教不练也不行,要教练结合,适当指导,学生反复观察、自主练写才能形成写字能力。写前要观察笔画的特点、占位的比例等,发现相同笔画之间的细微差别;写中要观察,不是看一笔写一笔,而是动手写时,看好每一笔的位置,下笔时把每一笔写在对应的位置上;写后要观察,把自己写的字与范字进行比较,重新审视自己所写的笔画,找出优劣之处,对写得不满意的字,重新写一写。写字教学,教师要力争"下水"示范指导,帮助学生发现写字的规律,真正起到"师范"作用。点评欣赏要注意导向,要以肯定为主,以表扬为主,以激励为主,突出训练重点,发现问题,作针对性再指导,但不宜面面俱到。

小学语文阅读课堂学习与课例研究

1 小学语文阅读学习标准

 1-1 小学语文第一学段阅读学习标准

学习标准

(1)喜欢阅读,感受阅读的乐趣。养成爱护图书的习惯。

(2)学习用普通话正确、流利、有感情地朗读课文。学习默读。

(3)结合上下文和生活实际了解课文中词句的意思,在阅读中积累词语。借助于读物中的图画阅读。

(4)阅读浅近的童话、寓言、故事,向往美好的情境,关心自然和生命,对感兴趣的人物和事件有自己的感受和想法,并乐于与人交流。

(5)诵读儿歌、儿童诗和浅近的古诗,展开想象,获得初步的情感体验,感受语言的优美。

(6)认识课文中出现的常用标点符号。在阅读中体会句号、问号、感叹号所表达的不同语气。

(7)积累自己喜欢的成语和格言警句。背诵优秀诗文50篇(段)。课外阅读总量不少于5万字。

学习标准解读

(1)关注学生爱护图书习惯的养成。2001年教育部制定的《语文课程标准(实验稿)》中将"喜爱图书,爱护图书"独立成一条,2011年《语文课程标准》将"养成爱护图书的习惯"提到第一条"喜欢阅读,感受阅读的乐趣"之后,这体现了课程标准从原来的指令性要求,向关注和重视阅读习惯养成的角度转变。"爱护图书"是"喜爱图书"的必然反映,更是"喜欢阅读,感受阅读的乐趣"的行为表象。这样调整,不仅简洁明了,而且易于教师理解与把握。

(2)降低了默读要求,让默读与朗读并行。重视阅读方法的综合表述。《语文课程标准(实验稿)》第四条是"借助于读物中的图画阅读",2011年《语文课程标准》将它列于"结合上下文和生活实际了解课文中词句的意思,在阅读中积累词语"之后。无论是结合上下文和生活实际了解课文中词句的意思,还是借助于图画阅读,都是帮助学生阅读的方法和手段,统一强调,避免了分散。

(3)引入儿童诗阅读,注重诵读内容的层次性。由"童谣"改为"儿童诗",体现了课程标准要求学生广泛阅读规范性的书面语言。从儿歌,到儿童诗,到浅近的古诗,具有层次性,体现了由易到难、螺旋上升的阅读过程。

(4)关注儿童阅读兴趣及习惯的培养。对阅读有兴趣,是学生持续阅读和提高阅读能力的内在条件。第一学段的阅读习惯包括喜欢读书、经常读书、用普通话读书、爱护图书等。培养良好的阅读习惯,不仅是第一学段的要求,而且是巩固和深化第一学段成果的需要。受先入为主观念的影响,第一学段对于良好阅读习惯的培养就显得更加重要。

1-2 小学语文第二学段阅读学习标准

学习标准

(1)用普通话正确、流利、有感情地朗读课文。

(2)初步学会默读,做到不出声,不指读。学习略读,粗知文章大意。

(3)能联系上下文,理解词句的意思,体会课文中关键词句表达情意的作用。能借助于字典、词典和生活积累,理解生词的意义。

(4)能初步把握文章的主要内容,体会文章表达的思想感情。能对课文中不理解的地方提出疑问。

(5)能复述叙事性作品的大意,初步感受作品中生动的形象和优美的语言,关心作品中人物的命运和喜怒哀乐,与他人交流自己的阅读感受。

(6)诵读优秀诗文,注意在诵读过程中体验情感,展开想象,领悟诗文大意。

(7)在理解语句的过程中,体会句号与逗号的不同用法,了解冒号、引号的一般用法。

(8)积累课文中的优美词语、精彩句段,以及在课外阅读和生活中获得的语言材料。背诵优秀诗文50篇(段)。

(9)养成读书看报的习惯,收藏图书资料,乐于与同学交流。课外阅读总量不少于40万字。

学习标准解读

(1)重视朗读,指导学生学习默读。第二学段的朗读要求已经不同于第一学段"学习用普通话正确、流利、有感情地朗读课文",用普通话朗读显然是很熟练了。从"有感情地朗读"到"注意在诵读过程中体验情感""关心作品中人物的命运和喜怒哀乐",可见课程标准对本学段朗读要求的提高和重视程度。本学段对默读的要求,清晰准确地定位为"初步学会默读",而且对默读的要求很具体,富有指导性,"做到不出声,不指读",默读静思,学会质疑。

(2)注重基础,加强理解词句的学习。任何一篇文章都是由词语和句子组成的,所以理解文章,务必扫清词句理解上的阅读障碍。"联系上下文"理解词句,既是阅读理解的要求,又是阅读理解的方法。"借助于字典、词典和生活积累,理解生词的意义",这里又提供了两种理解方法:借助于字典、词典和生活积累。理解词句最突出、难度最大的问题是"体会课文中关键词句表达情意的作用"。在众多的词句中发现关键词句,体会关键词句表情达意的作用,就不仅要理解句子的简单内容,而且要注意语言形式的作用。对于第二学段的学生来说,这正是最基础、最扎实的理解能力训练。当然,在理解词句的过程中,体会句号和逗号的不同用法,了解冒号、引号的一般用法,也是很重要的阶段性基础知识,我们必须准确把握这些阶段目标。

(3)整体把握,突出学段特点。主要内容是一条红线,贯穿于第二学段的阅读、习作和口语交际目标之中。"能初步把握文章的主要内容"是中年级阅读教学的重要训练目标,也是小学生阅读理解必须具备的基本能力。只有准确把握文章的主要内容,才能体会文章表达的思想感情。"能复述叙事性作品的大意",也是把握主要内容的措施之一。"初步感受作品中生动的形象和优美的语言",这里的"形象"既有人物形象,也有事物形象。能够感受作品中的形象,既要整体把握,又要深入理解,更要情感体会,难度是可以想见的。"学习略读,粗知文章大意",也是本学段初次涉及的内容,同时也跟整体把握文章有关。从内容上说,理解课文的要求低于精读课文,只要抓住重点、难点帮助学生理解即可,词句的理解不作为重点。从方法上说,教师要更加放手,主要靠学生运用在精读课文中获得的知识与方法,自己把课文读懂,并在读中渐渐习得基本的读书方法,提高阅读能力。

(4)注重积累运用。"积累课文中的优美词语、精彩句段"主要指的是在语文课堂上从课本里寻找、批画、摘抄优美的词语、精彩的句段。课内的积累与指导,对学生加深理解、欣赏语言美等有着深远影响。课内的积累不仅是语言本身的积累,而且能启发学生随时随地自发在课外阅读或生活中获取优美语言,促进语文素养的提升。诵读、背诵优秀诗文,也是重要的语言积累形式。看书看报,从各种信息载体上搜集资讯、收藏、交流图书资料,完成课外阅读,以达到课标规定的读书量,既是知识、文化积累的有效方式,又有利于良好读书习惯的养成。

1-3　小学语文第三学段阅读学习标准

学习标准

（1）用普通话正确、流利、有感情地朗读课文。

（2）默读有一定的速度，默读一般读物每分钟不少于300字。学习浏览，扩大知识面，根据需要搜集信息。

（3）能联系上下文和自己的积累，推想课文中有关词句的意思，辨别词语的感情色彩，体会其表达效果。

（4）在阅读中了解文章的表达顺序，体会作者的思想感情，初步领悟文章的基本表达方法。在交流和讨论中，敢于提出看法，作出自己的判断。

（5）阅读叙事性作品，了解事件梗概，能简单描述自己印象最深的场景、人物、细节，说出自己的喜爱、憎恶、崇敬、向往、同情等感受。阅读诗歌，大体把握诗意，想象诗歌描述的情境，体会作品的情感。受到优秀作品的感染和激励，向往和追求美好的理想。阅读说明性文章，能抓住要点，了解文章的基本说明方法。阅读简单的非连续性文本，能从图文等组合材料中找出有价值的信息。

（6）在理解课文的过程中，体会顿号与逗号、分号与句号的不同用法。

（7）诵读优秀诗文，注意通过诗文的声调、韵律、节奏等体会作品的内容和情感。背诵优秀诗文60篇（段）。

（8）扩展阅读面。课外阅读总量不少于100万字。

学习标准解读

（1）提高默读速度，学会浏览。默读速度并非单指默读速度的快慢，更体现为默读能力的强弱。提高默读速度，就是要求提高默读理解、默读辨析、默读概括、默读体验、默读评价等默读能力。快速默读要求在最短的时间内默读更多的文字材料，并有效获取所需要的信息。对默读速度的量化要求是一个保底要求。如果一分钟默读少于300字,对于五六年级学生来说是不合格的。学会了浏览,加快了读书速度,才能"扩大知识面,根据需要搜集信息"。

(2)体会词句的感情色彩和表达效果。理解词义从一年级就开始了,第三学段的新要求是:结合语言环境,学会"辨别词语的感情色彩";学习"猜读","推想课文中有关词句的意思"。体会词语的感情色彩和表达效果,要引导学生将内容的理解和语言形式的学习融为一体,进行综合训练。

(3)读中学写,在阅读中领悟表达方法。第三学段阅读教学,既要引导学生理解课文"写什么",还要引导学生领悟课文是"怎么写的""写得怎么样"。与第二学段相比,第三学段对学生阅读理解能力的要求明显提高了,阅读学习的重心开始由读向读写结合转变,由重视内容理解向理解内容与学习表达并重转变。要努力引导学生在文章的表达顺序、表达方法与作者的思想感情方面建立联系,以领悟文章的内容和形式、内容和表达的内在联系。

让学生开始分类阅读,学会区分文章体裁,用不同的方法学习不同文体的课文。重视课外阅读是课程标准的一个根本性导向,丰富而广泛的阅读是母语学习的核心环节,是提高儿童语言能力的根本途径。为完成100万字的课外阅读量,课内外阅读一体化是有效的操作方法之一。

2 小学语文阅读学习关键问题及指导

2-1 如何确定阅读目标与内容?

 问题呈现

长期以来,语文学习低效、微效甚至无效的主要原因不是我们不努力,而是我们对"学什么"这个方向性问题缺乏足够重视。从某种程度上说,"学什么"决定了应该"怎么学",并影响着"学得怎么样"。不少专家提出:就学习的有效性而言,"学什么"比"怎么学"更重要。

但教学实际并非如此，主要有两个方面的问题：

（1）目标意识不强。许多教师平日备课，首先不是看教材，而是看教参。看教参是怎么分析教材，怎么确定目标，提供了哪些教学建议，安排了哪些课堂练习，甚至还会去查有哪些教师上过这一课，有哪些现成的教学设计。然后，才匆匆跟教材"见上一面"。教师备课时最不关心教学目标，只是将其当作一个条目抄到备课本上。

（2）教学内容模糊。我国的语文教材基本上是"文选型"教材。除少量课文是编者根据教学需要编写的以外，大部分选自以文学作品为主的各类著作。可以说，几乎没有一位作家在写作时就预见到自己的作品以后要让老师当教材去教，让孩子们当学材去学，作家并不是从教学的角度来写的。从作品成为教材再成为教学内容，至少要有两次开发的过程：第一次是编者经过遴选和改编，把作品编成教材，尽量适合某一年级的教学需要；第二次是教师细读文本，从教材中开发出对本班学生有价值的教学内容。语文教材不等于教学内容，由于课堂教学的时间有限，教师和学生的精力有限，我们必须对教材作"二度开发"，不能眉毛胡子一把抓，看见什么教什么，这就是说要"用教材教"而不是简单地"教教材"。

学习指导策略

● **确定适切的教学目标**

适切的教学目标应该有以下几个特点：第一，恰当——教学目标的适切性。符合课程标准规定的学段目标和教材特点，适合本班学生的水平，学生经过努力可以达成。宁少勿多，宁低勿高，"每天进步一点点"。第二，明确——教学目标的可操作性。用清晰明白的语言描述学生学习后行为发生的变化，可操作，可检测。第三，全面——教学目标的完整性。教学目标包含知识与能力、过程与方法、情感态度价值观，三个维度应相互渗透，融为一体，避免顾此失彼。如何制订适切的教学目标呢？

（1）依据学段目标制订教学目标。在确定具体的一篇课文的教学目标之前，我们要对课程标准非常熟悉，尤其是对学段目标了如指掌，避免出现教学目标越位、缺位和不到位的现象。就阅读教学而言,学段要求是有层次和梯度的。

——低年级,识字、写字无疑是教学目标的重中之重,同时包括词和句的训练,初步的朗读训练。如人教版《数星星的孩子》一课可制订如下教学目标:

①认识 9 个生字,会写 12 个字,同时习得识字、写字的方法。

②学习并积累词语。如,无数、珍珠、汉朝、天文学家、距离、清楚、钻研等。

③把课文读正确、读流利,读好长句子中词语之间的停顿。在此基础上指导学生读好人物之间的对话。

④学习张衡从小细心观察、乐于探究的品质。

——中年级是低年级向高年级的过渡阶段,要继续进行词句训练,理解词句在表情达意方面的作用是教学的重要目标,同时要加强段的训练,注重段的理解、积累与运用。如苏教版《石榴》一课可制订如下教学目标:

①能够借助于书中注音和字典,准确认读本课的生字新词,指导学生正确、流利、有感情地朗读课文。

②重点阅读课文的第 2、第 3 自然段,了解石榴的生长过程,初步体会用比喻、拟人的写法将事物写得更加生动、形象。

③体会作者对石榴的喜爱以及对家乡的热爱之情,激发学生热爱自然的情感,陶冶审美情趣。

——高年级教学目标的重点,应放在引导学生从整体上把握文章的内容,品味文章的语言,领会表达的方法上,揣摩并运用表达方法是需要加强的一个训练重点。如人教版《伯牙绝弦》一课可制订如下教学目标:

①通过朗读、品味、比较、联想等多种方式学习课文,在学懂的基础上熟读成诵。

②初步运用借助于注释、联系上下文等学习文言文的基本方法,感受常用的文言词汇,增加文言文的阅读体验。

③感受高山流水的知音文化,明确朋友感情的真挚深沉,受到传统文化

的熏陶。

（2）依照单元目标制订教学目标。语文教材中的每一个单元都有"导语"和"我的发现"或"交流平台"，它们很明确地告诉我们该单元的教学重点与编写意图，而这正是我们确定教学目标的第二个凭借。我们说，一篇文章的内涵固然丰厚，语言固然精妙，涉及的语文知识点固然很多，但哪些是这篇课文的教学重点，哪些是亟须解决、训练的，应根据单元的教学重点与编者意图来定。如果我们承认不可能通过一篇课文的教学解决语文上的所有问题这个事实的话，那么也就不应该无视单元的教学重点与编者意图而随意确定教学目标。如人教版《将相和》一课可制订如下教学目标：

①认识7个生字，会写9个生字。正确读写并理解"完璧归赵、无价之宝"等词语。

②默读课文，给三个故事加上小标题，并分别说说主要内容。

③抓住故事矛盾，理解三个故事的内部联系，体会"和"的重要性，体验阅读历史故事的乐趣。

④抓住人物语言，揣摩人物内心，感受人物形象，体会课文中主要人物语言描写的表达效果。

⑤有感情地朗读描写主要人物语言的句子。

《将相和》是人教版五年级下册第五单元的第一篇精读课文，单元主题是"中国古典名著之旅"，单元训练的重点是学习阅读中国古典名著中的故事，要求"理解主要内容，感受人物形象，感受名著的魅力，激发阅读名著的兴趣"。目标②③④就很好地体现了单元目标的要求。

（3）依照文本特点制订教学目标。就阅读教学而言，对于阅读不同样式的文章，课程标准有相应要求——阅读叙事性作品，了解事件梗概，能简单描述自己印象最深刻的场景、人物、细节，说出自己的喜爱、憎恶、崇敬、向往、同情等感受；阅读说明性文章，能抓住要点，了解文章的基本说明方法；阅读诗歌，大体把握诗意，想象诗歌描述的情境，体会作品的情感。通过对优秀作品的阅读和鉴赏，可以让学生感受到优秀作品的感染和激励，从而追求美好的理想。如人教版《桥》一课可制订如下教学目标：

①认识6个生字,会写8个生字。

②有感情地朗读课文,并理解和感悟课文中的情感。

③用简洁的语言概括文章的主要内容。

④领悟课文环境烘托、分层推进、设置悬念表现人物品质的表达方式。

这是一篇叙事性作品。这样的教学目标就体现了这类文章阅读的个性,"什么样的文章读出什么来"。特别是目标④更是体现了这篇文章阅读的个性,因为环境烘托、分层推进、设置悬念表现人物品质的表达方式就是这篇课文表达上的特色。

(4)依照学生基础制订教学目标。充分了解学生已有的学习水平和潜在的学习能力,寻找最近发展区,促进学生发展,也是语文教学生本特点的切实体现。学情是有可知性和规律性的,教师既要了解特定年龄阶段学生学习语文的兴趣、习惯和学习思路特点,也要走到学生中间去倾听、了解、观察他们对于特定学习内容的学习兴趣以及对学习进程安排的需求。但不可过分强调实际而把课标规定的学段目标丢到一边。

● **选择适宜的教学内容**

(1)根据语文课程的根本任务选择教学内容。一篇课文的教学价值体现在什么地方呢?它是教和学内容的载体,它肩负的责任不仅是让学生获取信息,而且是让学生学习如何运用语言传递信息。叶圣陶先生说:"国文科的目的,说起来很多,可是最重要的只有两个,就是阅读的学习和写作的学习。这两种学习,彼此的关系很密切,都非从形式的探究着手不可。"可见,对语文学科而言,学习的应是,一篇课文是如何表达的,而不是它表达了什么,学习言语形式比了解课文内容更为本质,更为关键,更为主要。言语形式的学习内容主要包括三个方面:一是积累丰富的语言材料;二是学习掌握一些基本的言语形式的知识;三是体会言语形式对内容表达所起的作用。《语文课程标准》就各学段言语形式的教学分别提出了要求:

第一学段:"阅读中积累词语""感受语言的优美""阅读中,体会句号、问号、感叹号所表达的不同语气""背诵优秀诗文50篇(段)"。

第二学段:"体会课文中关键词句在表情达意上的作用""初步感受作品

中生动的形象和优美的语言""体会句号与逗号的不同用法,了解冒号、引号的一般用法""积累课文中的优美词语、精彩句段,以及在课外阅读和生活中获得的语言材料""背诵优秀诗文50篇(段)"。

第三学段:"辨别词语的感情色彩""了解文章的基本说明方法""推想课文中有关词句的意思……体会其表达效果""初步领悟文章的基本表达方法""体会顿号与逗号、分号与句号的不同用法""诵读优秀诗文,注意通过诗文的声调、音律、节奏等体会作品的内容和情感""背诵优秀诗文60篇(段)"。

需要注意的是,哪些优美的语言形式,哪些基本的表达方法,哪些基本的说明方法,关键词句、标点、节奏、声调在表情达意上的哪些具体作用等,课程标准并没有具体提出,这就需要我们针对具体课文提出语言形式方面的具体要求。

(2)依照学生学情选择教学内容。叶圣陶先生说过一段经典的话,道出了语文教学应该"教什么"的真谛:"知识不能凭空得到,习惯不能凭空养成,必须有所凭借,那凭借就是国文教本。国文教本中排列着一篇篇的文章,使学生试着理解,理解不了的由教师给予帮助(教师不教学生先自设法理解,而只是一篇篇讲给学生听,这并非最妥当的帮助);从这里,学生得到了阅读的知识。更使学生试着揣摩它们,意念要怎样地结构和表达,才正确而精密,揣摩不出的,由教师帮助;从这里,学生得到了写作的知识。"也就是说,语文教学的内容,语文教师在备课中应该关注的地方,就是学生在预习时"理解不了的""揣摩不出的"。

(3)依照教学目标选择教学内容。教学目标是师生通过教学活动预期达到的结果或标准,是对学习者通过教学将能做什么的一种明确具体的表述。主要描述学习者学习后预期产生的行为变化。教学内容服务于教学目标,旨在达成教学目标。教学内容的选择要紧扣教学目标,而不是教师想教什么就教什么、教师能教什么就教什么。在教学内容的选择上,我们还得注意以下几点:

①教学内容相对集中。教学内容少而精,是课堂教学的基本准则。小学一节课只有40分钟,一个班有四五十个学生,要让学生学得比较透彻,教学

时教师重点讲述两三个"点"就足够了。

②"整合"是上佳的选择。许多课文既是语言学习的范本,也是人文熏陶的上品,且两者不能分割。不少课文中语言习得和人文熏陶二者的结合处既是教学的重点,也可以成为课堂教学的亮点。我们要尽可能选择这样的内容,通过研读赏析,实现语言习得、形象再现、情感熏陶、表达方法学习等的一举多得。

③实现教学目标和教学内容的互动。在课程标准规定的学段目标范围内,对于一篇具体的课文,其教学内容的选择和教学目标的确定应当是一个反复调整的过程:根据教学目标选择教学内容;选定教学内容后修改教学目标,不断考虑教学目标的合理性和内容选择的适切性,才能取得良好的教学效果。

2-2 如何让阅读走向多重对话?

 问题呈现

相当长一段时间以来,小学语文阅读教学存在诸多弊端,尤为突出地表现在以下几方面:

(1)强调知识技能本位:认为教学过程是知识灌输、移植的过程。在为数不少的阅读教学中,为理解教材,教师把有血有肉的教材分解成一个个了无生气的知识点教给学生,孤立地进行词语积累、语法分析和修辞训练,或者一味地搞灌输式的"机械的发声训练",而"忘记"了文本的"精神"层面。学生主要依靠做大量的机械练习来学教材,师生成了教材的奴隶。这样的阅读教学,不仅造成阅读教学人文内涵的失落,而且使学生语言素养的发展大打折扣。

(2)以教师为中心:教学过程总是顺着教师事先设计好的"路线"推进。教师往往从教的角度去思考怎样提高课堂效率,讲课追求行云流水、滴水不漏,课堂俨然成了教师展示教学技巧的舞台,而很少考虑学生是否有效参与,参与面如何？课堂上即使有学生参与，往往也只是几个尖子学生在"唱戏"，其余学生当观众，课堂中缺少广泛的、多向的交流，大多数学生被忽视，学生的能力得不到提高，个性得不到发展。

(3) 阅读主体缺失：教师或以自己的心得强加于学生；或用教参的答案固定了教学的方向，限制了学生的自由；或强调阅读技法，而忽视个体的情感体验；或以群体阅读代替个性阅读；或以作者的感受来人为提升学生的领悟。这种不从接受者的角度引导学生阅读的教学造成了主体错位，使学生认为阅读就是应付教师的提问，就是琢磨作品的答案，而与自己无关，以致迷失了自己。

学习指导策略

《语文课程标准》指出："阅读教学是学生、教师、教科书编者、文本对话之间的过程。"这一对话过程具体包括教师与文本、学生与文本、教师与学生、学生与学生、教师与教科书编者、学生与教科书编者的多重对话。阅读教学的目的主要是学生通过与文本的对话实践，学习如何与文本对话，从而培养文本对话的能力。在阅读教学中，教师所起作用主要是激发学生与文本对话的兴趣，指点与文本对话的门径，帮助克服对话中遇到的困难。

(1) 积极培养对话意识。在一个刻板呆滞的课堂氛围中，富有活力和创造性的对话是难以实现的。对话的原始意义是交谈，但并非任何交谈都是对话。对话过程本质上是不同主体以各自不同的方式、声音共同参与的精神历程。良好的对话氛围产生于教学主体间的对话意识。必须培养师生这样一种"对话意识"，即民主的意识、平等的意识、合作的意识，致力于共同创造新的精神境界。如果没有这种对话意识，没有这种渴望，即使有再华丽的辞藻，再优美的句子，都不是对话；而有了这种对话意识，即使言辞上再激烈，甚至是针锋相对的争辩，也是对话，而且可能是更高级的对话；有了这种对话意识，人们之间默默无言的相对甚至都成了对话。正如人们所说的，没有对话意识的问答，就像一具只有骨肉而无灵魂的僵尸，绝非真正的对话。

(2) 善于创设对话情境。阅读教学是对话的过程，应通过创设多种多样的对话情境,让学生积极参与,激发他们对话的欲望和热情。利用多媒体创设情境,具有生动、形象、逼真的特点,让人有身临其境的感受,既提供了对话的素材,又能很好地激发学生对话的欲望。

创设问题情境。一个巧妙的设问,是一个点燃学生激情的火把。比如某老师教学"你必须把这条鱼放掉"这句话,开始便让学生看题目,想问题。学生抓住课题是人物的一句话这一特点纷纷质疑:这话是谁对谁说的?"这条鱼"是什么鱼?为什么让他"必须"放掉?这些问题诱发了学生的阅读期待,激活了学生和文本以及师生、生生之间对话的渴望。有时,教师也可以依据教学内容向学生提出需要解决的问题,培养学生的探究精神,进而激发学生的对话热情。一位老师教学《太阳》一课时,讲了自己的亲身经历:小时候从报纸上得知苏联宇航员登上了月球,于是,立志长大了要登上太阳。这时,学生哄堂大笑,教师趁机问学生为什么发笑,再引导学生饶有兴趣地与文本对话,深入了解太阳的特点。

创设活动情境。于永正老师是把表演引进阅读教学的高手,他高就高在他组织的课堂表演。他的课堂表演不是简单地检查汇报学习的结果,而是一场师、生同文本之间的对话。像"演一演""做一做""说一说""唱一唱""画一画"等活动方式,都能很好地调动学生对话的积极性。

(3)善于把握和丰富学生的"前理解"。在备课时,有的教师更多地只考虑自己如何把握文本的思想内容、写作特色,而忽略了学生的认知水平。这种情况实际上就是教师用自己的"前理解"取代了学生的"前理解"。"前理解"正是理解之所以成为可能的重要条件之一。因为没有"前理解"就不可能有理解,恰如一个处于纯生物状态的婴儿是不可能有什么理解的;"前理解"构成了理解者的视野,一个人能够理解什么,理解到什么程度,恰恰取决于其"前理解"。因此,在阅读教学中,教师要防止自己的"先入之见"甚至"个人偏见"对学生阅读的干扰,这就先要组织学生独立阅读,并且静听其他学生的发言。此其一。其二,教师应尽可能扩大学生的阅读面,"前理解"只有在不断"理解"中才能得以增强。其三,阅读教学要加强师生、生生之间的交流,听听各种不同的"前理解",以扩大自己的"前理解"。对于任何一个文本,不同的

"前理解"都只能从某一个"窗口"看到文本的一道"风景",而不同的"前理解"视觉的交叉,则使我们可以借助于别人的眼睛看到更多的"风景"。

(4)鼓励、尊重并引导学生有创意的阅读。接受理论和解释学告诉我们,任何读者理解到的意义都不完全等同于作品原来的意义,而且不同读者面对同一作品所理解到的意义也不可能完全一样。所谓"一千个读者便有一千个哈姆雷特",便是此理。因此,阅读教学应当给学生多元解读、自主发现文本含义的空间,不能搞过去应试教育下的一元论。但是,真理往前多跨出半步往往就走向谬误。如果把有创意的阅读理解成不顾作品的意义而随心所欲地"自由理解",则只有"创意"而无"阅读"了。这里的关键在于,创造的基础是阅读,不能脱离作者的本意。鼓励学生有创意的阅读,就是善于引导学生用自己的"前理解"去阅读,同时又借助于别人的"前理解";努力发现别人没有发现的文本的其他含义;对理解到的意义作出自己独到的价值判断,而不仅仅停留于理解本身或人云亦云;在理解意义的基础上产生联想而生成新的意义或塑造新的形象;将阅读与生活相联系,用阅读去影响生活,等等。有创意的阅读,只能生长于对学生独特见解的珍视,更离不开教师合理的引导。

2-3 如何引导学生个性化阅读?

问题呈现

一千个读者便有一千个哈姆雷特。一部真正的作品是属于读者的,阅读活动的整个过程也是属于读者的。然而,受传统教育观念的影响,有些语文课中,学生的阅读近乎"戴着镣铐跳舞",个性未被张扬反遭扼杀。教师拥有对教材的绝对解释权,一味把自己对阅读材料的理解暗示甚至强加给学生,忽视了学生的阅读实践。很多时候,学生不是在阅读,而是在"激情飞扬"中追求一致的情感体验,让所有的感悟、感受、认识都统一于标准答案之下。

学习指导策略

《语文课程标准》对个性化阅读的概念作了明确定义:"阅读是学生的个

性化行为。阅读教学应引导学生钻研文本,在主动积极的思维和情感活动中,加深理解和体验,有所感悟和思考,受到情感熏陶,获得思想启迪,享受审美乐趣。要珍视学生独特的感受、体验和理解。教师应加强对学生阅读的指导、引领和点拨,但不应以教师的分析来代替学生的阅读实践,不应以模式化的解读来代替学生的体验和思考;要善于通过合作学习解决阅读中的问题,但也要防止用集体讨论来代替个人阅读。"关于在语文教学中如何实施个性化阅读,我们认为应该从以下几个方面着手:

(1)大量阅读是实施个性化阅读的重要基础。《语文课程标准》指出:"扩大阅读面,增加阅读量,提高阅读品位。提倡少做题,多读书,好读书,读好书,读整本的书。"我们这里说的"多读书"并不是随意地读书,教师要对学生的阅读予以适当指导,从而扩大学生的阅读面:通过阅读文学性书籍提升语文鉴赏水平,通过阅读科学性书籍增加知识储备。读书的目的就是要增长见识,丰富人格。阅读的同时还要注意阅读的方法,做好积累工作。通过阅读,学生的知识储备和语言素养都会得到提升。在阅读教学中,学生能对教材中的内容进行个性化理解,并在课堂上表达自己的观点。正因为如此,个性化阅读的第一步就是扩大阅读量,以积累的方式逐步提升能力。

(2)关于课内外阅读,学生有自主选择权。《语文课程标准》着重强调了阅读本体的个性体验,比如"增加知识储备""有自己的想法""能够独立评价""说出自己的感受""自主进行思考""提升审美品位""做好信息收集工作""制订计划"等。在开展课内阅读活动时,同样强调学生的主体地位和个性化感受。所以,学生在进行课内阅读时,也可以对自己阅读的内容进行选择,"在阅读中学习阅读"。某老师在讲解《索溪峪的"野"》时,引导学生在完成课文阅读之后,用自己的语言形象生动地对水之野、山之野、人之野和动物野进行描述,并说出自己的感受。因为内容是学生自己选择的,感受是发自内心的,所以每个学生在进行阅读时都是充满学习热情的。

(3)自主探究是实施个性化阅读的主要方式。学生可以自己选择阅读内容,有了一定的阅读积累还不能算成功。怎样让学生在阅读的过程中发表个性化见解呢?我们可以通过自主探究的方式。在开展阅读活动的过程中,教师应该充分尊重学生的个人理解,鼓励学生提出问题,和学生进行讨论。在阅读活动中,不管是学生和文本之间的交流还是学生与教师之间的交流,都会增加学生的个人体验。教师在处理学生的个性化体验时,不能用统一、固定的标准去衡量,要充分尊重学生的个人体验,并和学生多作交流,让学生在更加轻松的氛围中形成自己的个性化理解。

(4)引导学生从不同的角度进行阅读。德国美学家姚斯认为:作品本身是没有生命的,正是因为有了读者的阅读,作品才有了意义。从不同的角度进行阅读,阅读的感受也会不同。正因为如此,教师要充分激发学生的思维,让学生从更多的角度理解文章,并勇于表达自己的看法。比如,在学习纳兰性德的《长相思》时,教师要引导学生对不同的语句表达自己的看法。这样学生就可以根据自己的真实感受作出不同的反应:有的学生认为"风一更"和"雨一更"这样的描写可以体现行军的艰苦;有的学生从"夜深千帐灯"这样的景象描写中感受到行军打仗的悲壮;还有的学生从"故园无此声"这一句中感受到行军在外的战士对于家乡的思念。学生对于文章的个性化理解体现在不同的感悟中。

(5)允许学生对同一问题发表不同的看法。《语文课程标准》强调,阅读教学允许学生各抒己见,表达自己对于作品的看法。每一种观点都是学生思考的结果,都是个性化的感悟。比如,在讲解《火烧云》一课时,因为学生对于火烧云不太了解,所以在进行文本阅读时受到限制。教师可以向学生展示一些和课文内容相关的图片,引导学生阅读重点段落,并让学生着重理解文章中的一些词语,比如"一会儿""接着又""忽然又"等,学生可以通过阅读重点段落和句子中某些重点词语,感受火烧云发生时场面的壮观。教师只有鼓励学生对文章发表自己的看法,才能真正激发学生的思维,实现个性化阅读。

在小学语文教学活动中开展个性化阅读,对于提升小学生综合素质和个人修养具有重要作用。我们要引导学生增加阅读量,自主选择阅读对象,并充分尊重学生的阅读感受和阅读体验。实施个性化阅读的目的就是让学生在阅读中彰显其个性,通过自主学习和探究领会文章内涵。

2-4 如何指导学生自然地朗读？

问题呈现

现在的朗读教学存在很多误区：一是缺少应有的重视；二是朗读一味提"有感情地朗读"，要求模糊，没有体现文体特点和文本个性，感情不自然，情感传递不准确，表达不到位。第二点表现尤为严重。现在语文课上不乏书声琅琅，但仔细听学生朗读，就会发现学生朗读时"朗读腔""表演腔"太浓，或矫揉造作、装腔作势；或语气夸张，对作品情感理解不到位甚至错位；或统一语调，缺乏个性。故而，朗读教学效率不高，指导不力，效果不理想，走入明显的误区，迫切需要矫正与引导。

学习指导策略

《语文课程标准》在阅读教学的建议中指出："各个学段的阅读教学都要重视朗读和默读。"各学段关于朗读的目标都要求"有感情地朗读"，这是指要让学生通过朗读品味语言，体会作者及作品中的情感态度，学习用恰当的语气、语调朗读，表现自己对作者及其作品情感态度的理解。"朗读要提倡自然，要摒弃矫情做作的腔调。"这一表述，不仅进一步凸显了朗读教学的重要性，使朗读教学的要求更加明确、具体，而且是对当前朗读教学存在误区的纠偏。

所谓"自然朗读"，就是还原人物对话里的情态，入乎文，入乎心，入乎情；就是娓娓道来，不拿腔捏调，不矫揉造作；就是要像说话一样自然而然，要用恰当的语调、语气、语势表达思想感情，音随意转，因情用气，气随情动，以情带声，自然流畅，让听者心从耳顺。其实，对于如何"自然朗读"，叶圣陶先生曾有过一段精辟的论述："说理的文章大概只需论理地读，叙事叙情的文章最好还要'美读'。所谓美读，就是把作者的情感在读的时候传达出来。读的时候不要勉强做作，要读得自然流畅。"所以，真正有感情、自然地朗读，就是进一步通过品味语言,体会作者及其作品中的情感态度,学习用恰当的语气、语调朗读,表现自己对作者及其作品情感态度的理解。要在读的时候把作者的情感用准确自然的语调、语气、语势传达出来,做到"激昂处还他个激昂,委婉处还他个委婉"。

如何指导学生对文本进行"自然""有感情"地朗读呢?下面的教学片断,会给我们有益的启迪。

教学片断

只拣儿童多处行

生:"我们本想在知春——亭畔喝茶,哪知道知——春——亭畔已是坐无(空)隙地!"

师:不要紧张,像我一样,长吸一口气,然后慢——慢——吐出。

生:(笑)

师:"知春亭"是亭的名字。再练习一次。

生:一连读了四次,终于读通顺了。(此时,胖乎乎的他,额头上全是汗水。)

师:(请他的同桌站起来)评价一下他的读书。

生:他读得正确。

师:对!你再看看他的脸上,你有什么想法?

生:他热得一头是汗,才把一句话念好!

师:是不是颠倒过来说更好:他为了把一句话念好,热得一头汗!

生:(同学们一听都笑了。)

师:请下一位同学接着往下读。

生:读第四节。(声音很小。)

师:(走到这位男同学跟前)请你听一听孙老师读书,然后谈谈自己的想法。(模仿他小声读书的样子。)

生:老师读书声音太小,别人听不清楚。

师:你能不能教我大声读一遍?

(生大声读一句,老师跟着读一句。)

师:谢谢你!你教我学会了大声念书!

朗读要注意引导、点拨。在朗读训练中，教师要为学生的朗读感悟提供展示的机会和创设宽松的氛围，促使他们心理放松，然后自然朗读。我们看到，这个学生在朗读时出现了断句现象，教师没有急于让别的同学来纠正，而是极有耐心地宽容等待，让学生自己练习、纠正。教师借机做文章，体现了对学生的人文关怀。而当学生读得声音小时，教师没有直接指出缺点，而是巧妙地以"错"纠"错"，让学生放松心理，读好了课文。

朗读既是一种语言活动，又是一种言语艺术。因此，语文阅读教学要求学生运用准确的语音、合理的停顿和语调朗读课文，并表情达意。从上述教学片断可以看出，让学生做到自然有感情地朗读，需要教师适时适机地引导，以减少学生朗读的随意性和盲目性。通过点拨，学生实现对文字符号承载的思想内容、情感、韵味的感知和领悟。此外，教师还要善于发现学生阅读中遇到的问题，并循循善诱，采取恰当的方式帮助其解决。

2-5 如何指导学生潜心地默读？

问题呈现

综观现在的语文课堂教学，无论是身边的教师，还是一些参加课堂教学比赛的教师，都不同程度地忽略了默读，都在追求课堂上的"书声琅琅"，而默读在其中没有或很少有一席之地。重视朗读教学，无疑是正确的，但是并不是说可以忽视默读。现在的一些教师对默读教学不够重视，研究很少。小学生的默读能力普遍较差，甚至到了高年级，他们还不知道怎样默读。尤其在公开教学中，教师怕冷场，一般很少让学生默读，即便采用，也是蜻蜓点水般地安排2~3分钟。往往是学生刚刚把课文浏览完，还来不及思索，教师便迫不及待地开始交流。更为普遍的是安排默读的时候，教师也很少教给默读的方法。这不仅影响学生思维能力的发展，而且是造成语文阅读教学效率不高、小学生阅读能力差的主要原因。

学习指导策略

《语文课程标准》指出："各学段的阅读教学都要重视朗读和默读。"对各学段默读也有明确的要求：第一学段要求"学习默读，做到不出声，不指读"。第二学段要求"初步学会默读……能对课文中不理解的地方提出疑问"。第三学段要求"默读有一定的速度，默读一般读物每分钟不少于300字"。由此可以知道，默读既是教学目标，也是阅读教学一个非常重要的学习方法。从功能的角度看，默读是潜心读书、深入思考、品味情感、与文本对话的有效方式。

对学生进行默读指导，应根据其身心发展特点，逐步深入和提高。

● 明确默读的要求

（1）正确地读。读准每一个字、每一句话。做到不丢字，不掉句，不漏行，逐步达到手不指、唇不动。注意每一个标点和每句话的语气。

（2）要读得流畅。有一定的速度要求，养成正常的眼动习惯，克服不必要的回视和不正确的扫视。

（3）要集中注意力读。低年级儿童注意力不集中，好动不好静，所以要培养他们静读、不怕干扰的习惯。

（4）要理解地读。养成边读边思考的习惯。对文中不懂的地方绝不轻易放过，要反复看多遍，联系文中的语言环境认真地分析、思索，真正弄明白课文内容。

● 加强默读的学法指导

默读的方法，简单地说就是"三不三到"。"三不"是指不出声、不动唇、不用手指着默读。"三到"是指眼到、心到、手到。

眼到：眼睛离书本距离要适当，保证一行字都在视觉范围内。眼皮要少眨动，最好看完一句或几句才眨动一次，要一句一句地读。

心到：眼睛看到哪，脑子就想到哪。一边默读，一边提出"为什么"的问题，通过"读"和"思"领会文章的内容。

手到：提起笔来，边读、边画、边写，学会圈点。画什么？画重点词语、重点句子、重点内容、佳词妙句。写什么？写自己的看法、疑问。

只要我们坚持不懈地做到"三不三到"，再加上有效的训练，就一定能掌握默读的方法，养成良好的默读习惯。

● 落实默读的训练过程

明确了要求，掌握了方法，更重要的是要落实到具体的课堂教学中，加强默读的训练。下面以《看月食》为例，谈谈我的具体做法。

第一步，老师慢慢朗读全文，让学生不出声，不动唇，随老师的朗读用眼看书，进行一次默读尝试。读后告诉学生，像刚才这样，若没有老师的朗读，而是自己不出声，不用嘴念，用心去读书，就叫默读。速度要由慢到快。

第二步，让学生通过默读，理解每个自然段的意思，了解构段形式，初步理解文章大体内容。因刚开始学习默读，为了调动学生兴趣，可把默读与朗读轮换进行，即让一生朗读，其余学生跟着默读，使朗读与默读二者相辅相成，起到由朗读逐渐过渡到默读的作用。

第三步，让学生带着不同的问题默读第四到第七自然段。

一读：带着的问题是"月食时，月亮的形状是怎样由大玉盘开始变化的？最后又是怎样闪闪发亮的？"默读后，让学生按月亮的变化顺序在书上把变化的月亮画出来，然后老师找学生把月亮的变化板书在黑板上。"大玉盘——咬去一块——小船——镰刀——眉毛——细钩——锣"。完后，老师按这个板书进行小结：一读告诉我们，默读不论速度怎么快，都要读准字词句，做到不丢字，不掉句，更不能漏行，也要注意标点符号。不然的话，丢掉任何一点，整个变化过程就不完整了。

二读：带着的问题是"月亮是一下子被吞掉，成为红铜色的影子吗？你从教材中怎么知道的？"默读后让学生说一说。通过边读边思考，从"慢慢地、接着、一会儿"等词语中，知道月亮是逐渐变化的。还可以问学生，如果不用这几个词语行不行？为什么？让学生拿掉这几个词语，读读看看，体会一下作者遣词造句的重要作用。完后，教师小结：二读告诉我们，在默读中要认真抓住字、词、句、边读边思考。对难懂的地方要反复看几遍，联系上下文，把不懂的地方真正弄明白。

本课通过这三步的默读训练,就是要让学生知道:什么是默读?(第一步)默读的任务是什么?(第二步)默读要注意哪几点?(第三步)

默读,是沉浸在文本之中,和文本一起呼吸、一起慨叹、一起喜怒哀乐,使心灵如雨后青山般澄澈、清明和舒朗。我们一定要将语文教学中默读"屡屡缺席"的失衡现象及时匡正,让学生学会静思默读,让课堂暂时"冷场"。只有这样,学生才能产生独特的体验,迸发思维的火花,真正用心与文本进行跨越时空的无声对话。

2-6 如何在读中落实词语学习?

 问题呈现

词语学习一直是小学语文学习的重要内容。以前的语文学习,在对词语的理解上存在许多问题。最大的问题之一,就是一些学校为了应试,要求学生机械抄写词语,或者死记硬背词语解释,或者对词性、词类、同义词、反义词等作脱离语境的辨析练习。其实许多词语,结合上下文和生活实际很容易理解,完全没有必要死记硬背。这样做,不仅加重了学生的课业负担,而且损害了学生的身心健康。

 学习指导策略

与过去的小学语文教学大纲相比,《语文课程标准》的词语学习理念发生了明显的变化。首先,将词语学习内容集中放在阅读部分,各学段的识字、写字部分不再涉及词语学习内容。这就意味着词语学习是阅读教学的组成部分,强调在阅读中学习词语,即在语言环境中学习词语。其次,课程标准对词语的学习明确提出积累、理解和运用三个不同层次的要求,而不再突出强调脱离语境的词语辨析训练。对学生而言,过量的词语辨析训练等于纯粹的文字游戏,对他们语文素养的提升并没有什么作用。最后,基于学段特点,从语用的角度,提出词语学习的具体要求和评价建议。

学　段	词　语　学　习　要　求
第一学段	☆结合上下文和生活实际，了解课文中词句的意思，在阅读中积累词语。 ☆积累自己喜欢的成语和格言警句。
	☆可侧重考查对文章内容的初步感知和文中重要词句的理解、积累。
第二学段	☆能联系上下文，理解词句的意思，体会课文中关键词句表情达意的作用。能借助于字典、词典和生活积累，理解生词的意义。 ☆积累课文中的优美词语、精彩句段，以及在课外阅读和生活中获得的语言材料。
	☆侧重考查通过重要词句理解文章，体会其表情达意的作用。
第三学段	☆能联系上下文和自己的积累，推想课文中有关词句的意思，辨别词语的感情色彩，体会其表达效果。

《语文课程标准》对词语学习的要求基本体现了学生学习词语所经历的过程：先依靠语境提供的信息感知词语，学习生词，逐步发展到通过分析词语来理解语境，尤其是关键词语表情达意的作用，然后再使用词语去表现新的语境。

词语学习的任务首先是理解词义。由于低年级学生的认知方式以直观为主，词语教学宜多采用实物演示、投影呈现、动作演示、结合生活和联系语言环境等方法。

 2-7　如何培养学生的文体意识？

问题呈现

在全国小学语文教学观摩研讨会上，众名师对议论文、小古文、诗歌、散文等不同文体的教学呈现，让笔者感受到语文课浓浓的文体意识。反观我们的教学现状，常常会发现许多教师对学生文体意识的培养明显不够，不管教什么体裁的课文，都会教成记叙文，以"千课一面"、死气沉沉的教学模式来主宰语文课堂。《人民教育》2013年第6期的"话题"指出："文体在学生语文素养的积累中应发挥出应有的价值"，"有无文体意识将直接影响教师和学生对文本的理解"。如何发展性地培养学生的文体意识呢？

学习指导策略

自觉的文体意识不是单纯地具备某种文体知识，而是一种综合性的语文素养。它通过语文教学实践中学生的体验、感悟、理解等，使这些语文素养相互交叉、渗透，进而提升学生的阅读、写作和交际表达能力。文体意识的培养不是一朝一夕的事情，而应立足课堂，做足课前功夫，并向课后延伸，做到课前、课中、课后三管齐下。

● **课前：明确文体意识要求，准确解读教材**

《语文课程标准》在第三学段阅读教学目标中指出："阅读叙事性作品，了解事件梗概，能简单描述自己印象最深的场景、人物、细节，说出自己的喜爱、憎恶、崇敬、向往、同情等感受。阅读诗歌，大体把握诗意，想象诗歌描述的情境，体会作品的情感。受到优秀作品的感染和激励，向往和追求美好的理想。阅读说明性文章，能抓住要点，了解文章的基本说明方法。"对学生文体意识的培养，需要依托文本阅读实践进行。因此，教师应当利用教材中文体鲜明的诗歌、小说、剧本、童话等，培养学生的文体意识，发展学生的阅读技能。例如，在教学《负荆请罪》这一剧本时，教学目标可以定位为"用抓主要戏剧冲突、揣摩人物潜台词的方法阅读剧本，从而感受人物形象"，教学重点则定位为"怎样阅读剧本"。这样一来，目标明确而具体，操作中就容易精力集中，有效突破。而这样的目标紧紧抓住了文本的文体特征，直指学生文体意识的培养。

● **课中：关注文体意识体现，准确点拨渗透**

从语文素养的角度来看，教学中注意对文体知识加以点拨，增强学生的文体意识是必要的，但教学方式不能是理性的文体知识的讲解、灌输，而应注重在语言实践中体验、感悟，在对话互动中相机渗透。不同的文体具有自己独特的文体特征，不同的文体具有不同的教学功能，因此教学也需要因文而异选择不同的教学内容，采用适宜的阅读方法。像读小说，要明白小说是源于生活高于生活的虚构，它包括典型环境、人物和情节等三要素，要关注情节线索，在典型环境中理解人物形象，领会小说的主题；像读散文，要明白散文在真实的基础上可采用艺术手法,形散而神不散,要慢读细品,得其神、悟其形;像读诗歌,要还原意象,做到悟情、得言、会意……

● 课后:提升文体意识高度,加强拓展延伸

对学生进行有意识的文体意识渗透,让学生关注文本的语言结构和表达形式。如果语文教学仅仅局限于课本、课堂,局限于阅读、写作,是难以促进学生成长到一定高度的。应立足课堂,加强课外拓展延伸,让学生不但要"见木",而且要"见森林"。语文教学应该以文体意识的觉醒为切入点,承担起文学教育的使命;应立足学生的情商与智商发展,让文体意识深入学生的心田,并由此萌生起热爱文学的种子。根据不同文体的含义及特点,可以梳理出不同文体的不同教学策略,主要是:

(1)童话教学策略:引发想象、理解寓意、学习语言、个性感受、多项训练等。

(2)寓言教学策略:感受形象、培养思维、揭示寓意、实践活动等。

(3)神话教学策略:浸润神话人物、点燃独特情感、发挥神奇想象、积累语言表达、适当拓展延伸等。

(4)儿童诗歌教学策略:感受诗歌的艺术美、诗歌的欣赏、诗歌的吟唱与朗读、诗歌的阅读链接和拓展、诗歌的读写结合、与其他活动(音乐、舞蹈、戏剧、游艺等)结合、诗歌作家与写作背景的介绍、培养学生对诗歌的喜爱等。

(5)古诗教学策略:入境、会意、悟情等。

(6)文言文教学策略:读通全文、理解内容、朗读课文、明理养性、熟读成诵、拓展课外阅读等。

(7)散文教学策略:梳理结构、品味语言、感受意境等。

(8)小说教学策略:分析故事情节、分析人物形象、学习环境描写、欣赏小说的语言、理解小说的主题、寻找学习的文眼等。

(9)记叙文教学策略:把握记叙的不同着眼点、理解文中语言的含义、明确作者的写作思路、揭示文章的主题、学习文章的表达方式等。

(10)说明文教学策略:抓准说明的对象和中心、学习说明文的语言和表达方法、理清说明文的层次和结构、采用直观教学等。

2-8　如何引导随文学习语文知识？

问题呈现

2011年教育部制定的《语文课程标准》在2000年《语文课程标准(实验稿)》的基础上增添了语法修辞知识的要求，因为在目前的语文教学中，有些教师对语法修辞知识的认识出现了一些偏差。为了让学生系统掌握语文知识，对于课文中出现的语法修辞知识，如修辞格、复句的类型等，有的教师就让学生死记硬背其概念和定义；有的教师随意拔高学段要求，让第一学段的学生也去仿说仿写排比句、对偶句；还有的教师要求小学生来判断词性，分析复句的类型等，而这应是中学才要学习的内容。有很多试卷中出现语法修辞方面的考点，如，"写出拟人句的定义""写出复句的几种类型"。笔者还看到过这样的试题："'桃花潭水深千尺，不及汪伦送我情。'采用了哪两种修辞手法？""用反复的修辞手法写一段话。"这样的题目，导致学生只能机械识记有关语法的相关要求。教师在教学中也对语法修辞大加分析，使语文学科变成语言学科，影响了语文教学质量。如何引导学生学习必要的语文知识呢？

学习指导策略

《语文课程标准》在教学建议中指出："在阅读教学中，为了帮助理解课文，可以引导学生学习必要的语文知识，但不能脱离语文运用的实际去进行'系统'的讲授和操练，更不应要求学生死记硬背概念、定义。"其实，早在1983年，叶圣陶就提醒我们，不必像对教师那样要求学生也在语法、修辞、逻辑等方面"知其所以然"："语法、修辞教得详细甚至于繁琐，徒然使学生厌倦，还是要简单地教一些，而在他们的听说读写实践中随时给他们指点启发的好。"课程标准在这方面的强调，不过是践行叶老的教诲而已。因为学习语文知识的目的是立足于帮助学生理解课文，所以，课标在评价建议中作出一个硬性规定："语文知识的学习重在运用，其概念不作为考试内容。"

● 在阅读过程中体会关键词句的妙处

关键词句,对一篇课文而言,指的是能揭示文章核心意义的词句;对课堂学习而言,指的是能实现学习目标的词句。以关键词句为抓手,带领学生沉入文本,不仅能使课堂学习删繁就简,还能帮助学生体会关键词句表情达意的作用,立片言以居要,收到牵一发而动全身之效。

● 在阅读过程中体会修辞方法的妙处

小学常用的修辞格有比喻、拟人、排比、反问等。作者在使用这些修辞格时,一般都包含丰富的情感。教学时,教师要引导学生品味,体会其在表情达意上的作用。

● 在阅读过程中体会不同文体的特点

《语文课程标准》对不同文体的作品提出了不同的学习目标:"阅读叙事性作品,了解事件梗概,能简单描述自己印象最深的场景、人物、细节,说出自己的喜爱、憎恶、崇敬、向往、同情等感受。阅读诗歌,大体把握诗意,想象诗歌描述的情境,体会作品的情感。受到优秀作品的感染和激励,向往和追求美好的理想。阅读说明性文章,能抓住要点,了解文章的基本说明方法。阅读简单的非连续性文本,能从图文等组合材料中找出有价值的信息。"不同的文体有独特的功能和语体特点。了解文体,有利于指导学法,有利于学生由学会一篇到学会一类。

● 在阅读过程中体会标点符号的作用

有关标点符号的学习内容在阅读和习作的阶段目标中都有所体现。在阅读部分,不同学段的具体学习要求如下表所示:

学段	标点符号的学习要求
第一学段	认识课文中出现的常用标点符号。在阅读中体会句号、问号、感叹号所表达的不同语气。
第二学段	在理解语句的过程中,体会句号与逗号的不同用法,了解冒号、引号的一般用法。
第三学段	在理解课文的过程中,体会顿号与逗号、分号与句号的不同用法。

从上表不难发现,课程标准所强调的是将标点符号的学习与阅读理解紧密结合起来,在阅读的过程中关注标点符号的作用。

2-9 如何学习非连续性文本阅读？

问题呈现

《语文课程标准》在第三学段阅读部分的课程目标与内容中提出："阅读简单的非连续性文本，能从图文等组合材料中找出有价值的信息。"非连续性文本阅读一下子成为小学语文教学的热门话题，成为阅读教学一朵盛开的奇葩，给语文阅读教学带来一股淡淡的清香。

这里首先需要明白什么是非连续性文本，它与连续性文本有何区别。"连续性文本是由句子和段落构成的文本，例如小说、散文等，这种阅读材料通过文字形式表达完整的信息"，而非连续性文本不是由段落构成的，它基本是由"数据表格、图表和曲线图、图解文字、凭证单、使用说明书、广告、地图、清单、时刻表、目录、索引等组成"。非连续性文本比连续性文本更具有直观、简明、醒目、概括性强、易于比较等特点。非连续性文本阅读强调实践与运用，它与社会、生活联系得更为紧密，更能体现语文的工具性。我们在课堂学习中如何进行非连续性文本阅读呢？

学习指导策略

● **适时呈现挂图、图表、广告等非连续性文本，激发探究欲望**

现在的语文课不能仅凭教师的一张口、一支粉笔、一块黑板，因为小学生接受新事物的欲望很强烈，教师适时呈现的一些小物件或幻灯片往往能够激发学生浓厚的学习兴趣。如在教学口语交际"介绍你了解的少数民族"时，教师设置了一个"猜猜看"的活动，利用课件播放十组少数民族的图片，让学生猜，并说说依据。学生一下子热情高涨，积极讨论与发言，在辨别傣族与彝族时，小组间产生了意见的交锋、观点的碰撞，在交锋与碰撞中学生更深入地了解了少数民族的地域特点和民族风情，对少数民族有了更鲜明深刻的认识，体会到多民族文化的魅力。

● **收集与展示非连续性文本材料,进行语文实践**

非连续性文本存在于我们的生活中,教师要有开发语文课程资源的意识,让学生学会寻找与收集非连续性文本,多渠道、多形式地进行展示与交流,开展一些语文实践活动。比如,在进行《看说明书做玩具小台灯》教学时,学做玩具台灯只是手段,目的是通过看说明书做玩具小台灯,研读说明书、修改说明书、学写说明书。这样,通过对非连续性文本的阅读,让我们的语文教学与生活实际的联系更加密切,在实践中提高学生学语文、用语文的能力。

● **沟通、拓展与连续性文本间的密切联系,进行文本细读**

非连续性文本是相对于连续性文本而言的,是根据文本的外在特点而划分的,具有结构简单、样式丰富、实用性强等特点。我们应保持非连续性文本阅读与课文的连续性文本阅读之间的互补与联系,拓宽学生的认识视野,让学生学会正确分析问题,感悟连续性文本的魅力,更深入地走进文本,进行文本细读。比如,教学《谭千秋》一文时,教师有意识地将有关谭千秋老师的图片,及新闻报道、文章内容进行比照、印证、补充,让学生说说更喜欢哪种表述。教师还呈现了范美忠的做法及言论视频资料,让学生进行讨论,感受谭千秋老师的大爱无疆。

语文教学中教师应积极引导学生进行语文实践,组织课内外活动,用语文的方式进行非连续性文本阅读。比如,笔者课前收集了几则关于"钓鱼岛"的新闻、图片和文字资料,设计了这样一个问题:你如何看钓鱼岛问题?说说你的理由,采用"我认为_____,因为_____"句式说一段话。这也是进行口语交际训练的一个契机。

"阅读是运用语言文字获取信息、认识世界、发展思维、获得审美体验的重要途径。"同时"阅读教学应注重培养学生感受、理解、欣赏和评价的能力"。因此非连续性文本阅读的最终目的是要考查学生根据材料提供的线索和情境,获取、分析和解释信息,对新信息作出理解、欣赏和评价的能力。

2-10　如何实现课内外阅读一体化？

问题呈现

苏联教育家苏霍姆林斯基曾说过:"让学生变聪明的方法,不是补课,不是增加作业量,而是阅读、阅读、再阅读。"小学生课内外阅读的现状如何呢?我们曾对某校406名学生进行了问卷调查,孩子们在阅读方面普遍存在问题。80%的孩子阅读目标不够明确;75%的孩子对阅读的兴趣不够浓厚,不能做到主动阅读;学生们不能通过课堂教学真正掌握基本的阅读方法,以至课外阅读的效果不理想。学业标准的要求与学生课外阅读的现状反差很大。

学习指导策略

以课内阅读为主体,以课外阅读为补充,走课内外阅读一体化之路,是小学语文阅读教学省时高效的一条有效途径。

● 指导、迁移,课内外阅读有效结合

学生阅读习惯和能力的培养首先来自于教师的课堂教学,阅读方法也来自于课堂上教师的方法指导。在进行阅读教学时,教师"应加强对阅读方法的指导,让学生逐步学会精读、略读和浏览",提倡拓展式"主题阅读",尝试群文阅读,引导学生运用迁移规律,把课内所掌握的阅读方法运用到课外阅读中。学生在进行课外阅读的时候,遇到不懂的词语,会像课内一样习惯性地拿出《新华字典》查找;遇到好词佳句,会不由自主地画画写写;遇到喜欢的段落或诗歌,会自觉地背诵;读了一本好书或一篇好文章,会向同学复述推荐。这样把课本的阅读作为"例子",学好"例子",进而举一反三。在课外阅读中,学生能很好地运用课内学到的阅读方法,从而使阅读习惯得到培养,阅读能力得以提高。

● 课内激活课外阅读,扩展教材内涵

课内学方法,课外求发展,以课内带课外,以一篇带多篇,有目的、有计划地向学生推荐相关书籍,指导学生正确选择课外读物。

(1)根据课文的作者引导延伸学生的阅读:如学课文《卖火柴的小女孩》时,让学生走进安徒生,激发学生阅读《安徒生童话》的兴趣。推荐安徒生早、中、晚三个时期的代表作《拇指姑娘》《白雪公主》《柳树下的梦》,从而让学生明白安徒生写作风格的转变和他个人的生活经历息息相关。

(2)根据课文的写作方法引导延伸学生的阅读:以《白杨》为例,在这篇文章中,借物喻人是它的写作特点,为了使学生进一步理解这种手法,选取茅盾的《白杨礼赞》和杨朔的《荔枝蜜》作为课外阅读课文,在反复阅读的基础上,引导学生体会文中象征手法的运用,使学生加深对借物喻人的理解,强化教材的"例子"观念。这对学生发展语言、积累语言都很有好处。

(3)根据课文的出处引导延伸学生的阅读:《少年闰土》节选自鲁迅的短片小说《故乡》。少年闰土是一个富有表现力的少年,是一个有更多的新鲜生活和新鲜感受要表达的少年。少年闰土的形象使学生印象深刻。在《故乡》中,学生又读到一个截然不同的中年闰土,神情麻木、寡言少语。"只是觉得苦,却又形容不出。"为什么他在少年时就能有所感而又形容得出,现在却形容不出了呢?因为这里所说的"事",实际上是中国传统的一套封建礼法制度,以及这种礼法制度所维系着的封建等级观念。学生终于明白闰土是生活在重压下的纯朴善良的贫苦人民的代表,鲁迅对他寄予了深深的同情。

(4)根据课文的时代背景引导延伸学生的阅读:如《狼牙山五壮士》,五壮士为了掩护群众和连队转移,英勇跳崖。关于抗日战争的故事很多,学生或多或少都看过一些,但对于卢沟桥事变、残酷的大扫荡以及侵华战争给中国造成的灾难,学生很模糊。所以先用图片文字介绍抗日战争,激发学生的求知欲,引起阅读兴趣。课后再向学生推荐如《小兵张嘎》《铁道游击队》等著名的抗战文学作品,学生就会迫不及待地去读,自然把学生引入课外阅读的天地,学生在阅读中进一步激发了爱国情感。

(5)根据课文中的人物特点引导延伸学生的阅读:如《临死前的严监生》,作者吴敬梓用辛辣的笔触塑造了一个吝啬鬼的形象,有着较强的讽刺意味。严监生只是四大吝啬鬼之一,那其余三个吝啬鬼的特点描写也同样精彩,推荐学生看《欧叶尼·葛朗台》。

（6）根据课文的主题色彩引导延伸学生的阅读：五下的《古诗词三首》（《牧童》《舟过安仁》《清平乐·村居》），描写的都是古代儿童有趣的生活，表达了孩子们无忧无虑的天性。推荐给学生的《稚子弄冰》《桑茶坑道中》《闲居初夏午睡起》的字里行间也都充满着童趣。

教师将课文作为滋生点，将学生引向课外阅读，课内外自然衔接，激发了学生强烈的探究欲望。阅读的时候，既读进去，又想出来，不仅可以深化对课文思想内容的理解，而且可以激活学生大脑中的储备，使课内阅读和课外积累融为一体。引导学生选择适宜的健康读物，特别要正确引导网络阅读，远离和剔除那些有害身心健康的低级庸俗的读物。

● **多元评价，保持浓厚的阅读兴趣**

（1）阅读展示。苏霍姆林斯基主张：要让儿童始终能看到自己的进步，不要有任何一天使学生花费了力气而看不到成果。要给学生搭建展示阅读成果的平台，可采用讲、展、赛的形式。"讲"即讲述，举行读书汇报会、故事会、阅读心得交流会；"展"即展评，就是展评优秀的读书笔记、文摘卡、剪报、手抄报等；"赛"即竞赛，如知识竞赛、查阅资料比赛等。通过这种成果展示，使其相互借鉴，表扬先进，鞭策后进。

（2）阅读考核。

①实行积分管理。绘制课外阅读积分一览表，激励学生自觉阅读。表格分为材料积累、阅读摘记、阅览表现几个栏目，满分为一百分。每周小组内互评，每月由班委总评，算是一次成绩测验。

②课外阅读积累检测。阅读是一个采集零琼碎玉，使之日积月累，变成自己聚宝盆的过程，不可能一蹴而就，收效于朝夕。因此，如叶圣陶先生所说："要养成习惯，必须经过反复的历练。"可定期进行综合性阅读检测，让学生看到阅读的成果。

总而言之，若能将小学语文课内阅读与课外阅读广泛而有机地衔接整合起来，使课内外阅读一体化，让书架上的图书成为学生的语文课本，让学生的主动阅读和广泛交流代替教师的授课，让他们真正学会读书、爱上读书和终身读书,那么我们的语文阅读教学一定会有质的飞跃。

3 小学语文阅读学习课例研究

3-1 《山行》课例与评析

课例展示

一、由图入诗,理解诗题

1. 出示文中插图,交流:从图中你看到了什么?

(山、枫林、白云、人家……)

2. 启发引导:如果给这幅优美的图画起个名字,你觉得什么名字最合适呢?(学生自由交流)

3. 教师板书诗题,指名读题,齐读诗题。

交流诗题含意。(诗人在山中小路上行走,这首诗描写了诗人所看到的景色。)

【评析】在课堂导入环节,强调的是让学生通过看图,感知古诗所描绘的画面,先直观上去欣赏这美丽的秋天、可爱的大自然,感受秋天的美好,从而为学习此首古诗奠定情感基调。

二、熟读古诗,尝试理解古诗

1. 自由读读《山行》这首古诗,多读几遍,读熟读透。边读边思考:这首诗写了什么内容?

2. 启发学生交流:同学们熟读了《山行》这首诗,你理解了诗中哪些字词和诗句的意思?

3. 学生汇报交流,说说自己已经读懂的字词和诗句的意思。

对于比较难懂的诗句,教师在学生交流字词意思的基础上,启发学生再连贯地说出诗句的意思。

【评析】《山行》这首古诗并不难懂,三言两语,要言不烦,让学生交流自己对诗中字词的理解,倡导的是一种自主、合作的学习方式。在理解字词的基础上,教师指导学生连贯地理解诗句的意思。

三、引导探究,体会古诗意境

1. 引导学生质疑:在读这首诗时,你还读出了哪些疑问?提出来大家讨论。

（预设：诗人杜牧为什么停下车子不想离开？他爱的是什么？）

2.组织学生交流理解诗中的重点词句，教师相机引导。

①这首古诗描写的是什么季节的景色？（深秋）从哪些词语可以看出来？（寒山、霜叶）

②寒山是什么样的山？（深秋，天气渐冷，草木枯黄，给人凉意）

③诗人看到了哪些景物？（寒山、石径、白云、人家、枫林）

④"停车坐爱枫林晚，霜叶红于二月花"中的"坐"字是什么意思？（因为）诗人为什么停车？（观赏眼前胜于二月春花的火红枫叶，喜欢这秋日山林的美景。）

你能用"因为……所以……"或者"之所以……是因为……"的句式说说这句诗的含意吗？

【评析】在这个教学环节，学生自主地读诗，自主地交流。在这样的氛围中，教师引导学生了解古诗描写的是什么时间、什么地点、哪些景物，由浅入深地理解古诗内容，逐步学会理解古诗的方法。

⑤傍晚的枫林美在哪里？用自己的话说一说。（前两句是白天，后两句是傍晚，时间变化。）

⑥一个"晚"字让你想到了什么？你觉得诗人在欣赏这美景的时候是什么心情呢？对眼前的枫叶，对美丽的秋天，对可爱的大自然，诗人有什么情感？

（预设：傍晚的夕阳照在枫叶上，晚霞枫叶辉映，枫叶才会格外美丽；诗人流连忘返，到了傍晚，还舍不得登车离去，足见他对枫叶的喜爱之情，对深秋的赞美之情，对大自然美景的热爱之情。）

【评析】一个"爱"字，一个"晚"字，包含了诗人多么丰富的情感。"爱"字，是全诗的诗眼，在诗中具有牵一发而动全身的作用，是诗人情感的直接外在流露。而一个"晚"字，更耐人寻味，给人无限遐想，让人感受到秋景无法言语的美好，让人感受到诗人杜牧的流连忘返之意。所以，教师在这里进行挖掘，引导学生品读古诗，体会诗人的情感，感悟古诗的意境。

3.教师引导学生再读古诗，读出韵律和节奏，体会诗的美感。

4.练习背诵诗歌，尝试口述古诗描绘的景色。

四、发挥想象，改诗成文

1.总结学习古诗的方法：图文结合—了解作者—品析诗句—体会情感—熟读成诵。

【评析】适时进行学法指导,引导学生学会学习。《山行》这首古诗,是学习古诗的典型示例,以这首古诗的学习过程为范例,引导学生举一反三,了解学习古诗的方法,真正成为学习的主人。

　　2.我们读懂了这首古诗,你能发挥想象,把这首古诗改写为一篇习作吗?

　　3.生尝试改诗成文。

　　4.交流,反馈。

　　【评析】改诗成文的训练,既检查了学生对古诗内容的理解,也让学生发挥想象,融入古诗所描绘的意境之中。对于三年级的学生来说,"随文写话"非常必要,因为他们正处在习作的起步阶段,教师应创造一切机会让他们进行片断写作训练,提升他们运用语言文字的水平。

　　五、识字写字

　　1.出示文中生字"径",指导认读,提醒学生注意"径"字读后鼻音。

　　2.描红、临写生字。

(课例提供者:安徽省界首市第一小学　孟超)

课例透析

　　对于古诗词的学习,当下要避免两个误区:即把理解诗意当作学习的全部,以为有深度才有内涵。学习古诗的关键在于反复诵读古诗,感受古诗的意境,理解诗人所表达的情感。为了帮助学生进入古诗《山行》的意境,教学中教者引导学生看图,图文结合,体会诗人的情感;同时,重视古诗教学中朗读的作用,让学生反复读诗,抓住诗中的关键词"爱"和"晚"组织学生多角度品读感悟,并发挥想象,进入古诗所描绘的意境之中。本课学习给我们的启示是:美读吟诵、想象感悟,积累语言是学习古诗词最适宜的方法和策略。美读吟诵。通读,字字句句皆入心,做到读正确、读流利;品读,一字一句总关情,感受诗词意境,感受语言魅力;吟诵,此情绵绵无绝期,领略诗词情韵,表达独特体验。想象感悟,在感知文本的基础上,发挥直觉的作用,追求"模糊解读",展开想象,在欣赏诗词的优美时,感悟意境美和语言美。积累语言,借助于熟读成诵、文本拓展、互文阅读、古诗改写等形式,增加学生的语言积累,促进厚积薄发。

3-2 《庐山的云雾》课例与评析

课例展示

师:我在备课时感到最难读的是第三段,我连读了七八遍都没读好。同学们,你们觉得第三段难不难读?(生齐答:不难!)咦,怪了,我怎么觉得难读?既然这样的话,我就请你们跟我比赛,敢吗?(生齐答:敢)请你们先练习一下,然后和我比赛。(学生自由练读,教师巡视指导)

师:准备好了吗?(生齐答:准备好了)谁愿意和我比一比?(学生都举了手)手举得高的我不找,因为我知道你们都很厉害。我找一个手举得不高的。(找一位女同学)我想不会比得过我的。请大家当裁判。(女同学读得很流利,也有感情)

师:坏了,找错人了。(生笑)你叫什么名字?

生:朱丽丽。

师:不该找朱丽丽,该找朱丽。两个"丽"当然厉害。说真话,听了她的朗读,我不敢读了。

生:你一定会读得很好,我支持你。

师:有你的支持,我什么都不怕。说是这么说,不过我还有点胆怯。这样吧,找个同学替我跟她比,谁愿意?(学生纷纷举手)

师:为了有把握,请大家再练练,朱丽丽可非同一般。(学生练得非常起劲,练后,请一位女同学练读。)

师:你可要好好读,替我争光啊!(女学生读得流利,有感情)

师:怎么样?比过她没有?(生齐答:比过了)朱丽丽,你说比过你没有?

生:她和我差不多。

师:差不多,就是差一点,差得不太多,是吗?(对读书的同学)不过也得谢谢你替我参加比赛。

生:谢谢你给了我一次比赛的机会。

师:真好,握握手。我非要找个能超过她的同学。(找一男生)沉住气,一定要超过她。(男同学读,读得很有感情)

师：怎么样？超过了没有？（生齐答：超过了）朱丽丽，你说超过了没有？

生：他读得比我好。

师：她多么谦虚，谦虚是美德。不过我觉得，他读分号时，没有你停顿得好。谁再来替我比？找我的一家子于瑾瑾来替我比。大家听好。（于瑾瑾同学读，读得很好）

师：朱丽丽，你说一说于瑾瑾读得怎么样？

生：读得好。

师：大家说呢？

生：读得好！

（课例提供者：安徽省阜阳市铁路学校　徐玉勇）

课例透析

老师跟学生比读书，学生争先恐后替老师比读书，学生读书的积极性被老师"哄"了起来，个个情绪高涨，练习十分投入。通过对话老师引导学生反复读书，读中促进了学生认知与情感的发展。朗读既是一种语言活动，又是一种言语艺术。因此，语文阅读教学中，要求学生运用准确的语音、合理的停顿和语调朗读课文，并表情达意。从上述例子可以看出，让学生做到自然有感情地朗读，需要教师适时适机的引导，以减少学生朗读的随意性和盲目性。通过点拨，学生将自己的思维、想象、情感等心智活动自主参与朗读实践，完成对文字符号承载的思想内容、文字材料组织方式以及渗透的情感、韵味的感知和领悟；此外，教师还要善于发现学生阅读中遇到的问题，并循循善诱，采取恰当的方式帮助其解决。

3-3 《小稻秧历险记》课例与评析

课例展示

师：词语一定要联系课文来理解。谁能把杂草的话读一读，让人感到它已经是有气无力了?

生:"完了,我们都喘不过气来了。"(声音大)

师:你没有完,(学生笑)再喷洒两遍你都不会完。

生:"完了,……我们……都喘不过气来了。"(学生喘着气读)

师:我听到你喘气了,但是声音仍然很大。说话的声音这么大能完吗?(学生笑)

生:(小声地)"完了,我们都喘不过气来了。"

师:好,掌声鼓励。(学生鼓掌)这就是"有气无力",读——(学生读"有气无力")

师:读懂了?请懂的同学站起来。我读课文,你们做动作。(学生纷纷站起来)

师:"杂草有气无力地说:完了,我们都喘不过气来了。不一会儿,杂草就纷纷倒下。"

(课例提供者:安徽省阜阳市太和县第三小学　王卫丽)

课例透析

通过呈现这一教学片断,我们看到,教者恰当地运用了教学幽默,使课堂气氛宽松而富有情趣,让学生在轻松愉悦的氛围中获得了知识和能力。当学生对"有气无力"这个词理解不到位而读得不够准确时,他两次幽默的评价有效地消除了学生的紧张和不安,不露痕迹地点拨了学生,妙不可言。朗读要注意引导、点拨。在朗读训练中,教师要为学生的自读感悟创设展示的机会和宽松的氛围,促成他们心理放松,然后自然朗读。

3-4 《从现在开始》课例与评析

课例展示

师:现在就请我们的新首领猫头鹰来发布命令吧。(其他小动物拿好书)听他读得怎么样?

(生读课文,师板书:夜里做事白天休息)

师:听了猫头鹰大王的话,你们想说点什么?

生:学生纷纷举手。

师:这么多想说的,那就请大家在小组内先说说吧。

(学生在小组内发表自己的见解)

师:刚才,我看到大家在小组内你也说,我也说,他也说,这种情形要是用文中的一个词来形容叫什么呀?

生:议论纷纷。

师:(把词卡贴在黑板上)那你们刚才都在议论什么,跟猫头鹰大王说说好吗?

生:猫头鹰大王,我们小鸟一到晚上眼睛就什么也看不见了,我们不想在晚上做事。

生:我们小猪跟你不一样,我们晚上睡觉才能长肉。

师:从大家的话中我听出来了,猫头鹰的命令让你们感到痛苦极了,已经忍受不了了,所以就不断地叫苦。这种情形用文中的一个词来形容叫什么?

生:叫苦连天。

师:(把词卡贴在黑板上)猫头鹰,想想你的命令为什么会令大家叫苦连天呢?现在让我们来分别读一读猫头鹰和小动物的话,注意体会它们不同的感情。

(课例提供者:安徽省东至县胜利镇章村小学　檀鑫超)

课例透析

《从现在开始》是一篇很有趣的童话故事。内容浅显易懂,但出现一些学生不常见的词语,如"议论纷纷""叫苦连天"。在上述课例中,首先,教者巧妙地创设情境,引领学生进入童话世界,和文章中的小动物一起经历故事过程,在具体的场景中直接体会了词义。其次,掌握理解词语的方法。优秀教师教学词语的重点不在于教学生理解词语本身,而在于教学生理解词语的方法。"授之以鱼,不如授之以渔"。有些学生可以在课堂上很流利地说出词语的意思,因为他们在预习时查过词语手册,但如果挑一个词语手册中没有解释过的新词,他很可能就说不出来,因为他缺乏自学词语的能力。因此要让学生在理解词语的实践中不断总结理解词语的方法。

3-5 《再见了,亲人》课例与评析

课例展示

师:谁能说说"雪中送炭"的字面意思?

生:"雪中送炭"说的是在大雪天给人送炭。

生:在大雪天最冷的时候给人送去木炭取暖。

师:请细读课文,说说课文中"雪中送炭"指的是"谁"在"什么情况下""送去什么"?

生:朝鲜大娘在志愿军战士战斗了三天三夜,已经饿到极点的情况下,冒着炮火,穿过硝烟,给战士送打糕吃。

师:在生活中还有哪些情形也是"雪中送炭",你能说说吗?

生:今年内蒙古地区遭受百年未见的雪灾,在灾区人民生活遇到巨大困难的时候,党和政府及时送去了救灾物资,这就是雪中送炭。

生:我在书上看到,红军过雪山的时候,红军首长把自己仅有的棉衣让给快冻僵的"小鬼"穿,这也是雪中送炭。

师:你们讲得很好。但是,是不是一定要在下雪时才能"雪中送炭"呢?

生:不是的。比如说,一个公司的老板在做一笔生意时,急需20万元资金,在他走投无路的时候,有位朋友及时借给他钱,帮他渡过难关,这也是雪中送炭。

生:一天,我把钢笔忘在家里,同学把自己的笔借给我,这也是雪中送炭。

生:我觉得借支笔,这点帮助太小了,算不上雪中送炭,再说忘记带钢笔也不是什么困难。

师:是呀,那么怎样的帮助才能说是"雪中送炭"呢?

生:应该是很大的帮助。

生:应该是在别人最需要帮助的时候,及时地去帮助。

师:下面谁能根据刚才的讨论来总结一下"雪中送炭"的意思?

生:"雪中送炭"指的是在别人最困难、最需要帮助的时候,及时给予帮助。

(课例提供者:安徽省安庆市宜秀区大桥罗冲小学　江义林)

课例透析

在这个教学片断中,教师十分注重发挥学生的主体性,先让学生从字面意思入手,学会联系上下文理解"雪中送炭"在课文中的意思;在理解了"雪中送炭"在语境中意思的基础上,教师又及时组织学生通过讨论,走出"非下雪不能送炭"的理解误区,从而让学生学会准确地运用"雪中送炭"这一成语,并且了解了理解词义的方法。再次是感悟词语表情达意的作用。这是比理解词义高一层次的要求。作者往往将自己的思想感情渗透到文章的字里行间,体味文中的一些关键词语,可以帮助学生领会作者写作时的良苦用心,也有利于学生从文章中汲取语文营养,形成敏锐的语感能力。

 3-6 《我的伯父鲁迅先生》课例与评析

课例展示

师:请你们看这一小节。(爸爸跑到伯父家里,不一会儿,就跟伯父拿了药和纱布出来。他们把那个拉车的扶上车子,一个蹲着,一个半跪着,爸爸拿镊子夹出碎玻璃片,伯父拿硼酸水给他洗干净。他们又给他敷上药,扎好绷带。)

这一小节啊,我想在黑板上板书,但是我拿不准,请你们读一读,画一画,哪些词应该板书?

(两位同学上去板书:跑、扶、蹲、半跪、夹、拿、洗、敷、扎)

师:你们为什么要将这些词语板书?

生:这些词是写爸爸和伯父给拉黄包车的人以帮助,是一些描写动作的词。

师:通过体会这些描写动作的词可以看出爸爸和伯父怎么样?

生:有一种助人为乐、帮助别人的精神。

师:你补充。

生:有一种帮助别人的爱心。

师:有一颗爱心、同情心。请坐下。是的,通过这一节,可以看出鲁迅先生和他的弟弟富有同情心。好,一起把这一段再读一遍,一边读一边再去体会。

(课例提供者:安徽省阜阳市和谐路小学　王琰)

课例透析

教学描写鲁迅先生救助车夫的内容,教师让学生找出描写鲁迅先生动作的词语——"扶""蹲""跪""夹"等,引导学生体会鲁迅先生的品质。把品词析句和理解课文结合起来,引导学生潜心会文,让关键词句深入学生的精神世界,使他们的心灵丰富起来,是阅读教学取得成功的有效途径之一。

3-7　《桥》课例与评析

课例展示

(1)研读描写暴雨的语句。

师:谁来读读描写暴雨的语句?

出示课件:

黎明的时候,雨突然大了。像泼。像倒。

大家齐读并体会:"像泼""像倒"仅仅四个字,形象地写出了雨水之大,来势凶猛,为山洪暴发作了铺垫。

(2)研读描写洪水肆虐的语句。

师:谁来读读描写洪水肆虐的语句?

出示课件:

山洪咆哮着,像一群受惊的野马,从山谷里狂奔而来,势不可当。

近一米高的洪水已经在路面上跳舞了。

死亡在洪水的狞笑声中逼近。

水渐渐蹿上来,放肆地舔着人们的腰。

水,爬上了老汉的胸膛。

重点点拨:先理解词语"咆哮、势不可当",后体会比喻的妙处——生动形象地写出了山洪来势凶猛,不可阻挡。"放肆地舔着"运用了拟人手法,淋漓尽致地写出了洪水疯狂、肆虐的魔鬼形象。

师小结:一会儿工夫,洪水猛涨,从没过大腿到舔着腰部,到爬上老汉的胸膛,真是肆无忌惮,让人心惊胆战!请你们把看到的滚滚洪水读出来。

播放视频——洪水肆虐。

师:看到这样的场面,你们有怎样的感受?害怕,恐惧。

教师小结:作者运用比喻或拟人手法,不仅渲染了紧张的气氛,还让我们真切感受到洪水的可怕!我们仿佛看到洪水在不断地——上涨,灾情在不断地——加重。

(课例提供者:安徽省阜阳市铁路学校　蒋春燕)

课例透析

作者巧用比喻、拟人的写法,生动表现出山洪势不可当的魔鬼形象。"山洪咆哮着,像一群受惊的野马,从山谷里狂奔而来,势不可当。"巧用比喻手法,把咆哮的山洪比作"受惊的野马",突出了山洪呼啸奔涌,一泻千里,势不可当。"咆哮"形容山洪奔腾轰鸣,声音之大;"狂奔"形容山洪奔流而下,速度之快;"势不可当"形容山洪来势凶猛,不可阻挡。"近一米高的洪水已经在路面上跳舞了。"这拟人句写出了路面上的洪水之高,声势浩大,横冲直撞,一路狂奔,得意洋洋的情态。"水渐渐蹿上来,放肆地舔着人们的腰。"水位在不断上升,形势越来越严峻,气氛越来越紧张。巧用拟人手法,把洪水疯狂、肆虐的魔鬼形象表现得淋漓尽致。"蹿"突出了河水上涨得非常迅速;"放肆"突出了洪水的疯狂,毫无顾忌。

3-8　《桥》课例与评析

课例展示

师:谁来读读描写父子的语句?
出示课件:
老汉突然冲上前,从队伍里揪出一个小伙子,吼道:"你还算是个共产党员吗?排到后面去!"老汉凶得像只豹子。

老汉突然跑上前,从队伍里揪出一个小伙子,叫道:"你还算是个共产党员吗?排到后面去!"老汉凶得很。

师引导学生探究——
(1)比一比,这两个句子哪句表达的效果好,为什么?
(2)老汉明知小伙子是自己的儿子,为什么要他"排到后面去"?
(3)猜想内心独白:父亲从队伍里揪出儿子,心想:儿子啊,_____。
(4)从中看出老汉是怎样一个人?老汉果断、不容置疑、坚持原则、不徇私情、舍己为人。

师:他不爱儿子吗?爱。可是和全村群众的生命相比,他毅然选择的是村民,这是多么无私的大爱,多么博大的胸怀啊!

出示课件:
老汉吼道:"少废话,快走。"他用力把小伙子推上木桥。

师:此时此刻,不容多想,请女生读把小伙子推上木桥(女生读)——不容多想,请男生读加大力气推呀!(男生读)——不容多想,大家一起竭尽全力推呀!(生齐读)这一"吼"一"推"包含了多么深沉的父爱啊!

出示课件:
小伙子被洪水吞没了。老汉似乎要喊什么,猛然间,一个浪头也吞没了他。

师:"老汉似乎要喊什么",请张开想象的翅膀,想一想:老汉要喊什么?用笔写下来,然后请几名学生读给大家听听。

出示课件:
她来祭奠两个人。
她丈夫和她儿子。

师:这两句话单独成段,语言极为简练,却加强了故事的悲壮色彩,让人不禁为之动容。谁是她丈夫,谁是她儿子?

师:直到结尾我们才恍然大悟,原来老汉和小伙子是父子关系,联系前面老汉的举动,让人更加敬佩,这是一位怎样的老汉?不徇私情。这样的构思有何妙处?情节跌宕起伏,故事戛然而止,读者恍然大悟。

(课例提供者:安徽省阜阳市铁路学校　张丽君)

课例透析

这一研读环节,旨在抓住相关语句,引导学生体会小说情节跌宕起伏、扣人心弦、前后照应的结构特点。课文先写老汉将一个小伙子从队伍里揪出来,让他排到队伍的最后;又写小伙子让老汉先走,而老汉把小伙子推上了桥,但就在这时木桥塌了,他们二人被洪水吞没了;最后写洪水退了以后,一个老太太来祭奠两个人,一个是她的丈夫,一个是她的儿子。故事到这里戛然而止,直到这时人们才恍然大悟,知道了"老汉"和"小伙子"的关系。这虽让人感到"意料之外",但联系前文仔细想想,又觉得在"情理之中"。这样安排结构,达到了震撼人心的艺术效果。

3-9 《神奇的克隆》课例与评析

课例展示

一位教师在教学《神奇的克隆》一课时,有这样一组对比阅读的例子。

1.从一棵大柳树上剪下几根枝条插进土里,枝条就会长成一株株活泼可爱的小柳树;把马铃薯切成许多小块种进地里,就能收获许多新鲜的马铃薯;把仙人掌切成几块,每块落地不久就会生根,长成新的仙人掌……

师:这个标点符号,叫什么?(课件出示分号)——知道什么时候用分号吗?

生:几个意思差不多的时候,用分号。

2.一些单细胞微生物,如细菌,经过20分钟左右的时间,就可以一分为二,再分为四个,八个……这就是低等生物的克隆。

师:"一分为二,再分为四个",也是"内容并列",为什么用的是逗号?

学生讨论后教师小结:"内容并列",还不能用分号,使用分号前,必须用过了逗号。这里用过了(师在课件上圈出逗号)。

3.人们利用克隆技术能够培植人体的皮肤进行植皮手术;能够"制造"出人。

师:这里没有用过逗号,为什么直接用分号了呢?

(生沉思)

生:后面的句子里,用过了逗号。

师:对。几个句子,内容并列,只要其中的一个,用过了逗号,整个句子就要用分号。

(课例提供者:安徽省阜阳市和谐路小学 王晨清)

课例透析

通过对各种不同类型进行对比,学生在对比阅读中探索出各种不同标点的使用情况,从而能有效地运用各种标点,这样就不至于犯标点混用的错误。在语文教学中,可以穿插进标点符号的对比指导,这是比较常用的方法,这种方法不仅能用在学生最初认识标点的时候,还可以用在标点的指导教学与巩固练习中。学习语文知识的目的是为了学生能够正确地运用祖国的语言文字,形成良好的语文素养。语文知识学习的根本途径只有一条,那就是语文实践。学生只有通过主动、积极、丰富的语文实践(听说读写),才能真正建构起语文知识结构。因此,教师想用简单讲解加反复记忆或重复练习的方法,来解决所有语文知识的学习问题是行不通的,而应该根据不同知识的性质,创设不同的学习情境,通过师生的有效互动,在语言实践活动中,帮助学生主动构建自身的言语经验,实现知识的内化。

 3-10 《鱼游到了纸上》课例与评析

课例展示

(一)整体回顾,导入新课

1. 板书课题:鱼游到了纸上

2. 交流初读收获:说说通过初读,你对课文有了哪些方面的了解。根据学生发言,回顾课文脉络。

(1)板书叙事线索:观鱼——画鱼——交谈

(2)把握鱼"游到心里"和"游到纸上"的关系。

【评析】复习回顾课文主要"写什么",为探究"怎么写"奠定基础。

(二)品读课文,领悟表达

1. 探究:从哪些描写中你能感受到鱼游到了青年的心里?

默读"观鱼"部分,思考:鱼为什么能游到青年的心里?圈画重点语句。

引导交流:

(1)在学生发言的基础上,课件随机出示重点语段。

(2)结合语境理解重点词语"举止特别"。

(3)联系青年观鱼时的特别举止,引导学生感受青年忘我的、投入的做事态度。

(4)通过朗读想象"观鱼"的情景,体会青年的特点。

2. 探究:为什么作者的描写,使我们感受到鱼游到了纸上,感受到青年画鱼的认真、专注。

默读"画鱼"部分,边读边思考:从哪些描写中,你体会到"鱼游到了纸上"?

(1)在学生发言的基础上,随机出示青年画鱼的段落。

我挤过去一看,原来是那位青年在静静地画画。他有时工笔细描,把金鱼的每个部位一丝不苟地画下来,像姑娘绣花那样细致;有时又挥笔速写,很快地画出金鱼的动态,仿佛金鱼在纸上游动。

(2)体会"工笔细描""挥笔速写"的言语表达效果,指导学生读出"工笔细描""挥笔速写"的节奏变化。

(3)揣摩句子,领悟表达。

①他有时工笔细描,把金鱼的每个部位一丝不苟地画下来,像姑娘绣花那样细致;有时又挥笔速写,很快地画出金鱼的动态,仿佛金鱼在纸上游动。

②他有时工笔细描,把金鱼的每个部位一丝不苟地画下来;有时又挥笔速写,很快地画出金鱼的动态。

引导学生发现:描写人物的动作,不仅可以写看到的,还可以写想到的,这样表达更加具体形象。

【评析】关注言语形式,抓住重点语句,引导学生发现将句子写具体的规律。

(三)拓展阅读,深化认识

1. 阅读"拓展学习单"中的语段。

出示《全神贯注》语段:

"只见罗丹一会儿上前,一会儿后退,嘴里叽里咕噜的,好像跟谁在说悄悄话;忽然眼睛闪着异样的光,似乎在跟谁激烈地争吵。他把地板踩得吱吱响,手不停地挥动……一刻钟过去了,半小时过去了,罗丹越干越有劲,情绪更加激动了。他像喝醉了酒一样,整个世界对他来讲好像已经消失了——大约过了一个小时,罗丹才停下来,对着女像痴痴地微笑,然后轻轻地吁了口气,重新把湿布披在塑像上。"

学生找找哪些句子是看到的,哪些是想到的?师根据学生的回答,分别用不同颜色的字体把看到的和想到的标示出来。

【评析】群文阅读,验证将句子写具体的规律。

2. 出示学生跳绳语段。点评,用添加符号,给这段话添加想的部分。师生合作读。探究问题。

3. 组织汇报交流。

【评析】读写结合,运用规律,落实"语用",写出语文味,把消极语言化成积极语言,真正给孩子一个语言实践的机会。

(四)畅谈启示,交流总结

1. 启发学生从阅读和习作的角度谈学习收获。

2. 教师总结:不仅关注情节,还要学习写作方法,要在观察的同时,融入自己的感受,不仅写看到的,还要写想到的。这40分钟你听到什么,看到什么,想到什么?有兴趣的同学写一写然后交给老师。

(课例提供者:安徽省阜阳市颍东区袁寨镇江店小学　牛莉)

课例透析

语文学科有其独特的功能与性质,即"全面提高学生的语文素养",也就是要引导学生在听、说、读、写等大量语文实践活动中体会、把握语文的规律,正确运用祖国的语言文字。选择合宜的教学内容,应充分关注语文学科的特点。在这节课的教学中,我们可以看出牛老师选择出以下主要教学内容:

(1)通过联系上下文、创设情景等方法引导学生立足于"忘我""呆呆地""静静地"这些重点词语,在反复朗读中体会作者抓住聋哑青年的神态来表现他爱鱼如痴、观鱼似醉,感受"鱼游到了青年心里"。

(2)引导学生联系课文内容理解"工笔细描""挥笔速写"的意思,在对比朗读中去发现、揣摩关键词句所运用的联想表达方式,体会其表情达意的效果,继而在对词句的赏析中感受聋哑青年高超的画技。

(3)采用片断引入,群文阅读的方法,反三归一,帮助学生进一步认识联想的表达方式,并在实践中学习运用。

本节课给我们的启示是学习目标的确立与学习内容的选择不要纠缠于对文章内容的讲解或人物情感的体验上,而要将指导学习方法、训练朗读、运用语言、关注文本表达形式等语文能力的培养作为主要教学内容,以凸显语文学科特点,体现语文教学的专业性。

3-11 《鲸》课例与评析

课例展示

一、引入新课,提出问题

1. 同学们,老师画的是什么?漂亮吗?可爱吗?喜欢吗?

2. 带你们去浩瀚的大海,看看真正的鲸是什么样的吧!播放课件。

3. 看到这跃动的鲸,遨游的鲸,翻腾的鲸,你特别想知道什么?

4. 问了这么多问题啊!很好,只有不停地问,才会不断地发现,很多科学家、发明家从小都爱问,从小就是典型的"问题儿童"。

5. 好吧,我记住了你们的问题,你们也要记住你们自己的问题哦!今天我们一起学习《鲸》这篇说明文,相信很多问题都可以迎刃而解。课文中找不到答案的,我们可以打开电脑搜索,好的文章其实就是个引子,吸引你了解更多的知识。

二、初读课文,学习字词

1. 课文、生字词都预习了吗?会写吗?

2. 出示生字小转盘,指名读生字。重点指导肺、腭的写法。

3. 总结规律:这些字与身体各部位有关,都用"月"旁。师板书:鳍。生齐读各部位生字。

4. 生字词难不倒你们,看看你们读书情况吧!

(1) 读第一自然段,写了鲸哪个特点。用一个字概括(大)。你看,一段话可以读成一个字。

(2) 第二自然段,刚才第一自然段读成一个字,这段能不能读成一句话,在书中画一个最重要的句子,容易画错哟!

(3) 把一段话读成一个字,读成一句话,都是抓关键,抓要害。而这关键和重点常常都在每段的——第一句话。下面的所有自然段,也能用这个办法,快速地在每段抓一个词,或一句话,抓住了这些关键,鲸有哪些特点,就一目了然。

(4)第四自然段,第一句话和其他段有什么不同?读书要注意共同点,还要注意不同点,不仅要读字、词、句,还要读标点。

【评析】扫除生字难词,检查读书,教给方法,概括每段大意,整体感知课文内容。

三、学习课文第一自然段

1.形容鲸的大,你还能用什么形容词?(巨大、庞然大物、非常大、无比大、超级大、特别大、很大、极大)

2.反正一个字,大、大、大、大、大!课文是这样写的吗?其实,课文第一自然段的每一句都在说鲸的大,用各种办法写鲸的大。再读读书,看看,你最喜欢哪句?画下来,想想为什么喜欢?

3."都说象是很大的动物,其实还有比象大得多的动物,那就是鲸。"跟大象比,为什么不跟猫狗比?象够大了,但鲸比象大了50、60倍,甚至100倍。真是"不比不知道,一比吓一跳",所以用——比较。真是"不怕不识货,就怕货比货"。所以用——比较。【板书:作比较】

4."它要是张开嘴,人站在它嘴里,举起手来还摸不到它的上腭,四个人围着桌子坐在它的嘴里看书,还显得很宽敞。"

谁画这句,来,你们来摸摸上腭,这么使劲,还摸不到!四个伙伴一起到他嘴里看书,这边风光独特,很有意思,很刺激的!

太牛了吧,牛年的小牛人,要是鲸突然把嘴闭上了,怎么办?太危险了。不行!我可不能让你们送命,我心疼,作者也不会同意的。哪个词可以看出来?(要是)看出不是真的去,而是假假地设想,用的是——假设。【板书:假设】假设虽然不是常用的说明方法,但用在这里却给人想象,富有情趣。

5."目前已知最大的鲸约有十六万公斤重,最小的也有两千公斤。我国发现过一头近四万公斤重的鲸,约十七米长,一条舌头就有十几头大肥猪那么重。"

(1)数字拎出来。"十六万公斤""两千公斤""四万公斤""十七米""十几头"。

(2)数字、数字,还是数字——这里用了列数字的方法。【板书:列数字】列数字是常用的说明方法。

(3)小小解说员,强调数字,让人真感觉它的大。

你看,强调数字,加上语气、语调、动作,就更生动了。【重音强调;轻声神秘,有理不在声高,特别的感觉,更加吸引人;加上动作,表达你的情感;睁大眼睛,扬起眉毛,体态语的惊讶、惊奇、惊叹。"

(4)刚刚是预备说,现在正式聘请一位解说员。

班上谁最能说会道呀?请问贵姓?×你好!来,你先欢迎大家来到哪儿,再自我介绍,然后介绍不同的鲸,注意强调数字,突出它的大哦!

这样,这里是最大的鲸,这里是最小的鲸,我嘛就是我国发现的那只鲸啦。我想请同学们为解说员配音"哇"。

6.小结:你看,介绍鲸的大,用了这么多说明方法。

【板书:说明方法多种多样】

四、学习第二自然段,体会说明文准确的语言表达

1.刚才我们都是在研究鲸大的特点,那么课文仅仅介绍了这个特点吗?老师这有一段话(出示第二自然段的一段话),你们记不记得它出自第几自然段?(第二自然段)

2.第二自然段介绍了鲸的什么特点?

3.刚才你们读了课文,发现了什么问题?"很长""渐渐""完全""整个"这四个词可以删除吗?为什么?

引导学生认真读课文,体会"很长""渐渐""完全""整个"等词语的意思,感受说明文语言表达精确的特点。

4.指导朗读第二自然段(微声朗读,加上手势)

【评析】关注文本的表达,让学生自发地细细品味文本的语言,最终领悟说明文用词炼字的准确,教学的过程没有生搬硬套,没有强塞猛填,真可谓水到渠成!

五、根据画面,把自己想象成一头鲸,用简短的语言向大家作个介绍

(课例提供者:安徽省界首市第一小学　杨侠)

课例透析

说明文也要教出语文味。

(1)读中感悟说明对象的特征。课堂上书声琅琅,学生读得有情有趣,读得津津有味,课文的重点也在这琅琅的书声中得以凸显。学习说明文,要让学生思考文章是从哪一方面或哪几个方面来介绍事物的,这样才能让学生清楚地认识介绍对象。

(2)生动巧妙地渗透说明方法。《语文课程标准》提出:"阅读说明性文

章,能抓住要点,了解文章的基本说明方法。"在教学此类文章时,说明方法的渗透是必不可少的。但教师对此不可进行理性的讲解,而应让学生在与文本的反复对话中领悟。

(3)入情入境地品味语言。准确、简明、平实、生动、科学、严密是说明文的语言特点。教学时我们应当引导学生品味其丰富的、具有表现力的语言。

(4)扎扎实实地实践语言。课文是学习语文的载体,但语文学习的主要目标并不是言语内容,而是言语形式。所以,在《语文课程标准》理念的指导下,我们必须在指导学生积累和运用课文的"言语形式"方面多花时间,多下功夫,方能克服现行语文教学过于注重"分析理解课文内容"的弊端,提高语文教学水平。

3-12 《学会看病》"1+X"群文阅读课例与评析

 课例展示

一、由"X"提炼"1",着落情节,感知纠结

1.同学们,今天我们要读的课文是《学会看病》,除了它,我们还要读《剥豆》《孩子,我为什么打你》,为什么把这三篇文章放在一起学,我要在这打一个大大的问号。

2.先走进第一个故事《学会看病》。

(1)检查预习情况,出示:

| 怔住　艰涩　埋怨 |
| 喋喋不休　忐忑不安　按图索骥 |

①开火车读,正音:埋怨。

②理解"按图索骥"的字面意思。

(2)听文章第1~20段录音,借助于"按图索骥"在文中的意思梳理文章主要内容。

(3)默读文章第21~27段,说说故事还写了什么,体会母亲纠结的内心。【板书:愿,不愿】

3.第一个故事读到这,读第二个故事《剥豆》,自由读,想想文章讲了一件什么事。

【板书提炼:让,不让】

4.关注《孩子,我为什么打你》,快速默读。如果说刚才两篇文章描述的是母亲愿与不愿、让与不让的纠结,那这篇呢?【板书:打,不打】

5.聚焦板书,现在你能说说为什么把这三篇文章放在一起学吗?提炼议题——纠结的母爱。【板书:纠结的母爱】

【评析】这个环节设计让三篇文章的教学平铺开来,学生在通读三篇文章后自己寻找文章表达的共同点,然后自己提炼议题。这是着眼于帮助学生从"X"到"1"的提炼。

二、由"1"辐射"X",着落文字,体会母爱

1.通读三篇文章,我们发现文章都在表达纠结背后的母爱。那么毕淑敏又是怎样把这纠结的爱通过语言文字呈现在我们眼前的?细细咀嚼文字,走进母亲的心路历程,分工合作,一、二组读《学会看病》,三、四组读《剥豆》,完成两张母亲的心路历程图。

《学会看病》中母亲的心路历程图:

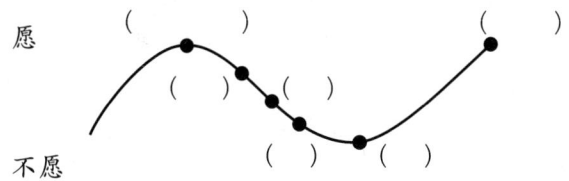

《剥豆》中母亲的心路历程图:

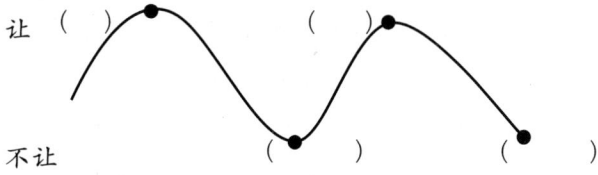

2.板贴学生完成的图,目光聚焦《学会看病》中母亲的心路历程图。

(1)指名学生借助于关键词说说母亲的心路历程。

(2)情景朗读,读出母亲在儿子走后的后悔、忐忑及对自己的谴责。

(3)如果此时儿子还未回来,母亲会怎么做?感受母亲纠结心理背后深深的母爱。

3.继续看第二张图。

(1)指名学生说说剥豆比赛中母亲的心路历程。

(2)男女生对读,读出慢快缓急节奏变化中母亲的纠结。

4.这两张心路历程图,是否使你想到自己的母亲,想到在她气急时扬起手臂的瞬间,想到这瞬间的背后也有过这样的纠结:

出示《孩子,我为什么打你》片断,指名学生读。

【评析】这个环节紧抓纠结背后的母爱这一议题,通过心路历程图来理解三篇文章,这又是从"1"到"X"的辐射。此时学生读到母亲的纠结内心已然明白纠结背后藏着的母爱。学生还可以借助于这样的方式读懂更多类似的文章。

三、夯实"1",着落情感,呼应母爱

1.三篇文章,一种情感。这份纠结的母爱有没有激起你内心的波动?此刻,有没有什么话想对母亲说?选择一个故事,写下你内心对这份爱的呼应。

2.同学们,你们已经读懂了母亲这样的心声。齐读《学会看病》最后一段。

【评析】文章都是从母亲的角度来表达对孩子的母爱,通过对前两个板块的学习,学生已经感受到这样的母爱,因此这一板块着眼于从孩子的角度呼应母爱,是对纠结背后的母爱这一议题的夯实。

(课例提供者:安徽省界首市第一小学　孙明亮)

课例透析

(1)群文阅读,让教材的功能充分发挥出来。现行的小学语文教材是以主题组单元的,一个单元围绕一个主题往往选编四篇课文,为开展群文阅读带来极大的便利。如人教版五年级上册第六组主题是"父母之爱",课文有《"精彩极了"和"糟糕透了"》《地震中的父与子》《慈母情深》《学会看病》。我们可以先指导学生精读最有特色的课文《"精彩极了"和"糟糕透了"》,感受别样的父母之爱,体会父母之爱的深沉,习得抓住人物语言、神态、动作描写体会人物情感的阅读策略,再运用群文阅读的方式阅读选学课文《剥豆》《孩子,我为什么打你》,进一步体会父母之爱的伟大。

(2)群文阅读,让略读课文教学简略而丰厚。人教版小学语文教材从三年级开始,每个单元选编一篇略读课文,到了五、六年级每个单元选编两篇略读课文,并在《教师教学用书》中再三强调略读课文"理解内容的要求要低于精读课文,一般是粗知大意""主要靠学生运用在精读课文中获得的知识与方法,自己把课文读懂"。为了更好地体现略读课文的编写意图,我们可以采用群文阅读的方式进行略读课文的教学。在大量阅读中充分感受父母之爱,体会人物描写的方法,以一篇带多篇,提高学生的读写能力。

(3)群文阅读,让课外阅读的指导更有成效。随着儿童阅读的推广,书店里学生课外阅读的内容非常丰富。读什么,怎样读,是摆在学生、家长、教师面前的两大问题。围绕某一主题选择一些相关的文章开展群文阅读是课外阅读的一种好方法。

小学语文写话/习作课堂学习与课例研究

1 小学语文写话/习作学习标准

1-1 小学语文第一学段写话/习作学习标准

学习标准

(1)对写话有兴趣,写自己想说的话。写想象中的事物,写出自己对周围事物的认识和感想。

(2)在写话中乐于运用阅读和生活中学到的词语。

(3)根据表达的需要,学习使用逗号、句号、问号、感叹号。

第一学段(一二年级)写话建议:

以说话为主。由一句话到一段话,到一篇话。做到有中心,有情节,有条理。最好还能有细节,有感情,能动人。说生活小故事和童话、神话等。说要具有一定长度——多而好为上。

低年级写话时,学生能说但是不会写,怎么办?

说在前,写在后,二年级建议提早写话。不会的字用拼音代替,也可以用符号代替。

学习标准解读

（1）对写话有兴趣，写自己想说的话。

低年级学生刚开始写话，不要提过高的要求。教师的指导应在激发兴趣、勾起表达的欲望上下功夫。量上的把握：低年级写话的要求，我们不强调写多长的句子，一句话也好，两句话也好，一段话也好。学生写的句子长短不一样，没有关系，我们强调的是自由表达。

（2）课时目标的把握：每次习作目标要单一，如果要求提得过高，会让学生感到习作是一件困难的事，泯灭了他们写作的热情。评价的把握：以鼓励表扬为主。建立新鲜有趣的评价机制。

（3）以说话为主。由一句话到一段话，到一篇话。做到有中心，有情节，有条理。

一、二年级进行用词、造句和组织句群的训练。两大格：第一大格，说一句完整的话；第二大格，说几句连贯的话。把"说一句完整的话"又分成五个小格：即第一格：敢说；第二格：说顺；第三格：说实；第四格：说活；第五格：说准。

一年级要加强词语和造句训练，练习主谓、偏正词组的搭配（如青青的、绿绿的、弯弯的），练习说完整的一句话，连贯地说几句具体的话，循序渐进地开展各种造句练习，初步知道怎样把句子写具体。模仿写不同句式，如比喻句、拟人句、排比句等。

二年级要加强句子训练，练习连贯地写句群。（句群又叫句组，是由几个在意义和结构上有密切联系的各自独立的句子组成的言语交际单位。这是就二年级下学期而言。）句子训练的要求：第一，句子必须通顺，即句子成分的指代明确、句子结构完整、句子中词语搭配得当；第二，句子和句子之间语气必须连贯。为了达到这些要求，学生最低限度应该掌握多少种单句的句型？掌握多少种句群的结构？由于对此缺乏研究，大家心中也没有准数。有专家认为二年级必须掌握九种句群结构。低年段老师可以梳理出训练体系。

(4)写话练习体系参考：

一年级：写一句完整的话、写一句通顺的话、写一句具体的话、情真意切一句话、描写动作一句话、五颜六色一句话、美妙声音一句话、描绘形状一句话、带上数字一句话、带有方向一句话。

二年级：综合练习一句话、修辞方法一句话、近义替换一句话、修辞方法一句话、一句意思连贯的话、句子不同意思同、描写细节写句子、描绘情景写句子、观察体验写句子、想象事物写句子。

(5)写想象中的事物,写出自己对周围事物的认识和感想。

一、二年级宜以写童话题习作(通过丰富的想象,运用拟人、夸张等手法,塑造假想和象征的形象来反映生活的习作练习。将动物、玩具、文具人格化。)为主,辅之以看图和观察实物说话、写话和写最简单的应用文,主要培养通过想象发现习作材料的能力和用词造句的能力。低年段要发展儿童概括信息、交流信息和自我表现的语言功能,最佳的习作训练形式既不是复述,也不是观察习作,而是创造性的想象习作。低年段的儿童正是借助于想象和幻想来理解他们生活在其中的世界,研究和解释这个世界。因此,在低年段主要进行创造性的想象习作。

  1-2　小学语文第二学段写话/习作学习标准

学习标准

(1)乐于书面表达,增强习作的自信心。愿意与他人分享习作的快乐。

(2)观察周围世界,能不拘形式地写下自己的见闻、感受和想象,注意把自己觉得新奇有趣或印象最深、最受感动的内容写清楚。

(3)能用简短的书信、便条进行交流。

(4)尝试在习作中运用自己平时积累的语言材料,特别是有新鲜感的词句。

(5)学习修改习作中有明显错误的词句。根据表达的需要,正确使用冒号、引号等标点符号。

(6)课内习作每学年 16 次左右。

第二学段(三四年级)习作建议:

开始写话(习作)。用生活口语,把能说出的都尽力写出来。由写一句话到一段话、一篇话。要求有中心,有情节,有条理。具有尽可能的长度。以童话、历史故事为主,辅以生活小故事。三年级 300～400 字。四年级 400～500 字。(这是最低要求,多多益善。)

学习标准解读

(1)注重兴趣,培养自信。学生习作是一种学习,与作家写作行为有着根本区别。从低段写话过渡到中段习作,是一个质的跨越,更需要激发学生对习作的信心与兴趣。课程标准在第二学段目标中提出要让学生喜欢习作,"乐于表达""与他人分享习作的快乐",并能从中获得成就感与自信心。这种积极的情感对其习作态度、习作习惯的养成影响深远。

(2)关注生活,贴近实际。学生习作是训练语言、交流想法与提升语文素养的一种手段。这种习作是"我手写我心"的表达,要求学生用自己喜欢的语言表达看到的、听到的或是感受最深的内容,特别强调写真事、抒真情、表真意,切忌假话、空话、大话。

(3)减少束缚,自由表达。"能不拘形式地写下自己的见闻,感受和想象"。初级阶段的习作行为需要给学生自由广阔的空间,在表达内容、表达形式上不作过多限制,鼓励并尊重学生以儿童的眼光、儿童的视野与儿童的语言方式来自由抒发。只有空间大了,视野宽了,学生的表达才能自由。

(4)反复修改,养成习惯。习作能力的提高很大程度上是在反复推敲中获得的。学生对自己习作反复修改的习惯需从小培养。第二学段目标就有"学习修改习作中有明显错误的词句"的要求。

1-3　小学语文第三学段写话/习作学习标准

学习标准

(1)懂得写作是为了自我表达和与人交流。

(2)养成留心观察周围事物的习惯,有意识地丰富自己的见闻,珍视个人的独特感受,积累习作素材。

(3)能写简单的记实习作和想象习作,内容具体,感情真实。能根据内容表达的需要,分段表述。学写读书笔记,学写常见的应用文。

(4)修改自己的习作,并主动与他人交换修改,做到语句通顺,行款正确,书写规范、整洁。根据表达需要,正确使用常用的标点符号。

(5)习作要有一定的速度。课内习作每学年16次左右。

第三学段(五六年级)习作建议:

熟练地习作。除条理清晰外,驾驭文字的能力要提高。五年级最好能达到500~600字。六年级最好能达到600~700字。除第二学段提到的文体外,寓言新编、神话故事新编、科幻武侠小说等皆可采用。

学习标准解读

(1)重基础,小而实。新课程标准重视学生作文的基础积淀,重视培养学生最起码的实用性写作能力。综观新课标中的作文目标,对学生习作的要求低,很贴近学生的生活。最后的目标也只是抓住最基本的作文要素,明确最起码的要求:①对写作内容只要求"具体明确";②对语言运用只要求"文从字顺";③对表达技巧只要求根据"日常"需要,运用"常见"的表达方式。小学作文教学可以说是打基础的习作阶段。而文章最基础的是什么呢?那无疑是词句,因为遣词造句是习作的奠基石。因此日常教学中要重视词句的积累,加强学生遣词造句能力的培养。而作文教学又离不开语文阅读教学,要把对学生词句的积累和遣词造句能力的培养分解到具体的阅读教学中。既然这样,那阅读教学就必须随之改变,即阅读教学要把语文的基础知识作为教学的重点之一。

(2)重兴趣,厚而实。《语文课程标准》中,不再像过去那样统称为作文,而是1~2年级叫"写话",3~6年级叫"习作",7~9年级叫"写作"。小学阶段从写话、习作入手,"是为了降低起始阶段的难度,重在培养学生的写作兴趣和自信心"。《语文课程标准》抓住问题的症结,把培养写作兴趣和自信心放在首位,有针对性地提出让学生"易于动笔,乐于表达","鼓励自由表达和有创意地表达",把写作的主动权交给孩子,让他们真正成为写作的主体。作文教学必须通过各种方式来激发学生说自己想说的话,表达自己乐于表达的情感。但是如何才能实现呢? 一是以降低起始阶段的难度,从学生最容易表达的方面去引导。比如,从第一学段的写话开始,就引导学生写想象中的事物,写自己对周围事物的认识和感想。二是作文教学的内容切合学生的现实生活,有意识地丰富学生的生活。

美国一研究机构提出,10岁以前孩子应该做好32件事,并且告诫孩子父母一定要让孩子多做做。这32件事是这样的:在河边草地上打滚;捏泥团;用面粉捏小玩意儿;采集青蛙卵;用花瓣制作香水;在窗台上种水仙;用硬纸板做面具;用沙子堆城堡;爬树;在院子挖个洞穴;用手和脚作画;自己搞一次野餐;用颜料在脸上画鬼脸;用沙子"埋人";做面包;堆雪人;创作一个泥雕;参加一次"探险";在院子里露营;烘蛋糕;养小动物;采草莓;玩丢棍棒游戏;能认出5种鸟类;捉小虫子;骑自行车穿过泥水坑;做一个风筝并放上天;用草和小树枝搭一个"窝";在公园找10种不同的叶子;种菜;为父母做早饭;和别人小小地打一架。

(3)重指导,巧妙点拨。现在有人对自由作文用了一个形象的比喻,叫作你放手他就可以飞。这个比喻对不对? 的确,教师不放手,学生的习作飞不起来。然而是不是教师一放手,学生的作文就一定能够飞起来,我看不见得,要能飞起来,不仅要有飞的强烈愿望,还要有飞起来的切实本领。有些孩子由于天赋条件、家庭条件、本身条件,的确能飞起来,但多数学生飞不起来,一放手就掉下来了。从逻辑上讲,教师放手只是主要条件,不是充分条件。我认为当前作文教学要两手抓：一方面是激发动机，鼓励学生自由表达。另一方面是要制订作文训练的序列，抓好基本功的训练，应该使自由作文和基本功训练的作文两者相辅相成，相互渗透，相得益彰，自由作文是先放后收，放中有收，而基本功训练的作文是先收后放，收中有放。万事万物皆有序。其实课标也概括了序，低年级通过句子表达，中年级通过段表达，高年级通过篇表达。在课内教学方面，我们的作文课教学几乎是空白。很多作文课，我们的教师不知道自己到底要教什么，只知道作文课要让学生写一篇作文，仅此而已。于是乎，题目一出，要求一列，就让学生写作。学生能不害怕作文吗？能不讨厌作文吗？写作是生命的表达，表达生命的技能哪里来？"用文字表达自己独特的生命"是需要修炼的，这种技能不可能是先天与生俱有的。作文课，就是修炼这种表达生命技能的专有课堂。就是要老老实实教学生"怎样写"，这是作文教学的本质。如果所有学生都能"自由表达生命"，我们的作文课就完全可以取消了。如今大量的学生作文"很难看"，其实就是上了"自由"的当。任何一位有良知的语文老师都坚信作文是需要教的。但作文到底教什么，应该怎样教？写作知识是有用的，但其运用也是建立在大量写作实践的基础上的，离开写作实践，就根本谈不上写作知识的运用。所以我们要在实践中教给学生一些基本方法。写作知识的指导要力求精要有用，要紧密结合课文和习作例文，要具体而可操作，要循序渐进且螺旋式上升。

(4) 激发兴趣。新课程标准在习作目标中将习作兴趣的培养放在了第一位。从第一学段的"对写话有兴趣"，到第二学段的"乐于书面表达，增强习作的自信心"，再到第三学段的"懂得写作是为了自我表达和与人交流"。学生的习作兴趣从起初的兴趣到自信，到生活中自我表达和人际交流的需要，根据学段和心理特点提出了不同层次的要求，其最终目的是让学生树立习作"是为了自我表达和人际交流"的需要。这种习作是有别于课堂习作的，它将学生的习作引向生活这个源头，以超越一时的兴趣，必将影响学生终身的写作态度。相对于兴趣而言，习作习惯的养成也是新课标的一个焦点。

(5) 养成习惯。具体而言，重视培养这样几个习作的好习惯：一是留心观察周围事物、有意识地丰富见闻、珍视个人独特的感受以积累习作素材的习惯。二是主动修改的习惯。其指向是习作语言的表达,重视生活积累与习作,关注阅读与习作的关系。三是习作习惯。主动与人交流,也是关注兴趣培养的最终极目标:完成习作需要达到的交际功能。以上三个习惯的培养,个个针对习作的关键,习作前的准备,习作中的修改,习作后的交流,是对习作过程的揭示。还有在习作中运用平时积累的语言材料特别是好词佳句的习惯;主动修改以及与人交流的习惯。指向习作的外延与生活的外延相等,习作指导应将学生的取材引向生活,"发现自我、发现自然、发现社会"。学生不是没有内容可写,而是缺少观察的训练。

2　小学语文写话/习作关键问题及指导

2-1　如何进行写话学习指导?

问题呈现

(1)据调查,60%的家长反映低年级学生课外阅读兴趣不大和没有良好的课外阅读习惯。很多家长说:"我的孩子不喜欢看书,却喜欢看电视。"35%的家长反映,孩子只是翻翻书,看看书的插图,对其中的内容不感兴趣,缺乏细读、研读的良好心理。

(2)有些教师把课外阅读作为一种任务硬压给学生,没有教给学生课外阅读的方法,影响了学生的阅读兴趣和求知欲,从而使课外阅读成为负担。部分教师和家长以成人的眼光和自己的兴趣爱好,把所认为的"好书"强加给学生,为孩子购买或推荐的课外读物往往不能符合儿童的阅读心理,导致孩子们阅读兴趣降低。

学习指导策略

● 一年级以说为主,二年级说写结合

从一年级开始,培养孩子写话的兴趣,让孩子不怕写、乐于写。在教学中,激发和保护学生写话的热情与愿望,时时保护孩子的自尊心、自信心,培养他们的写话能力。以生活为基础,激发写日记的兴趣;以教材为凭借,创设写的情境;以评议为手段,享受写的乐趣;以班刊为平台,享受成功的喜悦等,从这几方面进行实践尝试,提高学生的日记写话兴趣。

(1)培养学生的说话能力。一年级首先要激发学生说话的兴趣和欲望,使学生愿意并敢于说话。二年级可以训练说完整的话,例:谁干什么?你早晨怎么来上学的?让学生力求完整、通顺地表达。其次给学生一些词语,鼓励他们用到句子中,使句子变得生动些。最后看图和结合实际说话,是一个非常重要的训练,指导观察及观察有顺序。

(2)训练写话不重复啰唆。写完整的话,通顺的话,真实的话。

(3)通过问答、听写培养学生连贯写话的能力。每一个问题,前后必须有联系。

(4)观察写话。

(5)想象写话。

(6)教师讲评重表扬。

● 一年级写话学习要求

(1)基本的要求:语句通顺,语意清楚,无错别字。

(2)学生写话要求:对写话有兴趣,写自己想说的话,内容清楚,语句通顺,书写不潦草,容易辨认(可以拼音夹汉字)。写话中乐于运用阅读和生活中学到的词语,学习运用四种标点符号。

(3)写清时间。写清楚谁在什么地方干什么。

(4)写出心情怎样。

(5)书写认真,正确运用标点符号,标点符号要占一个格。

● 二年级写话学习指导

(1)每天轮流由一个孩子写话,按老师当天布置的主题写。

(2)格式要求:第一行写名字,第二行写日期和天气。正文写在第三行,开头空两格。

(3)家长在正文后面空两行写上评语。评语点评要到位。(家长评语对孩子的写作会起到很好的作用,所以希望家长能尽量多写些评语。)

(4)每天轮流写话的孩子负责保管好本子,不能弄脏、弄皱、弄丢。

● 二年级写一段话学习要求

(1)格式要求。

①严格按照题目要求,写一段话,不能写两段、三段。

②一段话的开头要空两格。

③标点符号要占一格,并且不能写在一行的首格(前引号除外)。

④书写认真,字体工整。

(2)内容要求。

①要围绕图画的主要意思来写。

②时间、地点、人物、事件要交代清楚。

③句子要完整,语句基本通顺。

④能正确使用逗号、句号、问号和叹号。

以上为写话训练的基本要求。学生在平时的练习、测验、测试中能遵循以上标准的,可得 80 分。在此基础上能做到语句通顺流畅,观察比较细致,叙述比较具体的,可得满分。如有更优秀者,可酌情加 1 至 5 分。

2-2 如何进行看图写话学习指导?

问题呈现

看图写话是二年级习作的重点训练项目。一些老师在学习指导过程中,不能把握重点,抓不住指导要点,所以效果不佳。

学习指导策略

《语文课程标准》中明确提出二年级写话的要求:"对写话有兴趣,写自己想说的话,写想象中的事物,写出自己对周围事物的认识和感想。在写话中乐于运用阅读和生活中学到的词语。"这段要求看似简单,但实实在在做起来并不是那么容易。

(1)认真看图,培养观察力。首先引导他们看图要有顺序,或从上到下,从下到上;或从远到近,从近到远;或从左到右,从右到左;或从中间到四周。对画面所表达的主要内容先有一个整体性了解。再从画面中人物的形体、相貌、服饰等,弄清人物的性别、年龄、身份;从人物的表情、动作,推测人物的思想,以及他在干什么、想什么;还要观察周围环境,弄清事情发生在什么时候,什么地方等。让学生言之有序,使整幅图或多幅图画转变成一个完整的、连贯的故事,使人物形象更加丰满逼真,故事情节更加曲折动人。

(2)合理想象,培养想象力。看图写话的画面是一个个静止的人或物,而且比较单调,我们要引导学生通过仔细观察画面,以老师适当的提问为支点,进行合理想象,使静止的画面尽量动起来,活起来,使单调的画面充实丰富起来。引导学生把不会思维的想象成为会思维的,把不会说话的想象成为会说话的,由一幅图联想到前前后后的几幅图,由一个动作联想到前前后后的几个动作,有时,还可以只提供一种情境,让学生的想象自由驰骋。

(3)看图说话,培养口头表达能力。低年级学生活泼好动,求知欲强,善于模仿,喜欢表现自己,凡事都要问个为什么,具体思维占优势,但是由于没有经过说话训练,表达起来缺乏条理性和连贯性,说起话来常是前言不达后语,跳跃性很强,有时重复,有时带有语病。在训练时不能操之过急,开始要求不应过高。在练习时应注意以下三点:

①要让学生先看明白,在想象的基础上,再组织语言说出来,要求说得有头有尾,要遵循一定的顺序,条理清楚,表达完整,声音响亮,并使用普通话。

②要表扬在语言表达上有独到之处的学生。鼓励学生用词的准确与生动,启发学生大胆思维、合理想象、积极发言。积极提示学生:"谁能和大家说得不一样?还可以用哪个词语来形容?"注意发展学生的创造性思维。使学生兴趣盎然,表达精彩纷呈,富有童趣和灵性。一幅简单的图画,在不同的学生眼里就是一幅不同的图画。

③训练要有层次地进行。动员全班学生参与训练,敢说敢讲。先让口语表达能力较强的学生说,再大面积展开。对于口头表达能力差的学生,要引导

他们进一步提高口语能力,想好了再说,说完整、连贯的话,用自己的话来说。对于那些胆小不敢说的学生,也要循循善诱,促其发言,哪怕是三言两语,也应予以肯定。在此基础上再让学生写话,那自然是瓜熟蒂落、水到渠成了。

(4)看图写话,培养书面表达能力。对于一年级的小朋友,刚开始要求他们只要用几句话写清"时间、地点、人物,干什么,干得怎么样"就行了。慢慢地随着学生阅读量的增加,思维能力和口语表达能力的提升,指导学生不仅要写完整,而且要写得具体、生动,写出人物的语言、神态、动作等。"我口说我心,我手抒我情",低年级的看图写话训练,要让孩子们的童真自由驰骋,让孩子们的童心自由飞扬,让孩子们在自由的呼吸中激发写话的兴趣,在自由的表达中感受写话的乐趣。

 2-3 三年级习作学习指导的关键是什么?

问题呈现

(1)习作内容联系不紧密。习作内容虽然非常丰富,但每册教材中八个习作内容并没有一个内在的核心,相互之间几乎没有关联,跳跃性非常强。如三上第一次是写事,第二次转变为写人,第三次又成为看图写话,每一次都是蜻蜓点水,并没有深入与提炼。这种跳跃性能给予学生丰富的内容,但对于他们习作技能的训练作用则不明显。不同的习作内容、习作类型总有自己基本的表达特点,比如,写人的更关注人物的语言与行动,写事的需要交代事情的起因、经过与结果等。内容繁多,形式复杂,一学期下来没有给学生留下一个系统的印象。

(2)习作要求提示不明。任何一种学习都要遵循循序渐进的原则,习作教学也应如此。习作作为一种语文能力,既需要有一定的言语准备,又需要掌握一定的写作技能,而不是放任自流、随心所欲。在编排教材中的习作时,需要考虑对习作技能训练的逐渐深入。尤其是中段教材中关于习作教学的要求显得非常不清晰。这些要求的模糊就带来习作评价的模糊。比如,三上第一组单元要求写"我的课余生活",并没有在习作技能上有过多提示,也难以有一定的尺度去评价一篇习作在三年级上册应达到何种程度。

(3)习作修改体现不足。修改,是学生从小就要养成的习惯。作为一种习惯养成,应成为每一次习作的必备要求。教材如对不同年级学生在习作修改上有不同的要求与指导提示,应让学生不仅知道要修改,而且能把握"怎么改",那样学生习作修改能力的形成与习惯养成会更有成效。三上教材中四次提到要求学生能将习作与同学交流并根据他们的意见进行修改,但对于如何修改的指导还是很模糊。比如,三上要求学生能修改一些错别字,标点符号使用准确,语句尽量通顺等都是学生经过努力可以够得着的要求。但教材在这方面并没有明确的要求。

学习指导策略

三年级是习作启蒙阶段。主要采取"放胆文"的形式,把文章"写开""写顺"。从三年级第二学期起,就指导学生围绕中心,用逻辑思维去选择和组织生活中那些生动、形象、具体的材料,使文章内容具体,叙述细致生动。

四年级是掌握规律,严格训练阶段,应教会学生如何写人、记事、状物等。我们要求"中年级学生要留心周围事物,养成勤于观察思考和乐于动笔的习惯,能不拘形式,自由地把自己的见闻和想象写出来,要求内容具体,感情真实,语句通顺连贯"。对这一学段学生的习作训练要注意趣味性,减缓坡度,调动学生习作的积极性。

中年级的习作教学,着重研究如何以中年级教材中的口语交际与习作内容和语文实践活动为内容,通过"听读"片断的范例,积累写作素材,学习片断写话,进行连句成段的方法训练,运用口头语言表达一个场面、一种景物、一个事件的精彩部分和自己的新奇想象等,然后再进行思维加工,润饰成一个真实、具体、语句通顺、有一定条理性的书面片断,并加以评改。

中年级的习作起步练习,不在于水平高下,而在于敢不敢写;表达不一定文辞华丽,而在于想不想说;情感不苛求大喜大悲,而在于触动心灵;思想不强求深刻隽永,而在于真实创造。

(1)指导学生从身边的见闻写起。在习作教学中,要选择符合学生生活实际、年龄特征、接受能力,有利于提高学生表达能力和语文综合素养的材料来指导习作,引导学生走进生活,从身边的见闻写起,把"现在"写进文章;从自己的生活体验写起,把"发现"写进文章;从自己的周围环境写起,把"周围"写进文章;从自己的联想和想象写起,把"联想"写进文章;从身边的有趣场景写起,把"细节"写进文章;从自己的阅读体验写起,把"感受"写进文章,把"体验"写进文章。

(2)指导学生写心里话。在起步习作教学中,应选择简洁明了的题目、浅显易懂的材料和教学方法来指导学生习作。三年级的小学生,对于选材、立意、主题等一些习作名词还比较陌生,甚至是一无所知。在教学中,老师应尽量避免讲述一些深奥的习作术语,不要布置一些美丽的题目,不要老是强调写的重要、写的要求如何、写时注意什么,不要对学生讲得太多,太滥,不要太着急。"情以物迁,辞以情发",有感情的习作才充实,才有内涵。在起步习作教学中,教师要善于引发学生的情感,应站在学生的角度,走近学生的生活去了解学生的个性特点、兴趣爱好、困惑等。比如,可以出一个《说说我的心里话》或是《我最想说的话》之类的习作题,让学生倾诉他们的喜悦、忧伤、委屈、建议、感想……让学生产生沟通的欲望、需要和热情。

(3)紧扣"小"字来指导。指导三年级的小学生习作,宜小不宜大。即要从小处入手,应尽量让学生从自己的生活当中撷取素材,写一件平凡小事的记叙文或"散文"("四不像"的习作,或称"流水账"习作),会比那些说空话大话的文章好得多。在具体指导过程中,我们可从学生生活中常见的小现象、小问题、小策略、小制作、小游戏、小发现、小烦恼、小秘密、小动物、小花草等入手进行习作练习,引导学生在习作过程中做到"六动":动眼——用一双敏锐的眼睛洞察生活,让每一缕阳光闪动在学生的眼睛里。动耳——用一双灵敏的耳朵,去倾听世界的窃窃私语,让每一丝清风萦绕在学生的耳畔。动脑——在广阔的生活空间、知识空间和个性空间里,激活学生大脑中那些沉寂的、杂乱无章的信息源,让学生按照自己的个性和风格对信息进行整合,形成有序的信息链。动口——先说后写。词语接龙、口头习作、课堂演讲、即兴辩论等,让学生的口头语言得到空前发展,尔后才动笔习作。动身——引导学生懂得形体语言扮演、表演,使习作课堂变成欢乐的海洋。动手——亲自动手实践,体验生活中的乐趣,这样就能才思敏捷、文思泉涌,将天马行空的创意化作激扬的文字。

(4)鼓励自由表达和有创意的表达。三年级的习作起步教学,应特别注意"减少对学生习作的束缚,鼓励自由表达和有创意的表达"。对于初学习作的孩子来说,应该从"自由习作"开始引导,让他们积极写"放胆文"。"让他们的思想自由驰骋,不受束缚",有利于学生的心理健康。他们自由表达,思想上没有任何压力,想写什么就写什么,愿怎么写就怎么写,就会感到"处处留心皆文章",因而乐于表达。

2-4 习作学习指导的关键问题有哪些?

问题呈现

新课程改革,对习作教学是一次重大变革。对教师的习作教学行为是一个巨大的冲击。面对新课程,就小学习作教学而言,一线教师的新困惑不少,主要反映是:习作教学强调人文性,是否还要重视思想性?习作教学中关注个性发展,如何着力培养基础能力?尊重学生的主体地位,让学生自由习作,是否还要进行具体指导?习作教学是否需要有模式的指导练习?在习作课中,如何实施合作、探究的学习方式?如果不进行技法训练,学生的习作指导从何处下手?习作评价注重激励、表扬,教师还能批评吗?习作考试照常进行,评价习作是否还需要定分数?习作教学新理念令人眼花缭乱,到底哪一种最合适?习作教学到底从几年级开始?习作过分强调创新,但大部分学生最基础的写作知识和技能都不过关。从理念上讲,习作评价的标准要降低,但在实际教学中,标准不但没有降低,反而提高了。老师无所适从⋯⋯如此之多的困惑和问题,让许多老师感叹习作难教,学生感叹习作难学。有的教育专家把习作教学新理念说得头头是道、玄而又玄,一线教师如坠云里雾里;

有的专家提出简简单单教习作,追求实效,习作教学要务实、扎实……

学习指导策略

● **跳出教材练习作**

小学习作认为,新编教材的编排思路、课文内容、单元提示、补充材料、语文活动、练习安排等都体现了编者的独具匠心、精心设计,对整个语文教学的目标、结构、方法都具有很强的指导意义。但"教材不是教学的唯一凭借",再好的教材都有其局限性。现在的语文教材采用的是单元主题编写,每个单元有一个简单的习作提示(题目)。每个单元进行一次习作,学生练笔少而且都安排在阅读教学后,习作与课文往往是两张皮,学生难以从中学到一定的语言形式,语文教师只能想当然地教学习作。实践证明,如果每学期只是按照教材的编排进行八次或十次的习作练习,是很难教好习作的。小学习作倡导树立新的教材观,使有限的教材发挥无限的育人功能。教小学习作的教师应根据自己的经验、兴趣学教材,创造性地使用教材,真正成为教材的使用者、研究者和改造者。现行的教材目录、单元、主题等一目了然,很方便学生学习和模仿。小学习作可引导学生模仿教材的编辑方式,引导他们自编教材(习作素材)。比如,模仿教材的单元主题编辑样式,首先让学生收集自己喜欢的格言、成语、名言、警句、优美段落等,到报刊上找中外名著名篇以及富有时代气息的文学精品,从中外寓言、童话、诗歌中选出美文,分类装订成册。然后自己制订背诵计划,每天背上一句、一条或一篇。最后把自编的教材(习作素材)与全班同学交流,实现资源共享。这样,不仅让学生在字词句段篇上有一些量的积累,还要让那些古今精品和人生格言警句,如空气一样滋养学生,如阳光一样照耀孩子的心灵,让每个学生的血液和骨髓里都充满先哲们的生命哲学和人生理想。

● **跳出课堂练习作**

《语文课程标准》指出:"养成留心观察周围事物的习惯,有意识地丰富自己的见闻,珍视自己的独特感受,积累习作素材。"生活是丰富多彩的,学生身边的事更是层出不穷,这是习作素材的大仓库:一是集体活动做了写。利用班级、学校等组织的运动会、个人特长赛、文艺汇演、公益劳动、参观访问、慰问孤寡老人等大型活动；班上开展的知识竞赛、游戏活动、野炊、放风筝等小型活动；学科教学中的实验小制作、课本剧表演等活动。活动后练习写作，学生就有话可说，有事可叙，有情可抒。二是独特体验及时写。充分挖掘学生个体身边的点滴小事，积极引导学生有了独特体验写一写。有些后进生既调皮写作基本功又差，但要他们写自己调皮的事儿，一般都写得生动有趣，文通字顺。经常引导学生写身边最熟悉的小事儿，学生也就成了生活的有心人，学习的小主人。三是逗着学生玩乐写。好玩是小学生的天性，在学生中每隔一段时间，就会流行一种玩意或玩法儿，如吹泡泡热、丢沙包热、集卡通片热、看漫画热、玩水枪热、剪纸热……流行什么就引导学生写什么。学生普遍感到无话可写了时，就或者发动一次扳手劲比赛，或者请学生来个比笑表演等，现场观察，现场写小练笔。这样做，能够顺应学生好玩的天性，让学生在玩玩乐乐中进行习作，更有童真童趣。

● 跳出习作练习作

习作能力不是教出来的，而是练出来的。我们可以教会学生习作方法，但学生学不到习作技能。好的写作方法可以学会和"学得"，但不一定能够会用和用好。学生的写作方法、技巧的掌握和灵活运用，是在实践中悟出来的。小学习作教学活动中重要的是激发学生的写作兴趣，点燃他们写作的热情之火；是"跳"出习作练习作，并在教学过程中适时点拨，启发学生的思维，让他们从写作的沉睡状态、朦胧状态、压抑状态中清醒过来。睁大"眼睛"观察所经历的多彩的社会生活、家庭生活、学校生活等，并力求准确地练习表达。例如学校即将举行诗歌朗诵会，可设计"诗歌朗诵会系列习作"的题目，力求把习作成为学生生活的一部分，使写作成为一种交流，与生活紧密联系起来。（此设计适合高年级学生使用）

教学片断

【比赛前】

(1)填写一份比赛公告，贴在教室的黑板上。

诗歌朗诵会比赛公告

时间：____年____月____日上(下)午____(几点)开始

地点：

比赛说明：

班级选手名单与朗诵题目：

班级服务组人员分工：

(2)以班委会的名义给本班级服务小组人员写一份通知,告诉他们需要准备哪些物品和注意事项。

【比赛中】

(3)以"精彩瞬间"为大题目(小题目自拟),描写几个比赛的片段。张贴在黑板报栏里交流。

(4)以"我在比赛中"为题目,写一段或一篇自己参加朗诵比赛的体验。(比赛选手赛后必做)

(5)给学校广播室写一篇表扬稿,表扬你在朗诵比赛现场所见到的好人好事。(服务员必做)

【比赛后】

(6)写一篇通讯报道在学校网站上发表,宣传这次朗诵比赛,题目自拟。

(7)根据自己观察记录的笔记,思考以下问题：①朗诵比赛的时间、地点、参加者和目的是什么？②朗诵比赛的环境怎样？③朗诵比赛的过程怎样？④对朗诵比赛的评价怎样？写一篇日记评论。如果你认为满意,就拿到班级习作园地交流。

(8)写一首小诗,赞美这次朗诵比赛或比赛中的人物。

(9)画一幅人像画,配上文章或诗句,介绍自己喜欢的一本书的特点。

(10)给远方的亲友写一封信,介绍一下这次朗诵活动的情况和自己的感受。

(11)给校长写一封建议信,谈谈自己对这次朗诵比赛活动的看法或自己的建议,投放到学生信箱中。

以上题目事先通知学生,学生可以多写,但要求最少自选三题。每一类至少选一题。

这样,习作的内容与学生的生活紧密联系,既检测了学生对语文知识的实践运用能力,又培养了学生对现实生活的领悟和创新能力。

● **快乐游戏练习作**

游戏,是一种富有乐趣的活动。大家喜欢游戏,而且玩得很多,无论在校内或校外,在课内或课外,上幼儿园或读小学,都玩过游戏。游戏内容丰富,形式多样,有体育游戏,如"老鹰抓小鸡""猫捉老鼠""跳骆驼""骑山羊""丢手绢"等;有文娱性游戏,如"猜谜语唱歌""击鼓传花"等;有智力游戏,如"成语接龙""数数"等;有科学游戏,如"吹泡泡""科学小实验"等。随着年龄、年级的不同,所玩游戏也不一样,如中低年级学生玩体育游戏、文娱性游戏较多,高年级学生玩智力游戏、科学游戏较多。虽然游戏的内容与形式不同,但玩任何一种游戏都有一个过程,不同的游戏又有不同的特点。指导学生记一次游戏活动,不仅要写出游戏的时间、地点、人物和玩什么游戏,而且要侧重记叙游戏活动的过程,把游戏的特点、别人怎么玩、自己怎么玩,以及游戏过程中自己的心情、感受,别人的动作、神态和语言都记叙清楚。由于个人的兴趣爱好不同,在各种各样的游戏中,总有自己最爱玩的一种游戏。写自己爱玩的那种游戏,就要突出写明为什么爱?怎么爱?游戏本身就是一种趣味性很强的活动,因此,写任何一种游戏,都要注意突出它的趣味性,写出在游戏活动中的兴趣和欢乐。最后也可写一写游戏使自己得到的收获、教益和启示。

● **生活体验练习作**

《语文课程标准》指出:"学习资源和实践机会无处不在,无时不有","沟通课堂内外","为学生的自主写作提供有利条件和广阔空间,减少对学生写作的束缚,鼓励自由表达和有创意的表达"。习作教学绝不是每周两节课或每学期几篇习作,在日常的教学生活中,我发现有的小朋友对语文数学课不太感兴趣,但是对手工课却情有独钟。因为在手工课上,可以学做拉花,学做雕刻,学绣花,学打毛线衣,学一手烧菜的绝活……可以指导学生进行"做"的生活体验的习作,关键是指导写好"做"的过程。小学生所"做"的事情,一般都是第一次,都不会,都在"学",因而在"做"的过程中,要么失败了,要么成功了,一般具有曲折性,有情节,有过程。"做"什么?这要因人而异,小学生学做的内容十分丰富,可写的东西很多。可以是学下厨,跟爸爸或妈妈一起在厨房里做某件事情,一边学一边做,或者一边问一边在大人的指导下做,如学炒菜、学淘米、学刷碗等；也可以是学做自己的事情，爸爸妈妈经常为"我"做事，可是"我"渐渐长大了，尽管有很多事"我"从没有做过，不会做，但是"我"很想学，如学缝扣子、学补衣服、学系鞋带、学梳头等；还可以学做一些难做的事、有趣的事，如学游泳、学弹琴、学骑车、学下棋等。需要说明的是，指导学生进行动手做的习作，重要的是要积极引导学生用真情述说，"登山则情满于山，观海则情溢于海"，真情述说自己独特的情感体验，指导学生能倾心于所描摹或关注的事物、人物，学生在习作时写到相关题材的时候，才会淋漓尽致地表达自己的真情实感。

● 读写结合练习作

读写结合是传统习作教学的一条规律，是前人留下的宝贵经验。我们通过迁移、模仿、创新地练，谋"新"写"异"，注重创新能力的训练和指导，从而走向读写结合的最佳境界。议议读读练习作，习作教学其实很简单。教学时应做到从读到写，以写促读，读写结合，使学生获得读写的有关知识，从"仿"学"创"，经常进行写段训练，培养和提高学生的读写能力，发展学生的智力。其教学形式大致有下列几种：

(1)发挥想象。如读了《卖火柴的小女孩》，可让学生写《卖火柴的小女孩来到我家》或《假如我遇到卖火柴的小女孩》等。

(2)转化语言。如学了《翠鸟》一课，可引导学生写《翠鸟捉鱼真有趣啊》《翠鸟真敏捷呀!》，练习把课文中的有关语言转化为自己的语言。

(3)改变人称。可让学生把课文中的记叙文，如游记等，从第一人称改写成第三人称，或相反。

(4)改变文体。把课文中的诗歌改写成记叙文，加上想象成分，或把说明文改写成童话故事等。如学了《蝙蝠和雷达》，可让学生写《雷达的自述》等。又如学《蚕妇》这首古诗时，可引导学生先观察插图中蚕妇的年龄、衣着、外貌、神态等，想象其心理活动，再写成一个小故事。(根据本单元、本课的目的要求，突出某方面。)

(5)续写。让学生把课文的情节延续开去，加上想象再写下来。如读了《穷人》一课，可续写《桑娜抱回西蒙遗留的两个孩子以后》《西蒙死后两个孩子的成长》或《渔夫一家九口的生活》等。如一个学生续写《穷人》课文如下："自从抱回两个孩子以后,渔夫和桑娜一家的生活越来越贫穷,简直无法再熬下去了,因此桑娜把自己的五个孩子都送给了穷人家。最后,西蒙的两个孩子渐渐长大,成了国家的栋梁之材,全家过上幸福美满的生活。"这说明教师已初步有了读写结合的训练意识,步子走对了,这是良好的开端。

(6)补写。在课文情节的空白处或略写处(不够具体、形象的地方),可让学生作一些合理的、想象性的细节补充。

● 勤写日记练习作

在习作教学上可以采取"双管齐下"的办法:一方面安排必要的课内习作,另一方面安排一定数量的课外练笔。常见的日记练笔形式有如下几种:

(1)读写结合日记。语文课文大多文质兼美,读写结合会使学生感到轻松自然。

(2)采访日记。让学生采访家长后写《爸爸的书包》《奶奶的童年》等。学生还可以对社区进行采访,通过写日记记下自己的见闻。此类日记增进了学生与家庭、与社会的沟通,激发了学生参与社会的热情。

(3)插图日记。草莓上市了,让学生画草莓,写一篇与其相关的日记;荔枝上市了,让学生画荔枝,描述它的色、味、形;班里生物角的花草、动物有变化了,让学生写生后再抒发一下感情。这种形式直观生动,学生喜做乐写。

(4)活动日记。丰富多彩的活动为学生提供了大量的写作素材。"优点轰炸""缺点透视""才艺展示"等主题队会后,学生在日记中总结:要瞪大眼睛看别人的优点,眯着眼睛看别人的缺点;要欣赏自己、欣赏他人。学生日记中溢满了兴奋,日记也成为其一生美好的记忆。

(5)观察日记。观察日记是对日常生活进行经常性的细致观察所作的记录,它可以一日一记,也可以数日一记;可以写一个人、一件事、一样物品、一个活动,也可以只写一个侧面、一个场景、一个细节;可以写成一篇完整的文章,也可以只写一个片断,没有开头和结尾,非常灵活。坚持写观察日记,可以使学生了解生活,了解社会,积累素材,丰富写作内容;可以提高观察能力、分析能力和文字表达能力;还可以培养写作兴趣。

(6)剪贴日记。把自己喜爱的邮票、画片、照片贴在日记本上,并按图意写一句或一段完整的话加以说明。这种形式学生既感兴趣、又愿意去做。

(7)信息日记。就是把看到或听到的最有价值的最新信息记录下来。

(8)气象日记。就是把每天的天气、温度、风力、风向和新出现的自然物候现象记录下来。

(9)摘录日记。把看到或读到的名人语录、格言、座右铭或写人物的优美词句摘录下来。

(10)学习日记。把课本上学到的、课外阅读中读到的、印象较深刻的心得体会、联想记录下来。

(11)活动日记。记下参观访问活动或少先队组织的各种活动,参加一次记录一次,抓住要点叙述。

(12)实验日记。如养花、种向日葵或搞科学制作,把过程、结果写下来。

(13)思考日记。也叫心得日记。就是把自己对现实生活的思考、议论,以及自己在学习、生活中的优缺点和心理活动、进步成长的过程摘要记录下来。

(14)影视日记。把自己看到的电影、电视剧的故事记下来,写下自己的感想。

(15)实践日记。写自己动手做的事情,如小实验、小制作、小科技、小调查等。

- **话题研究练习作**

过去,习作教学没有能够为学生创设"真实的交际情境",学生的"习作"也没有真正成为"交际的工具"。"话题研究练习作"的教学,是基于学生的研究性学习活动,将"提出问题、观察、读书求知、实践探索、产生生活与情感体验"与学生习作时"主动搜集、积累习作素材和体验、产生写作冲动与书面交际需求"统一,将"主动探究新知、有所发现、产生新体验后主动进行表达交流、展示成果"的过程与"主动习作的运用书面语言进行'真实的交际'"相统一,使习作成为学生研究性学习的工具,有效培养学生"关注生活、探究生活的意识",发展学生"实践能力和创新能力"。

在话题研究练习作的教学过程中,我们一般选择学生在短期(一般两至三周)内能够完成的"项目",并分四个阶段对学生的研究性学习活动进行指导。

(1)进入问题情境阶段。按照研究性学习活动要求,在教学开始,通过开设讲座,组织学习参观访问、进行信息交流、介绍案例等方式,打好铺垫,激活学生原有的知识储备,提供研究范围,激发研究动机,选出全班同学或小组同学共同感兴趣、有能力开展研究的问题。

(2)解决问题,进行实践体验,获取习作素材阶段。引导学生自主地查资料、阅读书籍、实地考察、参观访问、调查、动手操作实践、记录、比较、思考、想象、交流讨论,与所制订计划进行对照,解决问题,总结整理资料,形成记录实践过程的文字、音响、制作等多种形式的作品。

(3)书面习作,整理自己的研究心得或成果。将自己或小组经过实践、体验所取得的收获加以归纳整理,总结提炼,形成实物和书面材料。

(4)全班交流展示阶段。包括:研究报告或研究体会的张贴(在班内墙上的固定位置)、固定时间的宣读交流,以及出版学生个人、小组和班内的研究报告与研究体会专辑等。

2-5 如何进行有效的习作学习评价?

问题呈现

传统的习作教学评价模式是由学生习作、老师批改构成。显然,这种教师讲评的单方面注入式教学,违背了以学生为主体的教学原则。习作评价,"我教你写,你写我改",背离了习作教学的规律。对这一传统模式进行反思,我们认为存在的问题主要是教师的主导地位太高。习作评价的环节是教师唱主角。实际上,小学生很少关注老师的评语,大多看重老师给的分数。现在有些教师的"婆婆"(这里指有关领导),裹着裹脚布走路,戴着"老花镜"看人。对外语、数、理、化怕管,懒得督导。然对习作则情有独钟。"婆婆"见识惊人一致:"全收全改,精批细改。"天头见眉批,地脚下总批,行文处圈圈点点,叉叉扛扛,曲线直线,筋头方框,满纸红墨水,更无空白处,改得越多越好越优秀。"婆婆"难为老师,语文老师更难过了!张志公长叹:"一个老师教两个班,两周习作一次,习作本少则一百,多则一百四五十,倘若以飞快的速度——以每小时阅改三至五本计,得多少时间?"吕叔湘抱怨:"十年的时间,二千七百多课时,用来学本国语文,却是大多数不过关,岂非咄咄怪事!"吕公的话是1979年说的。叶圣陶同情:"我当过教师,改过学生的习作本不计其数,得个深切的体会:徒劳无功。"著名教育改革家魏书生曾感叹:"教两个班,每班习作都收上来,就是两座大山。老师们说,愚公移山,还感动了上帝派神仙把两座山搬走了。可我们面前这两座山搬去又搬回,真不知何年何月有尽头。"一班习作一座山,压得师生气难喘。何年何月有尽头,不知上帝在哪边?

学习指导策略

"为了每一个学生的发展",是新课程标准的核心评价理念。这一评价理念的确立,是对习作教学评价理念的一大突破。这一理念所追求的不是给学生的习作下一个精确的结论,更不是给学生一个等级和分数与他人比较,而是了解学生的发展需求,重视被评价的差异,关注学生在习作过程中的进步和变化,及时给予评价和反馈,帮助学生认识自我,强调通过反馈促进学生改进,使学生的习作在原有基础上有所提高。因此,正确的做法应该是:评价不是分出等级的筛子,而是促进学生习作能力发展的泵。习作的发展性评价,既是一种教育理念,又是一种教学方法,我们应该将之融入每一个教学环节,使之成为一种好的习作教学工具。

● 全程评价,享受习作的成功

《语文课程标准》指出:"学生是语文学习的主人。语文教学应激发学生的兴趣。注重培养学生自主学习的意识和习惯。""写作评价应重视对写作的过程与方法、情感与态度的评价,如是否有写作的兴趣和良好的习惯等。"小学习作评价是为小学习作教学活动提供有效信息的过程,是一个师生共同建构的过程。对学生习作的评价或对习作的批改不应是整个习作教学的最后一道工序,而应是学生再次习作的加油站,为学生的二次习作,重新地、更好地写作服务。全程评价就是指教师和学生在共同的评价活动中,共同建构。所谓共同建构就是通过对各类与评价有利害关系的人的需求、关注点和问题的应答,并经对话和协商,逐步达成共识的过程。具体做法有:一是评价提前,全程参与。即对摄材、选材、思考、行文的过程相机进行评价和鼓励,尽量保持学生习作的"原汁原味",以调动学生写作的积极性。二是当堂点评,分层批改,尽量面批。《语文课程标准》也特别指出"要为学生创设良好的自主学习的环境,尊重学生的个体差异,鼓励学生选择适合自己的学习方式"。学生当堂完成的半成品,不管是基础较好的,还是基础较差的,都或多或少存在这样那样的问题。而解决这些问题的最好办法莫过于让学生当堂朗读自己的习作。当学生在朗读时,教师要引导其他学生听,并对之作出评价。

● **全员评价,体验习作的快乐**

《语文课程标准》指出:"对学生习作评价结果的呈现方式,根据实际需要,可以是书面的,可以是口头的;可以用等级表示,也可以用评语表示;还可以综合采用多种形式评价。"习作评价不是教师单方面对学生作出的单一评判,而是要让学生参与评价,学会发现自我、教育自我、提升自我,从而完成对自我的激励和超越。因此,教师要为每位学生创造实践的机会,让学生人人参与评价。习作教学评价应是一种师生共同参与的学习活动。而传统的习作教学评价模式是学生习作、老师批改,很显然违背了以学生为主体的教学原则。新课程标准倡导自主性学习,合作学习,因此,习作教学评价应该由学生自主性评价、师生合作评价。我们应该积极倡导全员合作的评价机制,在评价习作的过程中让学生有发言权,使他们参与其中,畅所欲言,评价自己的进步和不足,评价别人的优点和缺点,评价习作的感受和体验。在习作教学中,评价应该是民主性的"七嘴八舌"、"百家争鸣";应该是民主性的各抒己见,畅所欲言;应该是民主性的你写我改,我写你改,我写我改……在习作教学评价过程中,我们应该创设一种民主的氛围,让学生人人敢说,人人会说,人人能说,人人想说,充分调动每位学生的评价积极性,使学生既体验到习作的快乐又体验到评价的情趣。

● **全面评价,彰显习作的个性**

习作评价是一个动态的多维层面。全面评价有两方面含义:一是指评价内容的多维,即把三个维度(情感态度价值观的维度、知识与能力的维度、过程与方法的维度)的评价贯穿教学操作的全过程。我们不仅要评价学生习作的结果,而且应注意评价学生习作的过程。实施多维评价,应淡化统一,关注个性,对不同的学生提出有层次的要求,为每个学生提供机会,让他们创造属于自己的成功,体验收获,体验自信。个性化评价正视学生的差异,采用观察、调查、收集资料等方法捕捉学生个性化的写作行为和写作心理的投射表现;通过习作、日记、小练笔等对学生的写作行为和写作心理进行分析。在此基础上建立学生个性化写作档案,为实现评价个性化提供依据。二是指评价方式的多维,指的是批改习作可以采取多种形式、多种方法。比如,习作后我尽可能地选择典型的习作,用投影显示,让学生边看边修改。对优点充分肯定,鼓励表扬,对不足及时指出。如"第一段开门见山,很简洁,老师很欣赏",如"这句话前后有点矛盾,请改正"、"加入人物心理描写更好"、"句子是否重新组合更好呢",然后写出满怀鼓励期待的评语,再评出等级,及时发给学生。

2-6 习作学习评价如何开放?

问题呈现

开放习作的评价方式,是新课程标准的重要理念之一。但是很多老师还是习惯于自己批改习作,上级领导检查也主要是看老师的批改是否规范。

学习指导策略

学习评价是学生学习生活中最重要的评价,也是新课改中评价改革的最核心内容。为此,笔者进行了许多有益的探索和实践。我们应该积极尝试引导学生自编习作集,指导学生写前言、后记、评语等,力求创造更多更新的评价方式。这样,学生习作的成绩不再是一个登记或分数,而是全面刻画一个学生学习习作的状况,包括知识背景、经验、认识特点、思维水平、习作才能的发展过程和习作能力倾向等,使评价成为教学的一种参照,成为学生习作历程的一种记载。教师认真对待学生平时每一次、每一学期的自评、互评结果,引导学生去分析、去总结，有针对性地指导学生进行习作知识学习，在这个过程中也分析和反思自己的教学行为，一方面激发学生习作的积极性，另一方面极大地释放学生创新习作的潜能。

● **开放习作的评价理念**

学生好比种子，需要教师提供土壤、水分、肥料、空气和阳光。青少年认识自己与认识世界一样，需要经历模糊到清晰、浅显到深刻的较长过程。教师的评价是学生赖以感受成长的喜悦、烦恼或挫折的主要参照物。教师的积极评价会有效改变学生自我认知的倾向性、自主行为的调控力，以及认知动机、风格和技能，使学生的实际发展状况比预见的更好。脑科学及许多相关科学成果提供的证据表明，人的神经系统高度分化，人类的智能具有多元性。现代心理学有一种提法，至少有七种智能在个人发展和人类社会发展中起着重要作用，它们是：语言、数学逻辑、空间、音乐、身体运动、人际关系和自我认识能力。现行的学校教育和教育评价往往只偏重于前两三种智能，这不利于多方面、多角度地发现和培养人才。人的心理和智能结构的发展水平，事实上无法单纯用纸笔工具准确测量出来。传统的习作评价只注重习作结果的优劣，由于忽视了学生的个体差异，忽视了学生习作过程的态度和情感体验，不能以此对学生作出或优或劣的判定。因此，教育必须尊重学生的差异性，日常的教育活动中，教师应当尽可能设计不同的评价标准。教育的内容、形式、要求都必须具有多样性，教育评价主体、评价指标也应当多元化。"多一把衡量的尺子，就会多出一批好学生"；多一些表扬，就会多出一些习作天才；多一些激励，就会多出一些习作能手。

开放评价的理念，要明确评价的目标。习作的总目标是"使他们具有适应社会实际需要的写作能力"。那么，怎样才算是具备这种能力呢？用专家的话说是"四大方面，两个等级"。"四大方面"是指习作内容、习作形式、写作习惯和写作速度。"两个等级"指基础等级（基本要求）和发展等级（技巧和方法）。其中每一项目标都是非常明确的。因此，我们的评价应该是围绕促进学生的发展这一主题来展开。掌握知识是评价的重要内容，但不是评价的重点，更不是评价的全部内容。素质教育要全面评价学生的认知、能力、态度和情感。同时要根据学生的个体差异,设计多元评价体系,评价项目多一点,就可能多出一批各有所长的好学生。在改革考试的同时,还要探索实践测评、成果展示、讨论答辩等多样的评价形式和手段。

● **开放习作的评价方式**

在习作教学评价过程中,传统的观念和做法是:吹毛求疵→玉中指瑕→多找缺点;精批细改,老师全批全改,学生不改。开放习作的评价观念是:沙里淘金→多找闪光点;多评少改,评而不改;全体评议全体改,教师指导学生改。在习作教学过程中,我们应该重视批改和讲评的指导作用。批改习作可以采取多种形式、多种方法。首先,要从学生实际出发,实事求是,讲究实效。要尊重学生的原意,鼓励学生的点滴进步。要培养学生修改自己习作的能力。每次习作总有一些学生写得较好。教师可选择其中的佳作,让学生边读边听,尽情欣赏。其次,让学生看中学改。笔者的做法是,习作后尽可能选择典型的习作,用投影显示,让学生边看边修改。再次,让学生互批互改,取长补短。

在具体操作中,我们应遵循以下八项原则:第一,鼓励的原则。三多三少:多鼓励少惩罚,多引导少限制,多表扬少批评。第二,全体的原则。师生互动,面向全体。第三,民主的原则。共同修改,自觉修改。第四,趣味的原则。在快乐中教学,在愉快中修改。第五,灵活的原则。师评、自评、互评相结合。第六,层面的原则。教学的各个环节要注意考虑各个层面的指导。如选材、立意、布局谋篇、开头结尾、语言修辞、语句通顺……第七,实效的原则。学以致用、立竿见影、扎扎实实、不走过场。短效、速效、长效。第八,立体的原则。有两方面含义:一是理念的三个维度:即新习作教学要注意把情感态度价值观的维度、知识与能力的维度、过程与方法的维度始终贯穿于教学操作的全程。二是评讲的三个维度:即知识、方法、层面(或称章法、写法、思维)。

在操作中要调动学生动手改的积极性。学生交上来的习作,教师一本一本地改,往往须拖上好几个星期才能布置下一篇习作,难免事倍功半。学生被动地接受训练,主动性得不到应有体现。如果教师给学生一个动手、动脑的空间,大胆打破"学生习作教师改"的规则,教师只给学生以引导和指点,具体怎样改,让学生自己去决定。另外,也要教育学生转变"我写你改"的旧观念,使他们懂得:好习作是改出来的,改是写作过程中一个必不可少的环节,一个不懂得改文章的人,永远是一个习作的门外汉。这样,不仅教师可以从繁重且收效不大的习作批改中解脱出来,而且学生的主观能动性也可以得到有效发挥。

● 开放习作的评价过程

笔者在教学中运用各种手段激发学生的参与意识,放手让学生参与习作教学的全过程。特别是在老师的指导下让全体学生参与批改习作和讲评习作,更是一个大胆的探索和创举。实践证明,让学生参与批改习作是可行的,学生的智力有着巨大的潜能;他们在老师的指导下自批自改,或互批互改,完全有能力把习作批改好。在班里,绝大部分同学都能对习作进行正确的批改,作出比较公正的评价,写上眉批尾批,有的同学写尾批竟长达一二百字,评得头头是道,比老师批得还要认真,还要仔细,还要中肯。同时,我们应看到,让学生参与批改习作,其现实意义是巨大的:第一,教师充分相信学生,每个学生都有资格当"先生"来批改习作,学生顿时觉得有一种光荣感和责任感,对学生是一个"良性刺激",激发了学生的智力潜能。第二,学生参与批改习作的过程,实际上是学生在习作之后所获得的又一次学习和提高的过程。学生互相批改,互相切磋,互相交流,取长补短,其效果比教师批改习作要好得多,无疑可以提高学生认知习作的能力。第三,给教师批改习作"松了绑",学生成了"上帝",帮助教师把"习作大山"搬走了,把教师从繁重的习作批改中解放了出来,使教师得以有更充裕的时间和精力去精心备课,去钻研课堂教学艺术,习作教学的"少、慢、差、费"变成"多、快、好、省",学生写习作多,写习作快,写习作好,教师处理习作省时。

关于习作教学评价的内容与要求,应该包含以下六个方面:

语言文字方面:通顺→流畅→清新→生动而富有情趣。

思想内容方面:观点正确→见解新颖。

写作技巧方面:表达准确→布局合理→结构新颖→方法创新。

篇幅方面:最高要求不封顶。最低要求一个年级100字。

思维情感方面:尽显个性,尽显才情,尽显创新品质。

写作态度方面:写作时不讲话,字体工整,标点规范,按时完成。

还应注意三个新观点:一是好文章可以给满分。二是特别好的文章可以打高分。三是特别优秀的文章可以加分。

开放习作的评价,不仅仅是在习作结束之后,还应该在习作过程之中,习作开始之际就渗透评价。比如,习作前观察的态度和方法的掌握,搜集材料和研究材料的态度和习惯,习作时的态度和速度,习作过程中坚持练笔和阅读,习作情趣的养成和扩展等,都应该是我们评价的内容,都应该纳入我们教学评价的过程。在评价过程中应时时掌握评价的方法和技巧。我们的做法是:(1)及时表扬,点滴进步。(2)多多鼓励,指出优点。(3)佳作展览,激励群体。(4)鼓励投稿,争取发表。(5)积极参赛,争取获奖。(6)全程评价,全体参与。(7)鼓励竞争,促进发展,有进步就给高分。

● 开放习作评价的尺子

我们应该注意正确评价学生的习作,多鼓励多表扬多点拨。有这样两则小故事:在美国有这样一节习作课——教师要求学生想象一场足球赛,把精彩的场面细节描述下来。绝大多数同学都是按照电视上的足球赛描绘一番。有一个同学却仅写了一句话:"很抱歉,由于突然下雨,人们盼望已久的球赛只得改期。"教师出人意料地给了他最高分。读了这则故事,我们可以得出结论:这个学生突破了常规思维模式。

华罗庚上中学时,语文老师布置读胡适新诗《尝试集》写读后感。华罗庚写道:

> 卷首序诗:"'尝试成功自古无',放翁这话未必是。我今为下转一语:'自古成功在尝试'。"华罗庚认为:陆游诗中的"尝试"是指"一试",整句的意思是"自古以来世界上没有一试便成功的事情"。而胡适诗中的"尝试"则指"试验",整个意思是指"自古以来的成功都是一次一次的尝试得来的"。胡适误解了陆游。

华罗庚的读后感,令老师大吃一惊:一个14岁的初中生胆敢批评大名鼎鼎的诗人、学者,太狂妄,太放肆!愤愤地批上四个字:"懒人懒话。"呜呼哀哉,初生牛犊遭到了当头棒喝,学生的创造性思维被老师无情地摧毁了。华罗庚从此爱上了数学。(也许一个天才的大文学家被扼杀了,大文学家由此变成了大数学家!是否如此?可以深思。)

由上可见,评价学生的习作,要多几把评价尺子。要鼓励冒尖,张扬个性。增加评价的尺子,就是发挥评价的导向功能,让学生全面发展,尽显青年蓬勃的个性之美。我们的指导思想应是:尊重学生人格,扬长补短,鼓励冒尖,凡是在某方面有突出表现的都可以评为好。如本次习作的最佳开头人、最佳结尾人、最佳细节人、最佳字体人、最佳构思人、最佳态度人、最佳情感体验人等,最佳越多越好。一次演讲要评出最佳选手,一次观察赛要评出最佳细心者,一次辩论会要评出最佳辩手。这种评选活动应随时随地在进行。由于评价尺子的增加,人人都有被评为好学生的可能。由于鼓励冒尖,张扬个性,学生做一个好学生的愿望得到了满足。这对于形成理想、增强自信心、激励进取心有着正面影响,而这些心理因素对习作取得新的进步又起着推动作用,从而使学生的习作学习处于一种良性循环的状态。多增加几把评价的尺子,多一些鼓励,多一些个性评价,就会有更多的学生受到鼓励,使学生更加自信,走向成功。

3 小学语文写话/习作学习课例研究

 3-1 一年级写话课例与评析

课例展示 ➡

特级教师贾志敏在《两个名字》的教学中,为了迁移课文"我有……你也有……哈哈,我们都有……"这一表达形式,在对话中促成学生体验,在语言的生成中点化。

师:你好,我有一支铅笔。

(贾老师主动和一位小朋友握手,并举起一支铅笔。)

生:您好,我也有一支铅笔。
(小朋友高兴地站起来,也举起自己的笔。)
合:哈哈,我们都有一支铅笔!
(轻松愉快的对话,引起了孩子们的兴趣,大家纷纷争着和贾老师对话。这时,贾老师却让小朋友先说,自己后答,不知不觉中增加了对话的难度,同时也伴有更多的生成……)
生:您好!我有一件衣服。
师:(摇摇头)一件衣服有什么稀奇?
生:(顿悟)我有一件漂亮的衣服。
师:(高兴地)我也有一件漂亮的衣服。
合:哈哈,我们都有一件漂亮的衣服!
师:现在你们能不能说说看不见、摸不着的东西?
(教室里静极了,但可以感受到无数思想的小溪在流淌,在跳跃,并腾起一朵朵美丽的浪花。突然,一只小手高高举起——)
生:您好!我有一颗爱心。
师:(激动地竖起大拇指并深情地)你好!我也有一颗爱心。
合:(快乐地)哈哈,我们都有一颗爱心!
生:您好!我有一个幸福的家庭。
师:(与学生双手相握,并激动地)你好!我也有一个幸福的家庭。
合:哈哈,我们都有一个幸福的家庭。

(课例提供者:安徽省阜阳市颍东区教研室 潘姗姗)

课例透析

《语文课程标准》提出:"口语交际是听与说双向互动的过程。"并指明"双向互动"是口语交际的主要特点。它的核心是"交际",注重的是人与人之间的交流与沟通,不是听和说的简单相加。以往的听说训练多是一人说,众人听,语言信息呈单向传递状态,思想交流、思维碰撞较少。而口语交际则强调信息的往来交互。参与交际的人不仅要认真倾听,还要适时接话,谈自己的意见和想法。学生在生与生、生与师的口语交际实践中,互相启发、互相促进、互相补充,在双向互动中实现信息的沟通和交流。课堂口语交际活动最忌讳的是交流双方地位不平等,特别是师生之间。学生在口语交际活动中处于被支配地位,教师应该认真听取学生的发言,坦诚发表自己的看法。平等的师生关系是人文精神的一种体现。学生只有感到自己与交流的对象处于平等的关系时,才能感到自主、自信,才能拥有开口说话的权利。小学生心智发展尚处于低级阶段,他们观察事物比较粗略,所以教师要教他们学会看、听和感觉。直观形象的实物展示,能很快吸引学生的注意力。

贾老师引导学生的训练从简单到复杂,从具体到抽象,从平淡到饱含真情,循循善诱,润物无声。通过智慧的相互碰撞、情感的相互激发、心灵的相互交融,使得语言形式在交流中凸显,语言规律在体验中内化,语言精神在对话中生成,师生生命在语言的生发中涌动。课堂口语交际活动重在人人参与,然而口语交际活动中的冷场还是经常发生的,造成这一现象不可忽视的一个原因就是学生思维的狭隘性和单一性。正因为如此,原来有话可说的话题,到学生那,则变得无话可说或是不知道从哪里说起。课堂中,教师的指导一定要少而精,起到画龙点睛的作用。

 3-2 二年级写话课例与评析

课例展示

师:(出示一个大橘子,放在学生容易看见的位置)这是一个橘子。(板书:这个橘子真可爱。)谁来读呢?(一生读)

师:读得一般,谁再试一下?(又一生读,"这个"拖调了。)

师:不是念"这——个",应该念"这个",语速要快些。你读。(学生读)

师:你读得真好!大家一起读。(学生齐读)

师:(板书:啊!)在前面加一个"啊!",谁能读好?(学生读得不错)

师:啊!这个橘子真可爱。怎么个"可爱",要用事实说话,要表达形象,要把话写具体。怎样写具体?要——(板书:观察)。观察,指的是以看为主,对事物进行调查。观察要——(板书:仔细)。如果要写这个橘子,你们可以从哪几个方面来观察?

(学生说了颜色、形状、大小,教师板书。)

师:小朋友们真聪明!还有吗?(见学生不举手,老师走过去,拿起橘子,做了一个"掂"的动作。)生:(脱口而出)重量。

师:(板书:重量)好!再近一点呢?(老师把橘子送到鼻子前,作出嗅的动作。)

生:(抢答)味道。

师:(反问)是味道吗,鼻子能知道它的味道吗?

生:(恍然大悟)香味。

师:(板书:香味)再仔细观察。(特意展示了橘子带叶的柄。)

生:这个橘子上有叶子。

师:一般橘子都没有,这是这只橘子的特性。(板书:特征)现在剥开橘皮,你就看到——(生:橘瓤)一尝就知道——(生:味道)

师:这样观察就仔细了,如果把观察到的内容写下来,也就具体了。(板书:写得具体。)

学生写段,教师评价。

师:我们以"啊!这个橘子真可爱。"开头写一段话。(具体讲了写的格式要求。学生练笔。)(学生练笔后交流。)

生:啊!这个橘子真可爱。

师:你读出了感受,我听了,也觉得这个橘子真可爱。

生:它黄中透绿,扁扁的,像个小南瓜。

师:写得形象。这么一想象,文章就生动了。

生:又像节日里挂着的灯笼。你看!你看!

师:好!这儿为什么要两次用"你看"呢?可以更好地表达出惊喜的感觉,小孩子就喜欢这样说话。

生:放在手上掂一掂,沉甸甸的。放在鼻子前闻一闻,有一股淡淡的清香。

师:"闻""有"可以去掉。另外,"放在鼻子前一闻"和"一股淡淡的清香"中间缺了一个字。你再读,读好了,语气出来了,这个字也就出来了。

生:(一连读了好几遍,直到读进去仿佛为清香所陶醉时,"啊"字脱口而出。)放在鼻子前一闻,啊,一股淡淡的清香扑鼻而来。剥开橘皮,我一数,一共有12瓤,它们多像12个胖娃娃围在一起说悄悄话。

师:加上"着"和"呢",再读一下。

生:它们多像12个胖娃娃围在一起说着悄悄话呢。我摘下一瓤,放在嘴里。

师:"放"是把东西放在桌子上、阳台上等,嘴是一个腔囊,应该说"放进"。

生:我摘下一瓢,放进嘴里,咬了一口,甜滋滋的,还有点酸溜溜的感觉。

师:是感觉?

生:还带有酸溜溜的味道。真是"吃在嘴里,甜在心里"呢。

师:这位小朋友写"吃"用了12个字,三个动作:"摘下一瓢,放进嘴里,咬了一口。"写得细腻,文句通顺,好!!

(课例提供者:安徽省阜阳市铁路学校　张文锋)

课例透析

课堂教学是一种师生之间情感交流的活动,这种情感交流在多大程度上得到共鸣是课堂气氛是否和谐的主要特征。教师饱含热情的教学能对学生的学习产生强大的动力,能促使学生努力克服学习中的困难。情感是连接知识和信念、行为的桥梁,通过情感作用,把知识活化到人的血肉之中,使之产生内心体验和态度,然后付诸行动。因此,在极其随便灵活的教态伴随下,教师同学生侃侃而谈,使每一句话都具有启发性,让人听了感觉特别舒服。

3-3　三年级写话课例与评析

课例展示

师:今天老师带来了一个盒子。请聪明的小朋友猜一猜,盒子里面是什么?猜对了有奖励。

生:一本书。

我摇了摇头。

生:一个玩具。

我又摇了摇头。

生:一支笔。

我还是摇了摇头。

同学们开始互相咬耳朵了,教室里窃窃私语。

我看到大家急不可耐的神情,提示了一下:盒子里放的是好吃的东西。大家继续猜。

生:面包。

师:不对,

生:饼干。

师:不是。

生:苹果。

师:还不是。

生:橘子。

师:还不对。

生:……

我调足了学生胃口,慢慢地打开了盒子。学生们都瞪大了眼睛。哇——是一串葡萄。

我转身在黑板上写下两个大字:葡萄。然后说:"今天我们来做一个加法的小游戏。大家愿意吗?"

"愿意!"同学们异口同声地回答,而且声音特别响亮。

"请注意。游戏开始了。大家给'葡萄'加上一个数量词,使之表达得更准确。谁来?"

一个男生上台,写下了:一串葡萄。

另一个女生上台,写下了:一串串葡萄。

师:加上表示颜色的词语,使葡萄更好看。

生:一串串绿色的葡萄。

生:一串串紫色的葡萄。

生:一串串紫红色的葡萄。

师:加上表示大小的词语,使葡萄的形状更准确。

生:一串串绿色的指头尖大小的葡萄。

生:一串串绿色的珠子大小的葡萄。

生:一串串绿色的弹子大小的葡萄。

师:再加上一个词语,使葡萄更加美丽。

生:一串串绿色的指头尖大小的葡萄,晶莹透亮。

生:一串串绿色的指头尖大小的葡萄,五光十色。

师:再加上一个比喻,使葡萄更加美丽。

生:一串串绿色的指头尖大小的葡萄,晶莹透亮,像珍珠一样美丽。

生:一串串绿色的珠子大小的葡萄,五光十色,像弹子一样圆溜溜的。

师:再加上一个动词,使我们知道葡萄在什么地方。

生1:一串串绿色的指头尖大小的葡萄挂在葡萄架下,晶莹透亮,像珍珠一样美丽。

生2:一串串绿色的珠子大小的葡萄堆在盘子里,五光十色,像弹子一样圆溜溜的。

师:想象一下,再加上一个表示自己感觉的词,使句子更加具体生动。

生:一串串绿色的指头尖大小的葡萄挂在葡萄架下,晶莹透亮,像珍珠一样美丽;又像小猫的眼睛,躲在叶子下面一眨一眨,惹得我都流口水了。

生:一串串绿色的珠子大小的葡萄堆在盘子里,五光十色,像弹子一样圆溜溜的;又像巧克力果糖,惹得我口水流成了小溪。

生:……

师:用手来摸一摸,再加上自己感觉,使我们知道葡萄还像什么。

生:一串串绿色的珠子大小的葡萄堆在盘子里,五光十色,像弹子一样圆溜溜的;又像巧克力果糖,惹得我口水流成了小溪。我小心地摸摸一颗颗葡萄,凉凉的,润润的,滑滑的,就像婴儿的脸一样舒服。

生:……

师:想象一下自己吃葡萄时的滋味,再加上一句话,使句子更加具体、生动有趣。

生:一串串绿色的珠子大小的葡萄堆在盘子里,五光十色,像弹子一样圆溜溜的;又像巧克力果糖,惹得我口水流成了小溪。我小心地摸摸一颗颗葡萄,凉凉的,润润的,滑滑的,就像婴儿的脸一样舒服。我拿一颗放在嘴里,呀!好爽呀!你要是不小心,葡萄就自己滑到你喉咙里呢!比吃果冻美多了,甜甜的,酸酸的,可是,多吃几颗,就越来越酸。要是你太贪吃,就是你喝水,喝粥,也让你酸得捂住牙直叫唤……我让葡萄酸倒了。

……

(课例提供者:安徽省阜阳市铁路学校　武子梅)

课例透析

写作是个体的一种智力活动,而习作教学是师生共同的教学活动。赞可夫的描述可以看出这种活动的特性与魅力:"所谓儿童的生活,并不是指让每一个人单独地去苦思冥想。孩子们是在跟教师、跟同学一起交谈自己的想法,有时是相互争论。这里面有游戏的成分,有开玩笑,也有笑声……"习作教学中,学生作为资源,其写成后的"作品"是可以交流的,对小学三、四年级学生来说,习作是一种练习,其间的观察、思考、想象、表达,包括用哪个词,选哪句话,都有分享的必要与价值,以达到扬长避短、共同提高的目的。教习作知识,是简单地授受式的"讲",还是一步步地引导学生学,效果是不一样的。事实上,三、四年级学生学习、掌握某一知识肯定有困难,这时就需要帮助,需要老师设计出比较具体的、有相对固定步骤的教学流程,陪伴学生摸索着比较快捷地走出"暗胡同",找到习作的光明出口,获得习作的有效知识。本课例中,老师循序渐进地引导学生体验生活,分七个步骤,给句子"加上一个数量词,使之表达得更准确""加上表示颜色的词语,使葡萄更好看""加上表示大小的词语,使葡萄的形状更准确""再加上一个词语,使葡萄更加美丽""再加上一个动词,使我们知道葡萄在什么地方""用手来摸一摸,再加上自己感觉,使我们知道葡萄还像什么""想象一下自己吃葡萄时的滋味,再加上一句话,使句子更加具体、生动有趣"。学生结合自己的生活体验加上词语之后,句子就变得具体生动了。

3-4　四年级《喜欢的小动物》习作课例与评析

课例展示

一、前习作:未成曲调先有情

1.话题交流,真情融汇:吹面不寒杨柳风。

(1)师:小动物是我们小朋友的好朋友。说一说你喜欢哪些小动物,你愿意和哪些小动物交朋友?

生:自由发言。

(2)师:谁能说一说你知道的十二生肖的名称。

2.成语点睛,诗句引趣:嘈嘈切切错杂弹。

(1)读一读,说一说你最喜欢哪一个成语。

三阳开泰　卧虎藏龙　欢呼雀跃　狼狈不堪　画蛇添足　狼吞虎咽

鸡犬不宁　闻鸡起舞　井底之蛙　调虎离山　叶公好龙　青梅竹马

(2)读一读描述小动物的诗句,说一说你最喜欢哪一句。

白毛浮绿水,红掌拨清波。

春眠不觉晓,处处闻啼鸟。

泥融飞燕子,沙暖睡鸳鸯。

两个黄鹂鸣翠柳,一行白鹭上青天。

3. 激发情趣,游戏引路:未成曲调先有情。

猜一猜,下面描写的是哪一种小动物。

①远看芝麻撒地,近看黑驴运米,不怕山高道路陡,只怕跌进热锅里。

②小时着黑衣,长大穿绿袍,水里过日子,岸上来睡觉。

③尾巴一根钉,眼睛两粒豆,有翅没有毛,有脚不会走。

④一把刀,水里漂,有眼睛,没眉毛。

⑤年纪并不大,胡子一大把,不论遇见谁,总爱喊妈妈。

⑥凸眼睛,阔嘴巴,尾巴要比身体大,碧绿水草衬着它,好像一朵大红花。

【谜底:①蚂蚁②青蛙③蜻蜓④鱼⑤羊⑥金鱼】

【设计思考】这一环节的教学,引导学生感知小动物的语言信息,既丰富了学生的知识经验,又激发小学生对小动物的兴趣,一下子拉近了小学生与小动物之间的距离。未上课,先动情,从而点燃学生情感思维的火花,激发小学生的生活情趣,做到了"未成曲调先有情"。

二、中习作:奇思妙想我能行

1. 奇思妙想,开启心路:一语天然万古新。

师:刚才,我们已经和小动物交上了朋友。下面,我们一起研究如何来描写自己喜欢的一种小动物。大家讨论一下,写小动物应该抓住哪些特点来具体描写?

学生自由发言,教师归纳,形成板书:名称→外形→习性→感情。

【设计思考】引导学生从生活体验入手,整理归纳自己的生活体验,初步形成一种写作理念,使学生从整体上感知写小动物的基本方法和章法模式,为下面的具体指导习作,作好铺垫。

2. 佳作引路,章法导写:要把金针度予人。

(1)写小动物外形。读一读,下面的话给你什么启发?议一议,你学会了什么写作方法?然后模仿写一段话。选择一名同学的习作进行点评。

【大公鸡】姥姥家有一只可爱的大公鸡。它长着红红的冠子,像一朵盛开的鸡冠花;它那一身五颜六色的羽毛,像一道美丽的彩虹;金黄色的腿再加上高翘的大尾巴,更显得美丽动人。姥姥给它取了一个名字叫"花大将"。可能是因为它漂亮又神气吧!你看它走路或站在那里,都像是一位名副其实的"将军"呢!威风极了!

(2)写小动物习性。读一读,下面的话给你什么启发?议一议,你学会了什么写作方法?然后模仿写一段话。选择一名同学的习作进行点评。

【雄鸡吃食】在我的精心照料下,"白马王子"比那几个兄弟都健壮,而且有一点儿通晓人意,只要我唤一声,它就冲过来,斜着身子,歪着头,好像在说:"小主人,又要给我吃什么好东西?"我把食物放下,它便迅速地啄开了,还不时扇动着翅膀驱赶来吃食的兄弟,这个小机灵鬼真有点霸道。有一次,我拿了一条蚯蚓悬在一米高的空中,小鸡都扇着翅膀向上跳,展开了一场跳高比赛,可都相差十多厘米,就是扑不到,急得围着我团团转。突然,"白马王子"跳上我的膝盖借势再跳,从我手中啄走了蚯蚓。"真是个小调皮鬼!"我摇摇头,开心地笑了。

(3)写自己对小动物的感情。读一读,下面这几段表达了小作者怎样的感情?议一议,你学会了什么写作方法?然后模仿写一段话。选择一名同学的习作进行点评。

【赞美雄鸡】四个月过去了,一天清晨,几声"喔喔喔"的长鸣把我从梦中唤醒,我顺着窗户望去,只见"白马王子"通红的冠子上衬上雪白的羽毛,像是白雪中熊熊燃烧的一团火苗,又似雪山顶上熠熠生辉的一颗玛瑙,十分鲜艳夺目。它昂首站立,正在引吭高歌,犹如一位初次登台的男高音歌唱家,神采飞扬,虽然不算老练,但那蓬勃的朝气、嘹亮的歌声使人昂奋。望着这只由我养大的雄鸡,我可自豪啦!从此,"白马王子"每天清晨准时叫我起床。它像一个催人上进的朋友,声声猛唱,都是鞭策,使我闻鸡起舞,不误晨光!

【想念小鸡】我已有一年没去姥姥家了,也没再见到"花大将",可是我连做梦都想它呢!

【赞美小狗】小雪儿陪我度过了金色的童年,我爱我家的小雪儿。

【怀念兔子】虽然兔子已经送给表姐了,可它那可爱的样子经常浮现在我脑海之中。

(4)综述指导,开启心路:一语天然万古新。

开头→具体特点(外形→习性)→结尾

①开头,先交代所写的小动物的名称,在什么地方,什么时间,看到

什么动物等。开头的语言要简洁明白。当然,也可以用抒情的方法直接点题,写出要描写的动物的名称。

②具体特点:这里是文章的重点段落,要具体描述。这一段可从两个方面来具体描写动物的特点。

外形特点:是文章的重点段落,应该具体描写一下所写动物的外形特点,如大小的特点、肥瘦的特点、毛色的特点、头、身、尾巴、四肢等方面的特点。在描写的时候,要积极展开联想和想象,尽量进行人格化描述,力求把文章的语言描述得生动而富有情趣。

习性特点:描写动物的习性特点,是指描述动物的吃食、睡觉、玩耍、鸣叫等方面的特点。在具体描述的时候,要注意通过具体的事例来表现动物的习性。最好要抓住生活中富有情趣的细节来描写。要结合自己的活动来描写动物的习性,注意写出自己对动物的思想感情来。

③结尾。要抒发一下自己的思想感情,赞美一下所写动物的特点。如果能通过一个生活细节来表达自己的喜爱之情,就更好了。

【设计思考】引导学生通过感知感悟范文,学会写作方法。示范的段落,也为学生提供了可以模仿的范例。这样,读中学写,读写结合。同时提供了习作的基本章法模式,消除了学生的思维障碍,活化了学生的思维通道,学生较容易根据章法模式提供的写作思路来练笔,不会因有东西写不出而发愁。

3. 快速行文,一气呵成:轻舟已过万重山。

师:想一想,你最喜欢的是哪一种小动物,它们有什么特点,根据自己的生活经验,按照上面的方法,快速写一篇习作。比一比,谁写得好,写得快。

学生动笔习作,教师巡视指导。要求学生30分钟内完成初稿。不会写的字可以用拼音代替。

【设计思考】引导学生联系自己的生活体验写自己喜欢的小动物,在学会写作方法的基础上,挖掘生活体验,追寻生活回忆,学生就会高兴地动笔;学生有了可以模仿的方法,就容易动笔。此环节没有指导写某一种小动物,给学生以选材的自由,学生尽可能地写"自己喜欢"的。

三、后习作:快乐体验更新颖

引言:刚才,大家已经写出了初稿。现在我们来交流一下。在交流之前,先自我欣赏一下。

1. 自我欣赏,同伴交流:大珠小珠落玉盘。

(1)自己读自己的习作,找出自己习作中最满意的地方,画出来。

(2)同桌互相交流,评改。找出自己习作中值得学习的地方,以及自己认为不满意的地方。可以帮助别人修改一下。

2. 集体会诊,创新行文:二月春风似剪刀。

(1)选择典型的佳作,集体评议。重点找出哪里写得好,写得具体,弄明白为什么写得好。必要时可以让作者介绍自己的写作体验。

(2)提出自己的改进建议。你认为哪里还应该写得更好些。

(3)总结写得好的习作经验和方法。自己修改自己的习作,二次成文。

3. 佳作展览,评选最佳:回眸一笑百媚生。

(1)同伴互相交流,评选小组最佳,写出评价意见,指出几条优点。

(2)画出文章中的优美句子或段落,在旁边写上评语。

(3)评选最佳:最佳开头人、最佳结尾人、最佳段落、最佳书写、最佳描写奖、最佳感情奖等。

(4)获奖的同学把自己的习作抄写出来,在班级展览,或给校报,或给报刊社投稿。

4. 变格创新,自由表达:映日荷花别样红。

(1)拓展练习,研究一种小动物。

①认识动物:包括动物的名称、特性、所属科目等。

②探究动物:动物的生存环境、生理构造及生物圈平衡等。

③亲近动物:有选择地对一些可爱的动物进行抚一抚、亲一亲、喂一喂……

④夸夸动物:多角度夸赞自己所喜爱的动物,包括有关描写动物的诗句、成语、歇后语、谜语等。

⑤画画动物:设计一幅动物图案,体现绿色、生态、环境、发展、人与自然和谐的主题。

(2)用学会的写作方法,练习写另一种小动物,争取掌握这种写作方法。

【设计思考】本环节强调的是变格,是在入格、定格练习之后的创新练习,用所学的格式来自由选材,写周围熟悉的小动物,从而使形成的技能变为技巧,重在创新实践练习,发展技能。照此练习,学生的习作能力一定能够得到发展和提高。

(课例提供者:安徽省阜阳市颍泉区泉北小学　王海伦)

课例透析

"言为心声"。在习作教学中,思想情感是产生语言、文字的源泉;情感是习作的动力,只有情深,才能文美。小学生学习习作的目的,一方面在于磨炼情思,使情思"进于丰妙",既善于思考,又善于感悟;另一方面还要练习表达情思的方法,在说话、习作中将自己的情思表达出来。习作教学的目的是发展儿童的心灵,激发情思,"顺次而训练学童的语言,使其恰当所思,明显有序,最后乃着力于记录写述等形式的方法"。习作能力是一项十分重要的能力,能否训练到位,是能否培养学生具有较高语文素质的关键。习作指导的方法多种多样,怎样让学生乐于习作,善于习作,是每个教师都在认真思考的问题。说到习作,不少教师都抱怨学生习作言之无物,言之无情;文句不通,标点不清;错字别字比比皆是。学生对习作毫无兴趣,一听到要写习作,都摇头叹气。毋庸讳言,现在有些语文教师不熟悉和了解学生的真实生活,不探索和研究学生的情感世界。诚如托尔斯泰所说:"幸福的家庭都是相同的,不幸的家庭就有各种各样的不幸。"学生的生活既有共性的一面,又有个性的一面。习作题材只注重共性的一面,而忽视个性的一面,就不可能激发学生的写作兴趣,也使学生写不出文情并茂的习作。那种"千人一面"的习作,那种套话、空话、假话的习作,那种无病呻吟、矫揉造作的习作,是习作教学的失败,是扼杀学生习作灵性的桎梏。长此以往,学生焉能对习作不害怕呢?小学习作指导,启蒙当有法,循法开心窍:在习作指导教学过程中,教师应拨动心弦,打开情感之闸门;开启心智,交流智慧挖潜力;拓展心空,放飞想象大翅膀;丰盈心泉,活化生活小溪流;滋养心田,享受阅读之快乐;倾听心声,拓展思想个性化;涵养心地,相守人格真善美;滋润心根,启迪心窍大开放;积极引导,开启学生心灵智慧之窍。

3-5 五年级《我的小伙伴》习作课例与评析

课例展示

一、前习作:未成曲调先有情

(一)话题交流,真情融汇:吹面不寒杨柳风

1.同学们,在我们小学的几年生活中,你一定认识了许多的小伙伴。你能不能给大家介绍一个你最喜欢的,或是给你留下深刻印象的小伙伴?他是谁?是你的同学、邻居,还是亲友?(学生自由发言)

2.请大家以《我的小伙伴》或《我的好朋友》为题,在小组里谈谈自己的小伙伴或好朋友,可以从他们的年龄、兴趣、特长、健康状况、为人处世等方面简单介绍,也可以抓住自己感受最深的一件事例具体述说,比如一起玩的愉快经历、共同经历难忘的事情等。(小组交流)

3.集体交流:向大家简单介绍自己的好朋友、好伙伴。是谁,他有什么特点。(学生自由发言)

4.老师:还有哪些同学愿意把你的小伙伴介绍给大家听一听。(指名说)

5.老师问一问大家,什么样的小伙伴才是好伙伴?

(学生自由发言。如互相帮助、团结友爱、谦虚、诚实、知错就改等。)

【设计意图】引导学生从生活入手,聊一聊关于小伙伴的话题,介绍一下自己的好朋友,获取快乐的生活体验。

6.播放歌曲《找朋友》,同学合唱。

7.谈话:唱着这首歌,你一定会想起你的许多朋友,有大朋友,有小伙伴。那就给我们介绍一位你最要好的朋友吧。(鼓励学生简洁地回答,踊跃发言。)

8.今天的习作,就是向大家介绍自己的好伙伴。提出本次习作训练的任务,读"习作提示"。

9.根据你的理解,说一说这次习作有哪些具体要求。(自由发言,老师归纳)

写自己童年的小伙伴:这个小伙伴可以是来自各地方的,不局限于校内;要从众多小伙伴中选一位;这位小伙伴,一定是自己最喜欢的,或是给自己留下深刻印象的。要写他做过的一些事,"一些事"可以是一件

事,也可以是几件事。即使写几件事,也要重点写其中一件,其他的要简单写。这件事必须是给自己留下深刻印象的,或是最喜欢的事。要把事情说清楚,语句写通顺。

【设计意图】引导学生进入话题,通过交流,明确习作要求,为下面的习作做好准备。

(二)成语点睛,诗句引趣:嘈嘈切切错杂弹

1. 为了帮助大家习作,老师带来了一些成语,请大家读一读下面的成语,说一说你最喜欢哪一个。

好好学习　天天向上　立志成才　立志创造　争做主人　活泼健康　出类拔萃

又红又专　全面发展　循序渐进　朝气蓬勃　生气勃勃　生龙活虎　拘谨羞涩

2. 读一读下面描述友情的诗句,说一说你的理解。

海内存知己,天涯若比邻。——(唐)王勃《送杜少府之任蜀州》

相知无远近,万里尚为邻。——(唐)张九龄《送韦城李少府》

【设计意图】通过诵读成语和诗句,引导学生理解友情,体验友谊,既可以帮助学生积累语言词汇,又可以使学生认识好伙伴的真正含义,为下面的习作做好铺垫。

(三)激发情趣,游戏引路:未成曲调先有情

1. 师:你们经常和你的小伙伴玩什么游戏呢?(生答)那这节课你想不想和你的小伙伴一块玩呢?下面我们做一个好朋友的小游戏:照镜子。

2. 你们都有自己的好朋友,那现在老师要看看你是怎样对待你的好朋友的。请同学们拿出镜子,假设镜子里的人是你的好朋友,按老师的要求做表情。(喜、怒、哀、乐,让学生对着镜子做表情。)

3. 提问:做完这个游戏后,你发现了什么,知道了什么?

(我发现了我笑,镜子里的朋友也笑,我哭,他也哭……)

(我知道了我对朋友好,他也会对我好,我对他有礼貌,他也会对我有礼貌……)

老师:请同学们放下镜子。现在我建议大家给我们的好朋友做个有礼貌的动作,好吗?(生做动作)

4. 我们再来做一个智力小游戏:说一说,猜一猜。出示表格"我的好朋友",请同学在我们班级选一个好朋友,先填完表格,再让同学读自己的表格,其他同学猜他的好朋友是谁。

5.填写"我的好朋友"卡片。

最擅长：　　　　　　口头语：

最爱看的书：　　　　最爱玩的游戏：

最喜欢吃的东西：　　最可爱的相貌特征：

6.其他同学猜一猜:他(她)是：

7.请学生说一说参加这一活动的感受。

【设计意图】小游戏引导学生认识友谊,理解伙伴,既激发了学生的习作兴趣,又活跃了课堂气氛,可以巧妙地过渡到下一个教学环节。

二、中习作:奇思妙想我能行

(一)奇思妙想,开启心路:一语天然万古新

1.把自己的好伙伴介绍给大家,是一件快乐的事儿。请你在小组内说说自己的这位小伙伴。要求:先说清楚小伙伴的姓名、性别、年龄、与自己的关系。具体说说事情的来龙去脉,力争让别人听了也喜欢你的这位小伙伴。

2.教师巡视,深入小组倾听、点拨、发现、引导。

3.全班交流,典型引路。选几位写不同内容的学生代表发言交流,教师适时肯定、点拨、引导,并运用典型事例启发大家。

4.组织同学评议好伙伴的特征,教师及时归纳板书。如:踢球、下棋、捉迷藏、学电脑……小足球迷、机灵的小记者、淘气的小弟弟……

5.把自己的好伙伴介绍给大家,要通过具体的事例来表现人物的特点。怎样才能通过一件具体的事例来表现人物的特点?请大家讨论一下。

6.学生自由发言,老师归纳总结。

(1)题目要根据人物的特点或事情的内容来定。

(2)内容最好是把一件事的起因、经过、结果说清楚,如果要写两三件事,其中一件重点写,其他的事要写简单些,而且这些事最好和第一件事一样能共同说明这位小伙伴的同一特点。

(3)选择好特点,这样才能使读者清楚你为什么喜欢这个人。

(4)要把事情的经过写清楚,还要注意把这个人的语言、动作、神态等写具体。

7.为了方便写作,请大家尝试列一个习作提纲。

①最喜欢的人：____　②这个人的特点(品格)：____　③最能说明这个人特点的一件事:起因：____　结果：____　经过(详写)：____

【设计意图】引导学生在交谈中明确选材范围、写作方法,使学生结

合自己的学习体验,来设计习作内容,这样就减少了习作的束缚,充分尊重学生的自主性。

(二)佳作引路,章法导写:要把金针度予人

为了帮助大家更好地习作,老师特意为大家带来了一篇佳作。请大家读一读下面的佳作,说一说自己的收获。

【展示佳作】　　　　　一个"小书虫"

一双小小的眼睛,双眼皮,两条柳叶眉长在眼睛上,鼻子下面,嵌着一张大嘴,薄薄的嘴唇上长着一个"吃痦",这就是我的朋友——韩蓄。她一看起书来就没完没了,真让人受不了。所以,我常叫她"小书虫"。

想起上学期的一个午休,老师发下了我们心爱的《中国校园文学》,我草草地翻了翻,觉得很没意思,又看了看一旁的韩蓄,还在认真看着。她在看什么呢?这么专心,我心里想。看了看她的书,我也翻到了那页,仔细看了看,改变了对这本书的印象。

下课铃响了,我很想出去玩,可韩蓄还在专心看着,心想:怎么还在看呀!看书多无聊。我看着那些密密麻麻的字就头晕,她可真行。我大声叫道:"韩蓄,咱们出去玩吧!"见她不理我,我又叫道:"'小书虫'咱们出去玩吧!"她这才答应道:"嘘——我正看到关键呢!"我发火了,抢走了她手里的书,就往外跑,回头一看,只见韩蓄在后面张牙舞爪地叫道:"把书还给我,把书还给我。"一向文静的她,今天却铁青着脸,好像要跟我拼命。我拿她没办法,只好把书还给了她。

上课了,我匆忙回到教室,第一眼就看见了坐在那里看书的韩蓄。这就是她的优点吧,她在我们班学习可是一流的好,这一定是她爱看书的原因。

回到家,我仔细地看了看这本《中国校园文学》,发现看书的确是一种乐趣,从此,我不是那个只会疯玩的我了,也变成一个"小书虫"。

哈哈,这就是我那个好朋友——"小书虫"韩蓄。

讨论探究:

阅读提示:本文以外貌描写的方式开头,开门见山地点明了人物形象的特点——"小书虫"。然后通过"小书虫"爱读书的具体事例,抓住生活中的典型细节,精心刻画"小书虫"这一人物形象。读罢全文,一个"小书虫"的可爱形象跃然纸上,呼之欲出。

(1)思考讨论:怎样把一件事写具体,想清楚事情的起因、经过、结果,回忆人物在事情发展中的所说、所做、所想,刻画人物的语言、动作、神态和心理活动,通过描写展示人物的精神品质。

(2)读了这篇佳作,你有什么收获?

【设计意图】引导学生从活生生的范例中学习写作,从而掌握习作的方法,消除对习作的惧怕心理。

(三)快速行文,一气呵成:轻舟已过万重山

1.根据自己刚才列出的提纲,赶快拿起笔来,动手写一写自己的小伙伴吧。

2.学生习作,老师巡视指导,帮助有困难的同学。

三、后习作:快乐体验更新颖

(一)自我欣赏,同伴交流:大珠小珠落玉盘

1.自己默读自己的缩写习作。不合适的地方修改一下。

2.小组内互相交流,修改习作。

3.推荐一篇参加班级交流。

(二)集体会诊,创新行文:二月春风似剪刀

1.选择佳作,找出亮点,放大亮点,激励评说。使学生明白别人写得好的地方,为什么好。引导学生借鉴别人的长处,重新修改自己的习作。(分类评点:选材好,开头好,结尾好,过渡句用得好,细节描写得好等。)

2.教师进一步评点,张扬写作个性,表扬有独特体验的亮点。尽可能多表扬。

3.学生根据评价,对照自己的习作,二次创新行文,修改自己的习作。

【设计意图】沙里淘金,放大优点。使学生明白怎样写才好,如何写得最好。使学生知道别人哪里写得比自己好,自己哪里写得比别人好。树立习作信心。

(三)佳作展览,评选最佳:回眸一笑百媚生

1.小组评选最佳,最佳项目越多越好。

2.班级评选最佳,获奖最佳越多越好。

3.优秀习作、有进步的习作贴在班级"佳作角",供大家赏析。

4.修改后的有个性的习作推荐在校文学社刊物上发表。

【设计意图】激发学生的习作兴趣,使学生体验习作成功的快乐,多层面地引导学生树立习作的信心。

(四)变格创新,自由表达:映日荷花别样红

1.总结。是啊,生活中除家里人以外,相处时间最长的就是同学,每个同学都是和小伙伴一起长大的,因此,小伙伴是我们生活中最重要的人之一。平时可能不觉得,一旦分开,就会觉得缺少了什么,希望同学们

今后和小伙伴更加友好地相处,彼此之间更加亲密。

2. 拓展延伸。现实生活中还有许多人值得我们去探究,如老师、爸爸、妈妈等,走近他们的生活,研究他们的现状,深入了解他们的内心,有助于我们更好地理解人生的价值,把握现实,开拓未来。用今天学会的方法,再练习一次,争取写出一篇更棒的习作。

(课例提供者:安徽省阜阳市和谐路小学　冯虎)

课例透析

本课例设计联系学生的生活实际,让学生在活动、游戏中得到感受、体验、探究和领悟,并促进感情的交流、良好习惯的培养及能力的发展。本次习作有两个角度:角度一,用一两件事介绍自己的小伙伴,注意写出小伙伴的特点。角度二,发挥想象,将发生在"我"和好朋友间的一件事情的经过、结果写清楚,写具体。在习作指导过程中,首先,确定要写的人物。童年的小伙伴一定有很多。这些人中最熟悉谁,最了解谁,就写谁。其次,确定写的事情。这是本次习作的关键所在。对人物的很多方面都有了解,他哪一方面的品质给你印象最深刻,他做的什么事让你难以忘怀,就写哪方面的事。一般来说,耳听为虚,眼见为实,因此,本次习作最好写亲眼所见的事。再次,思考怎样把这件事写具体,想清楚事情的起因、经过、结果,回忆人物在事情发展中的所说、所做、所想,刻画人物的语言、动作、神态和心理活动,通过描写展示人物的精神品质。

　3-6　六年级《童年趣事》习作课例与评析

课例展示

一、前习作:未成曲调先有情

(一)话题交流,真情融汇:吹面不寒杨柳风

1. 激趣导入。播放歌曲《童年》。师:同学们,你的童年生活有趣吗?你愿不愿意把你的有趣故事介绍给大家?今天咱们开个小小的座谈会,

主题就是《说说我难忘的童年趣事》。

2.谁来说说什么是有趣的事情?(学生自由发言)

3.教师示范,介绍一件趣事。

(1)老师讲述一个童年有趣的故事。

(2)学生评议有趣在哪里。

4.自由交谈,介绍自己的童年趣事。

(1)教师提示:把自己的有趣故事说给大家听,大家一定会很快乐的。你愿意让大家快乐一次吗?

(2)提示方法:要注意把故事说完整,把有趣的生活细节说出来。让大家听了十分开心。如果能说出自己从故事中明白了什么道理,就更棒了。

(3)学生默想自己的童年趣事。

(4)小组学生充分交流,说说自己的童年趣事。

(5)小组评选谁说得最棒。

5.集体交流、评选最佳。

(1)教师引导激励:下面由各小组选出的代表进行全班交流,其他同学都是评委。交流完之后,我们要评选一次故事大王。看看谁是今天的故事大王,好吗?最后,老师要根据大家的评议,选出最佳评委若干人。

(2)教师提示方法:要注意把故事说完整,把有趣的生活细节说出来。要注意说的表情和姿势,可以带上动作。

(3)代表交流。

(4)生评议。说说谁讲得好,好在哪里?你明白了什么。

(5)评选故事大王。

【设计意图】本设计从生活入手,引导学生大胆述说,教师示范引路,以激发学生说的兴趣;评选故事大王和最佳评委,激励大家敢说会说。有效地引导学生快乐地回忆童年的有趣生活,把童年中难以忘怀的事情说出来。

(二)成语点睛,诗句引趣:嘈嘈切切错杂弹

1.老师为大家搜集了一些关于描述童年体育游戏生活的词语,读一读,说一说,你最喜欢哪一个?

将遇良才　先发制人　龙争虎斗　生龙活虎　英姿飒爽　呐喊助威
龙腾虎跃　你追我赶　风驰电掣　不甘落后　一鼓作气　屏息凝神

2.读一读下面关于人生的经典语言,说一说你最喜欢哪一句?

心存感恩心,所见皆是情。

诚恳通四海,友爱走八方。

在学习中培养兴趣,从兴趣中创造新奇。

【设计意图】引导学生诵读成语和关于人生的经典名句,营造出浓浓的生活情趣,为下面回味童年的趣事作好铺垫。

(三)激发情趣,游戏引路:未成曲调先有情

1. 小游戏:用"童"字开火车组词。比一比谁聪明。

2. 实话实说,现场直播。说一句自己心中最想说的有趣的话。

二、中习作:奇思妙想我能行

(一)奇思妙想,开启心路:一语天然万古新

1. 教师谈话:同学们,我们每个人都有美好的童年,你看,童年是那会飞的梦,是那一串串有趣的"冰糖葫芦"上的笑声,是那一朵朵飘舞的雪花……今天,老师让同学回忆一下童年那充满稚趣而又很有意思的事,用文字把它表达出来,好吗?

2. 教师提示:在头脑中过一遍"电影",想一想,你的童年有哪些有趣的事情。

3. 教师激励:比一比,看谁说的事情有趣。

【设计意图】引导学生回忆生活故事,激发学生习作热情,使习作与生活紧密联系在一起,努力做到习作生活化,生活习作化。

4. 明确范围,简要指导。细心读一读"习作内容",思考这次习作给我们提了哪几点要求。

5. 出示习作要求:

①写看图习作。②如果你不想写看图习作,也可以写童年趣事。③要把事情的经过写清楚,写出自己的真实感受。④写完后把习作念给他人听,根据他们的意见进行修改。

6. 今天,我们就围绕"童年是欢乐的、有趣的"这个中心,记童年的一件趣事,好吗?

7. 指导理解"趣"。

(1)同学们,你觉得哪些事是趣事?

(2)其实啊,这个"趣"字,我们还可以从多种角度去理解它。

老师友情提示:

意趣。童年时的探索、发现、刨根问底,虽然稚气可爱,可反映你希望了解外界奥秘的求知欲望,是一种"意趣"。

情趣。童年时的你天真可爱,极富情感,对父母的亲情、对伙伴的友情,同样很有趣,是一种"情趣"。

乐趣。童年应该是与欢乐相联系。爱玩、寻开心是你的特点,所以常会有许多寻开心的"乐趣"。

傻趣。你常会做傻事、蠢事,闹出种种笑话,这种"傻趣"也往往最能反映你纯真的心。

8.我们正处于童年这个五彩缤纷的时代,谁没有趣事呢?请同学们拿出事先准备的老照片,围绕老照片或珍藏的能引起童年回忆的物品,想一想发生了哪些有趣的事呢?(可以同桌互相交流)

9.教师简要提示。

(1)要突出"趣"字。(要有稚趣,要有意思,要有发现,要有反思……)

(2)要根据我们农村的特点展开。要说实话、真话、心里话,可以是钓龙虾,可以是打雪仗,可以是做游戏……

【设计意图】指导学生理解"趣"字,帮助学生打开思路,捕捉生活中的有趣素材,使习作化难为易,使学生乐于习作。

10.充分交流,开拓思路。

(1)小组学生充分交流,说说自己最想写什么?

(2)小组内畅谈自己的童年趣事。

教师提出要求:谈的时候,要尽量讲清楚你是怎样发现的?发现了什么?然后按平时惯例,小组内每个同学轮流发言,当一个同学讲完后,其他组员可以提出自己的意见或建议,最后,每个小组推荐一位同学来发言。

(3)学生谈自己的童年趣事,教师相机点拨,拓宽思路。

请同学们认真听,听完以后可以提出自己的意见或建议。

(4)交流过程中,学生通过相互启发,确定自己最想写的内容,把思路打开。

教师强调:在习作时,想想自己最想写的一件事情是什么。如何把事情的前因后果写完整,写清楚。要运用平时积累的语言材料,写出有新鲜感的语句。

11.再读习作提示,拓展思路。

【设计意图】指导学生充分进行交流,使学生在交流过程中,通过相互启发,确定自己最想写的内容,把思路打开,使学生易于表达。

(二)佳作引路,章法导写:要把金针度予人

1.范文引路。(教师出示范文)

童年趣事

童年是由纯真、幼稚的故事串成的美丽珠链。那充满幼稚和欢乐的

珠链中一件件有趣的往事,就像一朵朵开放在我心中的花朵,无比艳丽,无限诱人。

那是在我家院子里的晚上,"快来呀,我们来捉迷藏,快来,快……"我一边喊着院里的小香出来,一边寻找着藏身之地。小香闻声赶来,你藏我捉,你捉我藏,玩得不可开交。

这回又该我藏了,我东看西望,突然眼前一亮,咦?那是什么,我好奇地走近一看,咦?月亮怎么跑到脸盆里去了,我一定要把月亮捉住让大伙看看我的本领多大。说干就干,于是我小心地把另一个脸盆猛地盖在那个盆上,高兴地叫:"小香,快来,我捉到月亮了,快来呀!"小香急忙跑来,"月亮,在哪里呀!"我把脸盆搬进房里,慢慢地打开。咦,月亮呢?月亮怎么没了,我没有打开过脸盆呀!我哭着闹着要月亮,奶奶答应,明天晚上再给我捉一个……

瞧!这就是我有趣的童年生活,是多么欢乐幼稚呀!

2. 出示讨论题目。(先分组讨论,然后各组长汇报,师生共同评议、补充。)

(1)文章给人的感觉真实吗?有意思吗?有趣吗?

(2)范文中的语言、动作、神态及心理活动的描写怎样?哪些地方值得你借鉴和学习?

3. 教师点评和小结:从内容和体裁两方面点评习作的示范作用。

【设计意图】范文引路,为学生的习作提供了借鉴的范例;指导评说,使学生从范文中获得写作的智慧,酝酿写作的情趣,打开写作的思路。

4. 自由拟题,点拨写作。

(1)教师指导:写童年趣事要把事情发生的时间,地点,人物,事情的起因、经过、结果写清楚。事情的经过要详细写,特别是有趣、有意义的地方应作为重点来写。

(2)指导学生阅读自己搜集到的成功范文,体会别人的表达方法。指导学生体会别人成功的开头和结尾的写作方法,具体描述生活细节的方法。

(3)帮助学生整理思路。

①发生在你的童年的许许多多事情中,哪一件你觉得既有趣又有意义?

②这件事发生在什么时候?有哪些人参加?经过怎样?

③这件事是怎么有趣的?有什么意义?

(4)自主拟题,打开习作思路。指导学生根据自己选定的习作内容,尝试个性化拟题。(例:《难忘的——》《×××,您好吗》《留在我记忆深处的》《"哈哈!想起来我就想笑"》《童年趣事》《××(指物)的故事》……)

①交流自拟的题目,欣赏及评点。

②总结点拨写法:如写《留在我记忆深处的》题目,可这样指导:宜采用倒叙方法。藏在记忆深处的往事,可借助于一条线索将它引出,它可以是一句话、一首歌、一件日常用品、一幅照片等,引出一段生活经历的回忆,写出自己的一片真情。这种睹物思人、借物写人的文章,在叙述往事时一定要动真情,要重视自己心理活动的展示,在叙事基础上结合描写、抒情,篇末宜点题。再如写《××(指物)的故事》,可这样点拨:这样的文章,一般适合用第一人称来写。人和物的关系,应该是文章的重点部分。比如人和物发生了什么联系,这一联系后来又有什么变化,结果又是怎么样的等。"故事"要写清楚。"物"的形状、来历、特点、作用也应写具体,能给人一个鲜明的、使人的情感有所依傍的基础。要注意"物"的特殊作用,作些必要的铺垫、渲染,挖掘出这个"物"的精神价值、情感因素。写作时要物人一体,活色生香。在情感表达上,应力求含蓄、蕴藉,让它慢慢从物体中渗透出来,做到浑然一体。

【设计意图】既给学生松绑,引导自由习作,又把有效指导融入教学之中,使学生的情感慢慢渗透出来,做到浑然一体。

(三)快速行文,一气呵成:轻舟已过万重山

1.再次激励,激发写作激情。同学们,生活是丰富多彩的,你和周围的人在一起的时候,会发生很多事情,请你选择一件印象最深刻、无法忘怀的事写下来。

2.学生习作,教师巡视。指导学生挑选自己认为最能表达自己成功的内容,尝试写作。教师再次提示让学生明确写作的范围,并要求在30分钟内完成文章初稿。

3.教师在巡视中,对于极少数习作方面存在问题的同学适时降低习作要求,只要抓住"有趣"二字,写出自己的感受就行,并在黑板上挂出有关的好词佳句,供这部分同学参考。

【设计意图】①要学生乐于习作,必须尊重他们的主人翁地位。写什么事,怎么写这个事,让学生作主,而不应由教师来决定。②学生习作的时候,正是个别化教学最好的时机。教师应该提高巡视效率,进行及时有效的现场个别指导。

三、后习作：快乐体验更新颖

（一）自我欣赏，同伴交流：大珠小珠落玉盘

1. 深情提示，激励交流。与大家一起交流自己的习作，是一件很快乐的事情。如果你写有趣的故事能够给大家带来快乐，你自己也一定会开心的。

2. 交流佳作，评议修改。自行选择伙伴进行修改，找出习作中值得学习的文句，用波浪线画下来。写出好在哪里和为什么好，以及自己的感受和启发。

【设计意图】学生相互修改习作，是一个发现他人闪光点，弥补自己不足，取长补短的过程。也是一个现时的作者与读者交流，及时反馈，共同提高的过程。

（二）集体会诊，创新行文：二月春风似剪刀

推荐习作全班交流，并陈述推荐的理由。

教师作及时的点评。找出亮点，放大亮点，激励评说，使学生明白别人写得好的地方，为什么好。

引导学生借鉴长处，重新修改自己的习作。二次习作。

【设计意图】教师要引导学生学会欣赏，要保证不同水平的学生都能获得成功的快乐。可以是欣赏自己的习作，也可以是欣赏同学的习作；可以欣赏全文或比较出彩的一个段落，也可以欣赏一句话甚至一个词语。在自改过程中，学生重新感受写作的过程，在查缺补漏中完善自己的习作，享受习作带来的愉悦感。

（三）佳作展览，评选最佳：回眸一笑百媚生

1. 小组评选最佳。最佳项目越多越好。

2. 班级评选最佳。教师进一步评点，张扬写作个性，表扬有独特体验的亮点。尽可能多表扬。组织评选班级最佳。（最佳小作家、最佳小先生、最佳小编辑、最佳小……）

【设计意图】心理学告诉我们，个人在认识别人的时候，就开始形成自己的评价能力。只有在他人的评价中，才能不断调整自我的评价。在习作教学中，不仅要让学生自评，而且要让学生互评。开始，学生往往不知道如何评价别人的习作，有时甚至会因评议引发争议和冲突。教师应抓住每一个机会，引导学生客观评价自己和他人。

（四）变格创新，自由表达：映日荷花别样红

用刚才学会的方法，课外练习写另外一件趣事。

（课例提供者：安徽省阜阳市汇鑫小学　陈庆军）

课例透析

　　课堂即生活。教师在课堂上努力营造宽松、愉悦、融洽的学习语文的氛围。教师把学生看成一个生命体，而不是认知体，如同自己的朋友一般去尊重每一位学生，用自己的言行让学生感到教师是他们可亲近的兄长、姐姐。师生之间平等对话，同学间无拘无束地交流，人人都全身心地投入，人人都是学习的主人。《语文课程标准》指出："写作教学应贴近学生实际，让学生易于动笔，乐于表达，引导学生关注现实，热爱生活，表达真情实感。"本次教学中，学生自主参与习作实践；在兴致盎然的习作实践中，感受习作成功带来的乐趣；在具体形象的习作实践中，初步了解和运用自主、合作、探究的学习方式，语文素养得到了有效的培养。"教育的艺术是使学生喜欢你所教的东西"，在这里得到了印证。

第5部分

小学语文口语交际课堂学习与课例研究

1 小学语文口语交际学习标准

1-1 小学语文第一学段口语交际学习标准

 学习标准

(1)学说普通话,逐步养成讲普通话的习惯。
(2)能认真听别人讲话,努力了解讲话的主要内容。
(3)听故事、看音像作品,能复述大意和自己感兴趣的情节。
(4)能较完整地讲述小故事,能简要讲述自己感兴趣的见闻。
(5)与别人交谈,态度自然大方,有礼貌。
(6)有表达的自信心。积极参加讨论,敢于发表自己的意见。

 学习标准解读

学讲普通话,逐步养成讲普通话的习惯。第一学段首先强调用普通话进行交际,避免了实际语言运用中的困难和障碍,从语言标准和规范的角度保障了口语交际的顺利进行。普通话是全国通用的交际工具,是汉民族的共同语言,所以,在汉语口语交际过程中,应该用普通话的语音、语汇和语法结构来进行交际,语言习惯应该符合汉语言的规律。逐步养成讲普通话的习惯,教师在整个语文教学过程中应有意识地引导学生使用普通话,在实际操作中加强口语交际与识字写字、阅读、习作等学习活动的联系。

能认真听别人讲话,努力了解讲话的主要内容。听的能力的培养,首先要关注良好习惯的养成。"千里之行,始于足下"。第一学段是学生学习口语交际的基础阶段,更需要重视交际行为基础的夯实。有了倾听的基本习惯,才能做到"努力了解讲话的主要内容"。应培养学生倾听、表达和应对的能力,使学生具有文明和谐地进行人际交流的素养。教师要努力选择贴近生活的话题,采用灵活的形式组织教学,不必过多传授口语交际知识。

听故事、看音像作品,能复述大意和自己感兴趣的情节。"听故事、看音像作品",既指出了听的内容和对象,又强调要从学生的兴趣入手引导学生学会倾听。听的时候关注内容,才能"复述大意和自己感兴趣的情节",复述要创造适宜的情境,首先使学生有复述的愿望,再在实践中落实方法和策略。强调"自己感兴趣的情节",既是从培养、保护学生的兴趣和态度着想,也是为了发展学生的个性。

能较完整地讲述小故事,能简要讲述自己感兴趣的见闻。低年级学生喜欢有趣的小故事,爱听也爱讲,当然也爱向别人讲述自己觉得有趣的见闻。教师要顺应儿童的这种天性,鼓励学生讲述,激发兴趣,保护积极性。没有指导,学生的讲述可能会比较零乱,教师要根据学生的具体表现给予针对性指导,引导学生把小故事讲述得比较完整,使听的人能明白小故事的内容;把见闻讲述清楚,使听的人知道为什么感兴趣。

与别人交谈,态度自然大方,有礼貌。口语交际不仅需要进行言语互动,而且交际中情感、态度等非言语行为也起着重要作用。第一学段应当注重良好的交际态度和习惯的养成,如,逐步养成在生活中学讲普通话的习惯,与别人交谈时要自然大方、礼貌得体,这些都可以为下一阶段的口语交际奠定良好的基础。教学中,教师要有意识地关注学生的交际态度,引导学生在交际时做到"自然大方,有礼貌"。

有表达的自信心。积极参加讨论,敢于发表自己的意见。自信心的培养要从低年级开始,一要顺应学生的天性,二要加以适当鼓励。口语交际是一个人际沟通和社会交往的过程,是学会与人合作的过程,因此,教师要引导学生积极与交际对象互动,参加讨论时要敢于发表自己的意见。

1-2 小学语文第二学段口语交际学习标准

学习标准

(1)能用普通话交谈。学会认真倾听,能就不理解的地方向人请教,就不同的意见与人商讨。

(2)听人说话能把握主要内容,并能简要转述。

(3)能清楚明白地讲述见闻,说出自己的感受和想法。讲述故事力求具体生动。

学习标准解读

(1)第一学段是"学讲"普通话,到了第二学段,用普通话交谈应成为对学生口语交际的根本要求,应成为一种能动状态。认真倾听,不仅要了解内容,还要理解内容,不理解的要"向人请教",能"就不同的意见与人商讨",强调的是引导学生关注倾听的内容,主动作出反应。

(2)第二学段要求听人说话能"把握"主要内容,也就是要求学生在听人说话的同时能够对内容进行分析、提炼和综合。在把握主要内容的基础上,还要求"能简要转述",这是从信息接收到信息传递表达的过程,要经过大量的实践才能形成基本的能力。

(3)能清楚明白地讲述见闻,说出自己的感受和想法。讲述故事力求具体生动。第二学段要求学生讲述见闻要"清楚明白",同时说出自己的感受和想法，目的是让听的人清楚自己见闻的内容和对所见所闻的态度。"讲述故事力求具体生动"，要求学生努力做到通过自己的讲述，使听的人产生身临其境之感。"力求"一词，强调的是积极的意向，鼓励学生追求更好的讲述效果。

1-3　小学语文第三学段口语交际学习标准

 学习标准

(1)与人交流能尊重和理解对方。
(2)乐于参与讨论，敢于发表自己的意见。
(3)听人说话认真、耐心，能抓住要点，并能简要转述。
(4)表达有条理，语气、语调适当。
(5)能根据对象和场合，稍作准备，作简单的发言。
(6)注意语言美，抵制不文明的语言。

 学习标准解读

(1)从第一学段的"积极参加讨论"到第三学段的"乐于参与讨论"，情意上的主动性更加鲜明。教学中，教师要关注学生自身情感上的参与度，要引导学生从教室这个小课堂走向社会生活的大课堂，在真实的交际中发展交际能力，体会交际的作用。

(2)第三学段对倾听的态度和品质作进一步要求："耐心"；提高了倾听的能力要求："抓住要点"。"转述"时要求先认真听，然后梳理要点，最后再简要表达，体现了科学合理的层次性。教学中，教师要有针对性地引导学生培养倾听的耐心，训练抓住要点的能力。

(3)第三学段不仅从内容上提出表达的要求，还进一步从技能上提出表达要"有条理"，"语气、语调适当"。这就提醒教师在教学中，要培养学生关注口语交际的对象的意识和互动意识，做到目中有人，关心交际的效果。要努力做到通过自己的表述有效地使对话人卷入会话，保持合作和互动，共同建构有关的话题。

（4）每次口语交际都是一次实现具体意图的行动。这里明确强调交际时的对象意识和场合意识，要求学生能有目地在稍作准备的基础上"作简单的发言"。所以，教学活动要重视真实交际情境的创设，能创建"实习场"，使学生在交际实践中发展交际能力。

（5）重视交际修养，是发展学生合作精神的保证。在实际的交际生活中，尊重理解对方是平等交流的前提。

（6）对学生的情感态度提出了更为清晰的要求，不仅要求学生自己在交际中"注意语言美"，而且要求他们具备一定的判断能力，形成正确的价值观，自觉"抵制不文明的语言"，塑造良好的交际形象。教学中，教师重言传，更要重身教，要加强学生在实际交际中的体验，确保学生文明交际态度的养成。

2　小学语文口语交际学习关键问题及指导

2-1　如何正确认识和确定口语交际话题？

 问题呈现

因为口语交际不考试，所以很多语文老师对口语交际认识不到位。他们只是根据教材中的提示，草率行事，很难正确确定口语交际的话题。

 学习指导策略

口语交际是在特定环境里产生的言语活动，不同于听话、说话，它是由说、听双方共同进行的一种交际形式。口语交际的核心是"交际"，其基本特点是听说双向互动，只有交际双方处于互动状态才是真正意义上的口语交际。口语交际就是凭借听、说进行交流、沟通,传递信息、联络感情、处理问题等。要顺利而高效地进行口语交际,必须培养倾听、表达和应对的能力。口语交际是听话、说话能力在实际交往中的应用,听话、说话是口语交际的重要组成部分,但口语交际并不等同于简单的听话、说话,它不仅包括交际过程中的分析、综合、判断、推理、概括、归纳等思维能力,还包括分析和解决问题的能力、实际操作能力、创造能力等,在口语交际训练中只有让学生的多种感官都参与活动中,才能切实提高口语表达能力。

口语交际是一项新鲜而古老的训练内容,是知识与能力的综合应用和体现,在平时的训练中,要让口、耳、眼、手等多种感官参与语言实践,以提高口语交际能力。

现代社会的不断发展,要求人们必须具有一定的口语交际能力。然许多人口语交际能力较弱,在面临就业、社会选择与竞争时往往语言表达迟钝,甚至语无伦次,从而失去很多良好的就业机会。所以,从小学开始加强口语交际能力的培训是十分必要的。

因为口语交际作用的重大,所以《语文课程标准》对小学口语交际的教学提出了明确的目标:"具有日常口语交际的基本能力,在各种交际活动中,学会倾听、表达与交流。""初步学会文明地进行人际沟通和社会交往,发展合作精神。"要达到这一教学目标,必须采用相应的教学策略与形式,所以在语文课本的每一个单元都会有一个"口语交际"内容,以培养学生的口语能力。

《语文课程标准》指出:"口语交际是听与说双方的互动过程。教学活动主要应在具体的交际情境中进行,不宜采用大量讲授口语交际原则、要领的方式。应努力选择贴近生活的话题,采用灵活的形式组织教学。"

口语交际的话题一要儿童感兴趣,有话可说;二要有一定的难度,孩子"跳一跳",可以完成;三要体现语文学习特色。如现行小学语文教材中设计的第一学段口语交际话题有:《了解小伙伴》(河北教育出版社《语文》一年级上册)、《我会了》(中华书局《语文》一年级上册)、《我喜欢的电视节目》(湖北教育出版社《语文》一年级下册)、《书中人物大家谈》(河北教育出版社《语文》二年级下册)、《好看的书》(河北教育出版社《语文》一年级上册)。第一学段属启蒙阶段,让孩子大胆说话,认真听话,态度自然大方、有礼貌等,是对低年级学生口语交际最基本的要求。从上述话题的字里行间可以看出编者的苦心。

现行小学语文教材中设计的第二学段口语交际话题有:《夸夸我的同学》(人民教育出版社《语文》三年级上册)、《我最喜欢的水果》(中华书局《语文》三年级上册)、《感谢和安慰》(人民教育出版社《语文》四年级上册)、《小小新闻发布会》(人民教育出版社《语文》四年级上册)、《我爱我家》(中华书局《语文》四年级上册)、《六一节怎么过》(中华书局《语文》四年级下册)、《我看课外"兴趣班"》(河北教育出版社《语文》四年级上册)。到了中年级,对小学生口语交际的要求逐步提高。"夸同学",要有具体生动的事例;说喜欢的物品,需要有真切的描述,甚至"有儿歌为证";"小小新闻发布会",必须讲清楚明白,还要有提问和解释……这些都体现了语文课程口语交际的目标:"清楚明白地讲述见闻,说出自己的感受和想法。讲述故事力求具体生动。""六一节怎么过""我看课外'兴趣班'",提出问题,让学生讨论,目的是培养学生"有表达的自信心。积极参加讨论,敢于发表自己的意见"。实际上是让儿童成为学习的主人,学生的主体地位得到尊重,表达就更加自信,发表意见就更有勇气。

现行小学语文教材中设计的第三学段口语交际话题有:《劝说》(人民教育出版社《语文》五年级下册)、《演讲》(人民教育出版社《语文》五年级上册)、《小小辩论会》(江苏教育出版社《语文》六年级下册)、《对手之间》(湖南教育出版社《语文》六年级下册)、《心中的偶像》(湖南教育出版社《语文》五年级下册)、《嘘!小声点》(湖北教育出版社《语文》五年级上册)。学习演讲、辩论,对高年级学生而言是一个挑战。演讲和即席发言,都是现代公民需要具备的能力。演讲可以有较充分的准备,适合于较大的话题;即席发言自由度高,学生应能"根据对象和场合,稍作准备,作简单的发言"。真正的辩论,是在阐明观点、讨论分歧;或者是广开言路,寻求复杂问题的创造性解决方案。因此辩论提倡坚持原则、求同存异、集思广益。类似"嘘!小声点"的活动内容,则是文明交往的基本素养。如果我们不希望在重大活动之前还要心急火燎地向全体国民补"初级礼貌课",那么必须时时关注各自的听说态度——不仅是在语文课、品德课中加强训练,而且在日常生活中也要严格要求。

 2-2　口语交际指导的基本策略是什么?

问题呈现

口语交际内容单一,一些老师把教材上仅有的几次口语交际训练内容当成口语交际训练的全部。对于口语交际课程的认知处于模糊状态。

学习指导策略

(1)建立民主和谐的师生关系,创设口语训练的良好氛围。尊重学生个性、创设和谐融洽的学习环境,是搞好口语交际的前提。教师应尊重和关爱学生,平等待人,释放学生的精神活力,使学生心地坦荡,思维开阔,创造的火花不断迸发。教师要做学生的听众、朋友,和他们一起讨论,一起聊天,让学生愿意和自己交流,敢于大胆表达自己的感受,提出不同的建议,无拘无束地进行口语交际。

(2)实现口语交际主体的互动性。《语文课程标准》提出:"口语交际是听与说双方的互动过程。"并指明"双向互动"是口语交际的主要特点。它的核心是"交际",注重的是人与人之间的交流与沟通,不是听和说的简单相加。以往的听说训练多是一人说,众人听,语言信息呈单向传递状态,思想交流,思维碰撞较少。而口语交际则强调信息的往来交互。参与交际的人,不仅要认真倾听,还要适时接话,谈自己的意见和想法。学生在生与生、生与师的口语交际实践中,互相启发、互相促进、互相补充,在双向互动中实现信息的沟通和交流。

(3)创设交际情境,激发学生交际的兴趣。口语交际的教学活动主要应在具体的交际情境中进行。因为生动、逼真的情境展现极富感染力,能够调动学生内在真实的情感体验,激发他们强烈的表达欲望。小学生心智发展尚处于低级阶段,他们观察事物比较粗略。大多数情况下,学生不善于观察,所以教师要教他们学会看、听和感觉。直观形象的实物展示,能很快吸引学生的注意力。如,教《演讲故事》时,老师准备了小兔、小松鼠布偶,上课时放在讲台上,让学生看着实物去读故事,定能调动他们的积极性。

2-3　如何丰富口语交际的课堂学习形式?

问题呈现

课堂口语交际形式单一,一问一答,单调枯燥,且通常是表达能力较强的几个学生唱主角。

学习指导策略

心理学研究表明,在教学内容相同的情况下,教学方法的新颖生动程度不同,对学生学习吸引力的大小就不同。在口语交际课的设计中,只有针对不同的内容,精心选择灵活的教学方法,才会使学生愿意积极参与。

(1)画一画。如教学《未来的桥》一课时,让学生动笔画自己心中未来的桥,让学生讲讲这座"桥"叫什么名字,是用什么材料建成的,有什么功能等,学生定会兴趣盎然。

(2)赛一赛。如教学《猜谜游戏》一课时,可比一比谁准备的谜语多。教学《我的想法》时,可让学生评一评谁的想法合理、实用,最后评出优胜者,予以奖励。

(3)评一评。如教学《有趣的动物、植物》时,可让学生把自己看到的动物、植物讲给同学听,其他同学评一评谁讲的内容有趣。

(4)辩一辩。如教学《该怎么做》《秋游》时,可让学生进行辩论,发表自己的观点。

(5)做一做。如教学《合作》一课时,让学生与别人(家长、同学)合做一件事,把自己与别人合作的事讲清楚、明白。

2-4 口语交际中如何进行有效评价？

问题呈现

口语交际评价手段单一，几句表扬，几阵掌声，几颗星星，反反复复，缺少新意。一些老师主要通过书面形式的表述题来评估学生的口语交际能力。常见的考查方式是设置特定的情境，要求学生写出别人讲话的言外之意，或写出人物当时可能说的话，或写出讨论的焦点和不同意见，或围绕话题谈自己的看法，或对某些事物进行评价等。

学习指导策略

口语交际的评价，须注重提高学生对口语交际的认识和表达沟通的水平。考查口语交际水平的方法可以有讲述、应对、复述、转述、即席讲话、主题演讲、问题讨论等。

口语交际的评价应按照不同学段的要求，综合考查学生的参与意识、情意态度和表达能力。第一学段主要评价学生口语交际的态度与习惯，重在鼓励学生自信的表达；第二、第三学段主要评价学生日常口语交际的基本能力，学会倾听、表达与交流；第四学段主要通过多种评价方式，促进学生根据不同的对象和内容，文明地进行人际沟通和社会交往。评价宜在具体的交际情境中进行，让学生承担有实际意义的交际任务，并结合学生在日常生活和学习活动中的表现，综合考查学生真实的口语交际水平。

教师应努力改进口语交际课堂教学，考虑知识与能力、过程与方法、情感态度与价值观的综合，注重听说读写的有机联系，加强口语交际教学内容的整合，统筹安排口语交际教学活动，促进学生语文素养的整体提高。

重视学生读书、写作、口语交际、搜集处理信息等语文实践，提倡多读多写，改变机械、粗糙、繁琐的作业方式，让学生在语文实践中学习语文，学会学习。善于通过专题学习等方式，沟通课堂内外，沟通听说读写，增加学生口语交际实践的机会。充分利用学校、家庭和社区等教育资源,开展口语交际学习活动,拓宽学生口语交际的学习空间。

2-5 如何创设口语交际课堂教学情境?

 问题呈现

在生动的教学情境下开展口语交际活动才能更加有效。一些老师把口语交际课当作可有可无的课,事先没有进行教学情境的设计,所以教学效果不佳。

学习指导策略

(1) 联系生活,再现情境。日常生活是学生永远的话题,教师可通过联系实际生活,拓展时空,激发学生的兴趣,触发他们的灵感,使他们有话可说。如教《保护有益的小动物》时,可让学生联系现实生活,说一说哪些是有益的小动物,它们对人类有什么益处?人类应该怎样保护它们?

(2) 电教创设情境。低年级学生好奇心强,注意力容易分散。采用电教媒体创设情境,直观形象,为学生营造一种接近生活实际的交际情境,极易吸引学生的注意力。如教《我们去"旅游"》时,教师可用多媒体课件播放当地的风景名胜,让学生扮作"导游"和"游客",锻炼学生的口语交际能力。

(3) 语言渲染,创设情境。语言是一门艺术。教师优美动听的教学语言不但能给学生美的享受,也会激发学生的内在情感。如教《春天在哪里》时,可以通过语言描绘把学生引入"春回大地、万物复苏、花红柳绿、百鸟争鸣"的美景中。

(4) 学生表演创设情境。苏霍姆林斯基曾说:"儿童是用形象、色彩、声音来思维的。"对于那些内容有趣、情节生动、人物形象鲜明的儿童文学作品,如寓言故事等,低年级学生往往表现出极大的兴趣,如果让学生充当故事中的主人翁,创设故事情境,更能激发他们的创造力。如《应该听谁的》,就可以让学生演一演。先找几名同学分别扮演爷爷、孙子、中年人、老年人、小孩。这样创设情境，引人入胜，能调动学生的好奇心，使学生如临其境，观察、思维、想象和表达的能力都能得到最充分的发展。

 2-6 如何指导学生丰富自己的交际语言？

问题呈现

在练习口语交际过程中，很多学生的语言不规范，干巴巴的，没有激情，没有感染力。教师对学生语言的训练不够。

学习指导策略

(1)在朗读中丰富学生的语言。朗读教学是语文阅读教学活动中最重要的一环。《语文课程标准》在第三部分实施评价建议中指出："能用普通话正确、流利、有感情地朗读课文，是朗读的总要求。"特别强调要加强朗读。通过多种形式的朗读，让学生从读中得到感悟，培养语感，积累词汇，丰富语言，为学生的交际活动创设一定的交际情境，使学生在朗读时产生一种身临其境、似曾相识的感觉，情绪自然也就高涨起来，学生学习口语交际的主动性就会被激发，他们就会带着情感，怀着浓厚的兴趣，走进交际的空间，去作进一步体验。例如，在教学《桂林山水》时，设计了这样的朗读片断："漓江的水真美呀！现在，我们就一起走进漓江，荡舟漓江，感受这种美，请跟我一起读。"接着，老师又叫学生独自朗读体会美。这样，通过教师的领读感悟美，通过学生的个别读品味美，在此基础上，老师及时引导：漓江的水让我们流连忘返，可叹的是，它好玩，但不是久留之地。难道我们的家乡就没有这么美的景色吗？作为家乡的一分子，难道没有义务展示一下家乡的美吗？能否借鉴作者的写法描绘家乡的一处景物呢？这样，通过朗读，为学生创设了口语表达的机会，通过借鉴，积累了词汇，丰富了语言，使学生变得有话可说，使口语交际的初步目标——能说话,会说话得到训练。学生具备这种表达能力,就为以后的交流互动创设了良好的机会。

(2)在质疑中训练学生的语言。苏霍姆林斯基曾提出忠告:"当儿童跨进校门以后,不要把他们的思维套进黑板和识字课本的框框里,不要让教室的四堵墙壁把他们跟气象万千、丰富多彩的世界隔绝开来,因为在世界的风雨中包含着思维和创造的取之不尽的源泉。"所以,教师只有在富有活力的课堂教学中,鼓励学生大胆说话,大胆质疑,在疑问中辨出真伪,从而培养学生的创新思维和创新意识。通过质疑,训练学生的思维能力,练习学生的口语表达能力,使学生学会倾听、表达和应对。

(3)课外延伸提升学生的语言。《语文课程标准》在教学建议中指出提高学生口语交际能力的主要途径之一是:"坚持在教学过程中培养。"即要坚持课堂教学这个主阵地,认真领会语文课程中口语交际教学的要求,用好教材中设计的口语交际内容,使学生通过典型话题的实践,积累口语交际经验。所以,阅读教学中的课外延伸部分,将给学生提供口语交际的广阔空间,它既教给学生养成对课文作出反馈的习惯,又培养学生的创新意识,使学生在这一语言活动中学会思考,学会表达,做到有话可说,有话能说,有话必说。例如,在学完《开国大典》一文后,文中提出一个问题:假如此时群众正在举行庆祝活动,而你是一名摄影记者,你准备拍摄哪个镜头,为什么? 由于学生已经熟悉了课文,这样,他们就有话可说了,在老师创设的情境中,同学们跃跃欲试,说开去。试想,如果没有这样的语境,学生从何说起,说什么? 所以,通过课外知识的延伸,学生的口语表达能力进一步得到锻炼。

(4)创新文本重组学生语言。在阅读教学中,教师要处处留意,挖掘文本中的语言要点,放手让学生进行口语交际训练。例如,学了《美丽的三潭印月》《富饶的海洋》等课文后,引导学生分别扮演"导游"与"游客"进行对话;学了《草船借箭》《田忌赛马》等故事性较强的课文后,让学生自由组合表演课本剧。在多元互动的过程中,学生对已知文本进行再加工。这样的设计,既发展了文本,超越了文本,又训练了学生的口语交际能力。

但是阅读教学与口语交际训练有一定的区别,两者必须兼顾,辩证处理:

一方面从阅读教学的角度用好口语交际,口语交际必须建立在学生对文本阅读、理解、感知、感悟的基础上,以促进阅读教学的开展;另一方面从口语交际的角度审视阅读教学,强调在阅读教学中教师必须给学生充分表达和交流的机会,指导学生说完整、具体、有序、生动的话,使学生的口语交际能力在阅读教学中逐步得到锻炼和提高。

总之,抓好阅读教学,为师生,生生,学生与家人、社会之间的交际奠定良好的基础。当然,如何训练学生的口语交际,方法是多种多样的,只要让学生在课堂上说起来,在阅读教学中打开话匣子,在实践活动中学会交流,那么,阅读教学的目的也就达到了。正如课标中所说的:语文教学应培养学生倾听、表达和应对的能力,使学生具有文明和谐地进行人际交流的素养。

2-7　如何指导学生在生活中学会倾听?

问题呈现

很多学生在练习口语交际的过程中,不会倾听。教师对口语交际训练的目标重点不明确,对口语交际的表达与应对目标的渐进性、层次性认识模糊,对学生倾听的训练不到位。所以,在口语交际过程中对学生的语言训练把握失当。

学习指导策略

随着年级的升高,具体的目标要求呈螺旋上升的趋势变化。在倾听方面,从"能认真听别人讲话"到"学会认真倾听"再到"听人说话认真、耐心",从"努力了解讲话的主要内容"到"把握主要内容"再到"抓住要点",无论是听的习惯和态度,还是对听的内容和信息的处理能力,其要求都明显呈现逐步提高的变化趋势。在表达和应对上,从"学说普通话"到"能用普通话交谈",从"复述"到"转述",要求的梯度上升特点十分明显。这些关联目标体现了整体性和阶段性的统一、基础性和发展性的结合,为实际教学提供了操作的抓手。教师在教学中要清楚目标的发展变化和各学段的具体要求,真正做到有的放矢。

口语交际的表达与应对目标的渐进性、层次性也十分突出。第一学段要求"能较完整地讲述小故事",第二学段不仅要求完整地讲述故事,而且提出了"力求具体生动"地讲述故事的要求;第一学段要求能"简要讲述"自己感兴趣的见闻,第二学段在此基础上提出"清楚明白"地讲述,"并说出自己的感受和想法"的要求等。第三学段口语交际教学目标的内容更为丰富,不仅继续提出"讨论""转述"这两种口语交际训练方式,而且提出"发言"这一新的口语交际训练方式。表达的能力要求也有了进一步提高,表达时要"有条理""语气、语调适当";"发言"时要根据交际对象和场合的不同,能围绕口语交际的内容组织和表达,稍作准备,作简单的发言。

在交际过程中应该做到:言之有"礼",即根据特定的情境采用文明得体的用语;言之有"物",即有具体内容,不讲空话、套话或含糊不清的话;言之有"序",即按一定的顺序说,注意事物内在的联系及因果关系,力求意明句畅;言之有"节",即说话要简洁明了,不拖泥带水。

倾听能力的培养不能只局限于口语交际课,而应该拓展渠道,将其落实到语文教学的诸环节。

(1)在阅读教学中培养倾听能力。在阅读教学中,教师可以采用以下方式有意识地培养学生的倾听能力。

①听记结合。教学时,教师可以通过播放录音、广播等方式,引导学生边听边记住内容,高年级的学生还可以采用记课堂笔记的形式提高倾听能力。这种方式侧重于对学生倾听时注意力和记忆力的培养。

②听问结合。教学时,可以采用小组讨论或课堂提问的形式进行。比如,由教师讲述一段材料,让学生就教师的讲述提问;也可以让学生认真倾听同学的发言,对其发言内容进行提问。这种方式侧重于对学生倾听时理解能力的培养。

③听述结合。教学时,教师可以讲述故事、新闻,要求学生认真倾听,而

后再进行详述、概述、综述。这种方式侧重于对学生倾听时理解力、筛选力的培养。

④听评结合。教学时,让学生认真倾听同学的朗读,并进行合理的评价。在指导评价的过程中,教师要进行积极的正面引导,如,你觉得他哪里比你读得好?你还想邀请他读哪一句给你听听?当然,也应该适当提一点建议:你觉得哪些地方还可以改进?这种方式侧重于对学生倾听时品评能力的培养。

⑤听议结合。教学时,选择学生感兴趣的教学内容让他们认真倾听,并要求他们对所听到的内容加以理解和判断,大胆发表自己独特的见解,敢于和同学进行有价值的辩论。这种方式侧重于对学生倾听时创造能力的培养。

(2)在习作教学中培养倾听能力。尽管习作教学的重点是培养学生写的能力,但是如果能将倾听与习作能力结合起来加以综合训练,能起到以听促写的作用,增加习作的趣味性。

①听说结合。指导时,教师可以播放录像片断,提供背景材料,出示学生的优秀范文等,让学生在认真倾听的基础上,说一说它们给自己的启发,谈谈自己将如何借鉴。

②听改结合。教师可宣读一篇有问题的习作,让学生听后指出问题并提出修改意见。也可以采取小组合作的方式,让每组组员依次宣读自己的习作,其他组员边听边帮助修改。

③听评结合。教师或学生朗读习作,让学生听后对文章进行评价。评价时要注意从欣赏的角度,善意地提出改进建议。

(3)在口语交际教学中培养倾听能力。口语交际教学是培养学生倾听能力的重要途径,教学中应当有目的、有针对性地加以训练。口语交际教学中,重要的任务是培养学生注意倾听。《语文课程标准》中也多次提到应当认真听别人讲话这一要求。小学生活泼好动,课堂上不可能要求每位学生每分钟都全神贯注地倾听。现代心理学也证实,即使是同一个人,不同时期、不同背景下,其注意力保持的时间长短及注意点的分布情况也有所不同。因此,教师要选择合适的内容、恰当的方法来培养学生倾听时的专注度。

首先，口语交际教学要选择合适的教学内容，培养学生倾听时的专注度。口语交际的教学内容要贴近生活，为学生所喜闻乐见，这样才能激发他们的兴趣，吸引他们的注意力。

其次，口语交际教学要设计恰当的教学形式，培养学生倾听时的专注度。口语交际的教学形式和教学程序对学生注意力的培养有着一定作用。如，在教学一年级上册《我们的画》一课时，有位教师让学生带着自己画的画进入课堂。一开始教学时，教师就让学生介绍自己画的画。毋庸置疑，教师的出发点旨在让学生通过听同学介绍、评同学的画来提高倾听和表达能力。然而课堂教学效果却不尽如人意。大多数学生没有认真倾听同学的介绍，更没有和介绍的同学进行必要的互动，而是在同学发言时忙于和其他同学讨论各自带来的画，有的甚至当堂修改起自己的画。这显然没有根据学生的年龄特点及心理需求设计恰当的活动程序，没有抓住培养学生注意力的良好时机，使原本可以提高学生交际兴趣的图画成为活动的干扰源。另外一位教师同样让学生把自己的画拿到课堂中。教学时，教师提出听说的要求，然后让学生在小组里边欣赏边讨论。当学生讨论完毕后，让学生放好图画，围绕听说要求进行交流：先说说图画的内容，自己是怎么画的；再说说小伙伴是怎么评价自己的画的；最后选择喜欢的图画作个介绍。这个过程中参与讨论的同学可以补充、插话，整个设计充分调动了学生倾听、表达、交流的积极性，让学生在活动中产生了积极的情绪体验，活跃了思维。

再次，口语交际教学要采用合理的教学手段，培养学生倾听时的专注度。口语交际教学手段的合理使用，对注意力的培养也有着一定作用。如，对规范语言的模仿，不但能提高学生的表达能力，而且对培养学生的倾听能力也有一定的促进作用。一位教师在执教一年级上册《我会拼图》一课时，设计了这样一个教学内容：你能介绍自己的拼图是怎么拼出来的吗？先来听一听课件中的小拼图是怎样介绍自己的，然后照着它们的样子来介绍自己的小拼图。由于教师提出模仿说话的要求，学生自然而然地将注意力集中到课件中小拼图说的话上。不仅如此，在倾听的过程中，学生还需要对小拼图的话进行分析，归纳出它们的表达特点和规律，进而模仿着介绍自己的拼图。

除了上述做法,还可以适当地进行以倾听为主的专项训练。比如,采用"传口令"的形式培养学生语音听辨和语义把握的能力;让学生在嘈杂的环境中进行对话,培养学生抗干扰的能力,这对学生倾听能力的培养都有积极作用。

(4)在综合实践活动中培养倾听能力。综合实践活动的领域广阔、形式多样,是培养学生倾听能力的有效载体。比如,进行一分钟讲话,让学生听记、听述;开故事会,把听到的故事讲给父母或朋友听;对学校组织的朗诵、演讲、辩论等比赛,要求听记并说感想……总之,要尽量利用各种实践活动的契机,来培养学生倾听的好习惯。

2-8 口语交际的课堂练习类型有哪些?

问题呈现

一些老师对口语交际的教材编写体系没有整体把握,不能够系统观察口语交际的训练体系,因此,对学生口语交际的指导效果不太理想。

学习指导策略

(1)"介绍"类:自我介绍、介绍朋友、介绍家乡、介绍一处名胜古迹、介绍一种动物或植物等。

(2)"独白"类:说笑话、说故事、说愿望、说奇思妙想、说读后感观后感、说经验谈教训、说目击情况等。

(3)"交往"类:道歉、祝贺、待客、转述、劝阻、赞美、批评、安慰、解释、采访、购物、问路、打电话、导游等。

(4)"表演"类:当众演讲、致欢迎词、主持节目等。

(5)"讨论"类:对不对、好不好、行不行、怎么办、小小建议、小小讨论、小小辩论等。

3 小学语文口语交际课堂学习课例研究

3-1 一年级《有趣的游戏》课例与评析

课例展示

一、创设情境，游戏导入

1. 听清楚游戏规则。

老师：同学们，现在我们来玩个"贴鼻子"的游戏，大家听清楚游戏规则就可以参加啦。

【设计说明】一年级小朋友好动及好玩的性格，使口语交际的教学在游戏中更容易体现。

游戏规则：蒙上眼睛从远处走到画板前，给小丑贴上鼻子。要记住三个要求：(1)看清楚小丑脸的位置。(2)蒙着眼睛转三圈。(3)把鼻子贴到小丑脸上合适的位置。

【设计说明】努力了解说话的内容，培养学生耐心倾听的习惯。

2. 说清楚游戏过程。

老师：同学们听清楚了游戏规则，玩得很尽兴！同学们看得也很开心！参与的小朋友说说游戏时想了些什么？观看的小朋友说说发笑的原因。

【设计说明】培养观看者的观察能力和表达能力，培养参与者的自信心和表达能力。

3. 揭示课题，板书"有趣的游戏"。

今天我们就来说说自己玩过的或者熟悉的游戏。

二、营造氛围，畅所欲言

1. 老师：小朋友们，你们做过老鹰捉小鸡、木头人、丢手绢的游戏吧，你们感觉怎样？

2. 老师：小朋友，想一想：你们做的哪些游戏最有趣？怎么有趣？

注意：口齿清楚，声音响亮，说清楚有趣表现在哪里？让大家听得明白。

【设计说明】在宽松愉悦的氛围中，调动学生的生活积累，引导把自己的游戏活动体验,通过有序的语言表达出来。

三、播放录像,锻炼表达

1. 播放其他孩子玩的抢板凳、摸瞎人、捉迷藏等游戏录像。

【设计说明】通过观看游戏场景,丰富学生口语表达的材料。

2. 说说你看到了什么?他们的神情和动作是怎样的?

【设计说明】认真观察,为语言表达提供素材;独立思考,训练语言表达的条理性。

四、小组交流,深入交际

1. 你们在小组内还可以介绍其他的游戏。注意:小组内发言要有秩序,讲礼貌。

2. 把你最喜欢的游戏在小组内汇报一下。

【设计说明】为了激发学生的兴趣,充分发挥学生在综合性学习中的自主性、能动性,特别设计了介绍"最喜欢的游戏"这个环节。

五、交际拓展,融入生活

1. 课下或者课外小朋友们可以仿做这些有趣的游戏。

2. 向爸爸妈妈介绍你喜欢的游戏。

3. 小组讨论一下,想想该怎么向没玩过的人介绍"画鼻子"游戏呢?

【设计说明】教学中,遵循儿童的心理特点和认知需求,以现场游戏为体验、以观看游戏为载体、以小组内对话为途径进行口语交际教学,并让口语交际走向生活、融入生活。

(课例提供者:安徽省阜阳市颍州区清河小学　马国英)

课例透析

兴趣是学生主动学习的最好老师。而口语交际能力的培养要在"双向互动"上下功夫。本课例根据学生在学习过程中容易受情感因素影响的特点,巧妙地在游戏中创设各种互动的交际情境,激起学生想说话的欲望,借助于兴趣的动力使学生积极参与,乐于参与。把游戏引进课堂,针对儿童活泼、好动的天性,把丰富的课外生活引进课堂,创设口语交际情境,以引起学生浓厚的兴趣。教师可以让学生模拟问路、借东西、购物、接待客人,开展"老鹰捉小鸡""传话"等游戏和竞赛活动。让学生在玩中学说,兴趣盎然,轻松愉快,真正做到"我口说我心"。学生在"双向互动"的训练中,不仅学会了礼貌用语,而且思维与口语交际能力也得到了同步提高。

3-2 一年级《春天在哪里》课例与评析

课例展示

一、出示课件，激趣导入

(1)孩子们，看着大屏幕，跟着音乐，我们一起唱一首欢快的歌。（播放歌曲《春天在哪里》。）

(2)春天在哪里呢？（板书课题）歌曲中已经告诉了我们一些，其实，春天远不止这些。你们看，春风一吹，大地就苏醒过来，换上了新衣，我们一起来欣赏春天的美景吧！（播放春天的录像。）

(3)孩子们，看了这些春天的美景，你们有什么想说的话吗？你们能用优美的词语和句子夸一夸美丽的春天吗？可以用自己的话说，也可以用上一单元课文中所学到的词语和句子来说。

(4)师总结过渡：同学们说得真好，其实我们看到的春天不仅在屏幕上，她还在我们的身边，在我们的生活中，我们能够看到、听到、摸到、闻到、感受到！

二、眼里的春天

(1)现在，请你们拿出春游时拍下的照片，一组同学围在一起，相互交流你在春游时看到了哪些春天的景物？你用相机记录了哪些美好的镜头？比一比，谁说得好？然后小组推荐一位同学参加全班交流。（先小组讨论，再全班交流。）

(2)师总结：同学们眼里的春天真美，碧绿的田野、嫩嫩的草芽、粉红的桃花、雪白的梨花、金黄的油菜花、飘荡的风筝、奔跑的孩子、叽叽喳喳的小鸟……多么美好的春天啊！

三、诗里的春天

(1)古往今来，有许多诗人歌颂春天、赞美春天，你们能背出有关春天的诗句吗？（找学生背诵。）

(2)师出示相关名句和图画：

不知细叶谁裁出，二月春风似剪刀。——贺知章《咏柳》

泥融飞燕子，沙暖睡鸳鸯。——杜甫《绝句》

儿童散学归来早，忙趁东风放纸鸢。——高鼎《村居》

野火烧不尽,春风吹又生。——白居易《草》

先指名朗诵诗句,再全班诵读。

四、心里的春天

春天总是给人无尽的美好和希望,看到这些,听到这些,读到这些,你们也一定有话要说,想一想春天还会有哪些景物?把你看到的、听到的、想到的结合在一起,用几句话来描绘一下。(指名回答,教师评价激励。)

五、画里的春天

(1)每一位诗人都是画家,他们在心中有了美好的图画,才写下美文佳句;每一位画家也都是诗人,他们在心中有了对大自然的赞美,才让画作带着美感呈现给大家。孩子们,相信你们也能带着对大自然的赞美,用五颜六色的画笔画出五彩缤纷的春天,现在拿出你们的画笔和画纸,在美妙的音乐声中开始画春天吧!(播放音乐《雪山春晓》。)

(学生作画,教师巡视。)

(2)请画好的学生把自己的作品展示给大家,并向大家介绍自己的画。

六、总结

春天是美丽的,百花齐放,百鸟争鸣。美丽的春天在我们的眼中、书中、心中、画中,需要我们细细品味,细细观赏,多加爱护,让美与自然成为永恒!

七、作业设计

请同学们用一个词或者一句话写下对自己的照片和图画上景物的赞美,分组交上来,班内办一个图画和摄影展。

(课例提供者:安徽省临泉县城关第一中心学校　王玉红)

课例透析

小学生智能发展处于初级阶段,他们需要借助于具体、直观的事物来帮助理解。直观形象的实物、图片展示,能吸引学生的注意力,便于他们仔细观察,从而使得学生的观察能力和思维能力得到培养,使口语交际的条理性和准确性得以提高。本案例有以下特点:(1)内容比较丰富。丰富的交际对象,提供了丰富的交际内容,扩大了参与面,使学生在和不同对象进行口语交际的过程中提高自己的口语交际能力。(2)场面比较真实。情境的创设贴近学生的生活,能唤起学生已有的生活体验,激发他们的交际兴趣,使得学生乐于参与。(3)联系学生生活实际,符合一年级学生的心理特点,为学生提供了交际的内容,让他们有话可说。

3-3 二年级《我的小制作》课例与评析

课例展示

一、创设情境,激趣导入

1.(给学生排好队)师:同学们,今天,老师将带着大家参观一个神秘的地方,擦亮你们的小眼睛哦!

2.(参观完)师:你们的唏嘘、赞叹声和瞪大了的双眼,告诉了老师,你们有话要说。谁来说说你此时的感受?(生谈)

3.师:想知道这些作品的发明家都是谁吗?他就是你们啊!同学们,这些作品,就是你们大家的发明创造啊!

【设计意图】教学之初,通过带领学生参观展览他们的作品,极大地激发了孩子们说的兴趣,使他们享受到手工制作带来的成就感。

二、分组交流,指导有序表达

将学生按照其手工作品的类别进行分组。(如:动物类、植物类、航模类、用品类等。)

1.拿着自己的作品,组内展示、介绍、交流。师巡视,指导。

师巡视时,若发现孩子们介绍时表达不够清楚、没有条理,就要加以全班指导。

(1)师拿起一手工作品,面向全班质疑:欣赏了"小发明家"的这件作品,说说看,你都想知道些什么?

生1:我想知道它是用什么材料做成的?

师梳理,板书:制作材料

生2:我想知道它是怎么制作的?

师梳理,板书:制作步骤

师:看来,要想介绍清楚自己的作品,首先要介绍作品所用的材料;然后还要重点介绍具体的制作步骤;如有特别需要说明的地方,还要增加制作时的"注意事项"。(板书:特别提醒)

师:在介绍制作步骤时,如果能合理使用"先、然后、其次、接着、最后"等连接词,表达就会更清楚,更有条理。(板书:先、然后……)

【设计意图】在学生汇报交流前,进行必要而有针对性的说话指导,为后面清楚而有条理的语言表达做好铺垫。

(2)注意到这些,先自己试着练说,再给组内同伴介绍介绍吧。(组内介绍)

2.每组派一名代表向全班介绍。不懂的同学可以质疑、发问;组内的同学也可以补充。

【设计意图】以上两个环节的教学,先由学生个人自主梳理、试说,让学生在自主的语言实践中提高口头表达能力;再进行小组合作,互动交流,让每位学生都参与到交际活动中,最大限度地扩大学生交流、表达的范围。组内同学的补充也充分体现了孩子间的团结合作精神。

三、意向交流

1.师:听了小朋友们的介绍,你一定有很大的收获。同学们对哪个小组的什么手工作品感兴趣,或者还想了解什么作品,请你走到其他组去,听听他们的介绍,谈谈自己的想法。

2.师:听了他们的介绍,你又知道了什么呢?把你的收获告诉同伴。

【设计意图】班级交流,既为全体学生提供示范,又是落实多向互动的凭借,是提升学生交际质量的重要保证。特别是打破小组界限,再次交流,能促进学生自主选择自己感兴趣的手工作品,作更深入的了解。

四、拓宽视野,升华情感

1.播放多媒体课件:

(1)近年来我校学生们的优秀手工作品。

(2)大赛上获奖的手工制作作品,感受动手动脑创作的神奇魔力。

2.欣赏了这些手工作品,你一定有许多感想吧。来说一说:

生1:原来,生活中这些不起眼的东西,用我们的巧手,就可以产生意想不到的神奇变化。

生2:只要勤于动手,肯动脑筋,发明创造就在我们身边。

……

师:在这节课的学习中,我们欣赏了同学们的一件件手工佳作,感受了这些作品给我们带来的许多快乐。回去后,向爷爷、奶奶、爸爸、妈妈介绍自己喜欢的手工作品,和他们一起分享我们的收获。

【设计意图】通过播放课件,让学生在欣赏精美手工作品的同时,体验到动手动脑的神奇魔力和快乐！最后的教师总结,把交际活动从课内引向课外,有利于提高学生的语文综合素养。

(课例提供者:安徽省阜阳市颍州区文峰中心学校　张丽静)

课例透析

口语交际是一项综合性很强的语文实践活动,口语交际能力的提高有赖于学生参与真实的口语交际活动。本课例中注重师生、生生间的言语交往,将口语交际过程的展开落实到人与人之间的言语活动中。口语交际是以口语为载体的人际活动,交际过程中不仅表现出"口脑一致性",还表现出"过程互动性"。本课例为学生提供多对象、多情境的实践机会。多样化的情境,需要采用灵活的交际形式,单一的形式尽管能使交际路径畅通,但无法适应情境变化的需要。口语交际课堂上,师生间、生生间的听、说、问、评、讨论、交流、争论应当贯穿课堂教学的全过程。师与生、生与生的多向互动,充分体现了"交际"。

3-4　二年级《美丽的春天》课例与评析

课例展示

一、引春天

师:小朋友们,你们知道现在是什么季节吗?

生(齐):春天。

师:春风姐姐轻轻吹一口气,春天就来到了我们的身旁。你瞧,(指黑板上的贴画)小草让她吹绿了,花儿让她吹开了,连小朋友们的脸都让她吹得红彤彤的,就像春天的花儿一样美!

春天来了,春风姐姐给我们带来了许多有趣的东西。你们听,春风姐姐给我们带来了一首好听的歌,她在歌里问我们问题呢。小朋友们,请注意听。

(师播放歌曲《嘀哩嘀哩》；
生用心听,随节奏点头。)

二、说春天

师：春风姐姐在问我们春天在哪呢！小朋友们回去找到春天了吗？

生：找到了。

师：我也找到了。（指黑板）看，我把我找到的春天画了下来，贴在黑板上了。能让我向大家介绍一下吗？

生：可以。

师：春天到了，天气渐渐回暖，小鸟飞来了，花儿开了，草儿绿了，小朋友们也高高兴兴地到郊外去春游了。

师：小朋友们，你在哪儿找到了春天，能给大家说说吗？

生：我在画片里找到了春天。

生：我在万绿园找到了春天。

生：我在我家的阳台上找到了春天。

生：我在课文里找到了春天。

生：我还在古诗里找到了春天。

生：我在刚才的歌里找到了春天。

……

师：小朋友们在这么多地方都找到了春天，春天真是无处不在呀！小朋友们想不想像老师一样，也给大家说说：你找到的春天是怎样的？

生：想！

师：那就赶紧拿出你们收集到的资料，和小组里的小伙伴们说一说：你找到的春天是怎样的。要注意把话说完整。待会儿请你们组里说得最棒的小朋友代表你们小组上台来向大家介绍。

（生：以四人为一小组，相互交流自己找到的春天。

师：巡视指导，指导学生说得更具体完整。）

生1：大家好！我在万绿园找到了春天，我把它画下来了。（展示画图）春天来了，万绿园的柳树长出了新叶子，小鸟飞来了。小朋友们在万绿园奔跑着放风筝。谢谢大家！

师：小朋友真有礼貌，懂得向大家问好和道谢！

生2：大家好！我在课文里找到了春天，我给大家读一读：春天、春风、春雨、柳树、小草、嫩芽、布谷、燕子、蜜蜂、梨花、杏花、桃花。谢谢大家！

师：你们觉得他说得怎么样？

生：我觉得他说话的声音非常响亮，也很有礼貌。

生:我觉得他背诵识字1时很有感情。

生3:大家好!我在古诗《村居》里找到了春天。这首诗是这样的:草长莺飞二月天,拂堤杨柳醉春烟。儿童散学归来早,忙趁东风放纸鸢。谢谢!

生4:大家好!我在上学期的课本里也找到了春天。(展示图片)春天来了,小草都变得绿绿的,各种昆虫都出来活动。看,树上有一只天牛,树下还有一只蟋蟀。小朋友也到郊外去玩儿。

师:大家觉得他说得怎么样?

生:我觉得他说得很仔细,把在图上看到的都讲出来了。

……

三、演春天

……(学生边唱边舞,跟春风姐姐道别。)

(课例提供者:安徽省阜阳市铁路小学　余亮)

课例透析

兴趣是最好的老师。设置口语交际的情境必须选择适合学生的生活素材,让学生在实践和体验中产生交流的意愿。在互动的语言环境中进行口语交际。课堂口语交际活动重在人人参与,然而,口语交际活动中的冷场还是不可避免地经常发生,其不可忽视的一个因素就是学生思维的狭隘性和单一性。也因为如此,才会使得原来有话可说的话题,让学生无话可说或是不知道从哪里说起。课堂中,教师的指导一定要少而精,起到画龙点睛的作用。这样就会给学生的思维打开路径,对于口语交际有很大的帮助,并能够取得显著的成效。

3-5　三年级《我能做什么》课例与评析

课例展示

一、共同关注

1.看录像,展示现代生活小区优美环境的画面。老师以导游身份加以解说。

2.以小组形式交流自己的感受,并在全班交流。

【设计意图】课标指出:学会认真倾听,能就不同的意见与人商讨。所以,要培养学生倾听思考的习惯,并敢于发表自己的见解。

二、新闻调查

1.谈话过渡(出示学生课前搜集到的图片资料):(1)河面漂浮着垃圾。(2)小区附近的生活垃圾。(3)教室死角的垃圾。引导学生看后自由谈感受。

2.同桌交流身边环境污染的现象,以及它给人们带来的危害。

3.各小组派代表在全班交流汇报,本组同学可以补充发言,其他小组的同学可以提出问题,请求解答。师生参与评价。

【设计意图】课标指出:能清楚明白地讲述见闻,说出自己的感受和想法。讲述故事力求具体生动,为学生提供合作学习、交流表达的机会。

三、焦点访谈

1.谈话过渡,相机板书"保护环境"。教师将自己搜集到的有关保护环境的资料,用文字、录像或图片进行展示介绍。[如:世界环境日(每年的6月5日)、污水处理工程等。]

2.(1)学生可采用各种形式在小组里交流人们为改善环境所做工作的有关资料。教师可深入各小组,参与其中,并引导学生重点围绕身边的所见所闻来说。(2)各小组讨论怎样汇报,并推荐代表在全班交流。师生参与评价,比一比看哪组同学汇报得最好。

3.创设互动情境。教师当记者,请一个学生扮演自己喜欢的一名劳动者,进行模拟采访。(假设记者采访一名环卫工人)(1)提醒学生注意人物对话的语言、态度。学生参与评价,说说谁演得好,为什么?(2)学生当小记者,同桌分角色互相采访。教师巡视了解,对个别表达有困难的学生进行点拨、引导。(3)请部分学生上台答记者问,师生参与评价,并评选出"央视名嘴"若干名。

【设计意图】课标指出:有表达的自信,敢于发表自己的意见。营造和谐的交际氛围,激发学生主动参与口语交际。注意培养学生的交流、应对能力,也注意纠正学生的听说态度和语言习惯。

四、小小智慧树

1.谈话过渡提出问题,相机板书课题:"我能做什么?"

2.(1)中央金点子:小组交流各自想出的点子,并说出理由。小组成员要注意倾听,发表不同的意见。比一比,看谁的点子有创意。(2)全班交流,师生参与评价,发表看法,评选出"金点子"。(如:①见到破坏环境的现象要及时劝告。②同桌合作办小报宣传环保。③为校园或社区设计环保广告牌。④提出环保建议等。）

【设计意图】激发学生的想象力,引导学生通过合作交流,表达设计理念,增强学生的环保意识。

3.情境体验。

(1)两个学生上台分别扮演不同角色。①一个同学在教室随地吐痰。②一个同学将一袋垃圾从抽屉里拿出扔在教室。(2)学生观看后思考:如果你见到这种现象该怎么做?同桌分别扮演不同角色进行对话表演,彼此互评。(3)请几对同学上台扮演不同角色进行对话表演,其他同学当评委参与评价。

4.小组讨论:我就是环保小主人,我该怎样做?(用一句精练的话说出你的宣传标语。)全班交流,评选出最佳广告语。

5.拓展延伸活动。课后学生自由组合成小组,讨论为保护环境做一件力所能及的事,并付诸行动。

【设计意图】创设生活情境,角色演练,懂得保护环境人人有责,并付诸行动。增进交流,提升口语表达能力。

(课例提供者:安徽省阜阳市莲池小学　崔标)

课例透析

创意性的新闻品牌节目流程,让学生在惋惜中,体会到新奇,激发了关注的兴趣。课例设计有温馨动情的温暖画面,精心构造出美丽的生活画面。然后用清新明快的画面,触碰恶劣污浊的自然生活,让学生情感中激起波澜,唤醒表达意识,浸润浓浓的绿色环保意识。首先是平等交流,培养学生的团结协作意识,与人交流的意识、能力和习惯,让学生在惋惜中意识到环境保护的重要性。其次是融洽的师生关系,让学生在惋惜中产生共鸣,保护环境,人人有责。只有把自己当作一名学生,师生才能实行平等对话,民主、和谐的氛围才能迅速弥漫教室的每一个角落。学生们怎样才能尽情交流、尽情表达呢?本课例侧重于口语交际的互动过程。听和说的互动密不可分,在互动中提升口语交际能力。在思想浸润下,"保护环境,人人有责"的种子已扎根心底,学生的心中早已像课堂一般春意盎然。

3-6 三年级《我是小导游》课例与评析

课例展示

一、谈话导入新课

1. 同学们,这个单元,我们随李白欣赏了天门山,跟苏轼游览了西湖;南下游玩了富饶的西沙群岛,北上观赏了美丽的小兴安岭,还到"东方明珠"香港逛了一圈。一路上,我们不仅领略了祖国的大好河山,而且目睹了各地丰富的物产。你还去过哪些地方?你还想去哪些地方?这节课就让我们一起走入。(出示课件:风景优美的地方)

2. 假如你去过哪个地方,你能把观赏到的优美景色和丰富物产向大家介绍吗?假如你最想去某个地方,能讲讲想去的原因吗?

【设计意图】亲情导入,创设情境,提示交际话题:风景优美的地方。

二、介绍风景美

1. 同学们游览的地方可真不少啊!可是怎么向大家介绍呢?学生讨论。(出示课件:结合照片或图片,说具体说清楚;语言生动形象。)

2. 现在就请你来当"小导游",把你游览过的最美的地方向我们介绍一下。

3. 谁愿意把你游览过的最美的地方向全班同学介绍一下呢?(小组内交流)"游客"有什么疑问,可以向我们的"小导游"提问。

4. 小导游介绍得怎样?从哪儿可以看出来?归纳出介绍风景点的方法。(出示课件:结合照片、图片或视频片断,选择最美的地方介绍,说出它是怎么吸引人的?它的物产是如何丰富?语言流利、生动、形象。)

【设计意图】以"游客"身份向"小导游"提问,把交际与生活体验结合起来,同时激发了学生交际的兴趣。

三、欣赏风景美

1. 请同学们选择一个地方来介绍该景点的美。看谁的介绍最生动、最吸引人。(同一个小组选择一个画面,组内准备后,全班交流。)

2. 哪个小组来给大家介绍介绍?哪个小组介绍得最精彩?

(1)生生交流。可以与自己同桌交流,也可以自由组织成小组进行交流。

(2)全班展示交流。学生自由上台介绍,相互评说。

3. 拓展延伸。(1)祖国地大物博,风景优美。可是由于人们缺乏环保意识,有些优美的风景失去了往日风采,大家想想看,我们怎样使祖国的山更青,水更美?(2)学生相互讨论,谈感想,出主意。教师鼓励学生当环保小卫士。

【设计意图】把语言训练与做人巧妙地结合起来,做到人文性与工具性的统一。

四、拓展延伸。

1. 祖国地大物博,风景优美,在游览的过程中我们应该注意什么呢?
2. 学生相互讨论。(我们要当环保小卫士。)

【设计意图】总结升华学生的情感,在交际中巧妙渗透人文性。

(课例提供者:安徽省合肥市蜀山区蜀新苑小学　李钰)

 课例透析

《语文课程标准》提出:"口语交际是听与说双向互动的过程。"并指明"双向互动"是口语交际的主要特点。本课例的核心是"交际",交际注重的是人与人之间的交流、沟通,不是听和说的简单相加。以往的听说训练多是一人说,众人听,语言信息为单向传递,思想交流、思维碰撞较少。而口语交际则强调信息的往来交互。参与交际的人,不仅要认真倾听,还要适时接话,谈自己的意见和想法。通过生与生、生与师的口语交际实践,学生互相启发、互相促进、互相补充,在双向互动中实现信息的沟通和交流。

3-7　三年级《学会做客人》课例与评析

 课例展示

一、在愉快的音乐声中导入新课

1. 小朋友,你喜欢交朋友吗?在你的生活中一定有一个或多个好朋友吧?朋友给我们的生活带来了很多的快乐,就让我们一起找找好朋友吧!

(播放儿歌《找朋友》,师生随着音乐边唱边做动作。)

(此环节的设计旨在活跃课堂气氛,同时也为下面的教学埋下伏笔。)

2.有了好朋友,我们就应该经常来往呀!到别人家去做客就是与人交往的一种方式。小朋友们,以前爸爸、妈妈带你们到亲戚、朋友家去做过客吗?

(板书:作客)

你们是怎么做、怎么说的呢?

(指名说)

3.(出示女孩图)

看,这位小朋友叫小红。今天,她到同学小华家去做客,她又该怎么做、怎么说呢?

(语言来自于生活,又服务于生活,这一环节联系学生丰富的生活,创设了一个宽松开放的学习环境。这样设计,激发了学生的说话兴趣,让他们想说,敢说,爱说。)

二、在情境中练习交际

1.小红去小华家做客时,老师悄悄给她拍了几张照片。

(出示四张照片)

你们看,这几张照片分别显示的是什么时候的情景呢?

(指名说)

(根据学生回答相机板书:到主人家门口时,见到主人时,受到主人招待时,跟主人告别时。)

2.如果你是小红,当时你会怎么做、怎么说呢?选择其中一张照片,四人一小组讨论。

3.交流。

(相机板书一些礼貌用语:你好、谢谢、请、再见等。)

(好奇心是推动儿童主动、积极地观察、思考,展开创新性思维的内在动力。这一环节的教学,首先为学生提供了引起观察和思维变化的情境,从而激发学生的好奇心,展开丰富的想象。又通过分组讨论交流的合作学习方式,最大程度地调动学生学习的积极性,使不同层次的学生都能充分发表自己的见解。)

4.练习表演:找一个合作伙伴,一个当小红,一个当小华,选择其中一张照片表演。

5.指名表演,师生评议。

(这一环节,通过让学生分组表演后再开展生生评价、师生评价,培养学生认真参与、仔细倾听、乐于交际的好习惯。这正体现了《语文课程标准》提出的"口语交际评价重视过程,提倡在学生承担的有实际意义的交际任务中评价"的要求。)

6.播放录像。

看看录像中的小朋友是怎么做的。

(这一环节,采用先进的视听技术手段,呈现一个生动、形象、逼真的情境,让学生在现实的交际情境中学习语言,感受语言,从而增强运用语言的能力。)

7.把四张照片的内容连起来演一演,再和刚才录像中的小朋友比一比,谁演得好。

(1)师生对演。

(2)指名表演。

(3)找合作伙伴换角色演。

(这里,既有学生与学生之间的合作,又有教师与学生之间的合作。生与生、师与生广泛交往,创设一个语言沟通的环境,学生间相互启发,相互交际,又进一步锻炼了学生积极思维的能力,发展了学生口语交际的能力。)

三、在拓展延伸中形成能力

1.小结:通过刚才的表演,你知道到别人家去做客要注意些什么?

(把总结的机会让给学生,既能活跃气氛,使学生保持旺盛的求知欲,又能锻炼他们的口语交际能力。)

2.小朋友,我们学会了如何到同学家去做客。

(板书:学会)

平时,你们还会到谁的家里做客呢?(外婆家、邻居家、老师家……)

3.根据不同的做客情境,分小组练习表演。

4.推选代表表演,师生评议,颁发"最佳表演奖"。

(李吉林老师说过,语言的发源地是具体的情境,在一定的情境中产生语言的动机,提供语言的材料,从而促进语言发展。所以,这一环节为学生创设多种贴近生活的交际情境,使他们饶有兴趣地主动投入训练中,积极思考、想象、表演。这样,他们的语言才会如涓涓细流,流出心田。)

四、在实际生活中提高能力

下次到别人家去做客时,用上你今天学到的本领吧!

(进行口语交际的训练,课堂教学是主要渠道,但这还很不够。它还需要通过大量的课外实践来实现,有道是:"得法于课内,得益于课外。"这一环节的设计,正是把口语交际的训练从课堂延伸到课外,引导学生在更广阔的天地中提高能力。)

(课例提供者:安徽省阜阳市铁路学校　陈华)

课例透析

《语文课程标准》指出"口语交际应以贴近生活的话题为主组织教学",而做客正是生活中常遇到的事。应该说,学生在这方面有一定的生活经验。于是,本课例设计了符合学生生活实际的情境,以调动学生的生活感知、生活积累,让学生说得具体,说得真实,说得有趣,从而有效培养学生的口语交际能力,同时让学生知晓做客的基本礼仪,力求体现口语交际"生活化""实用化"的特点。进行口语交际的训练,课堂教学是主要渠道,但这还很不够。它还需要通过大量的课外实践来实现。本课例的设计,正是把口语交际的训练从课堂延伸到课外,引导学生在更广阔的天地中提高能力。《语文课程标准》把"听话、说话"改为"口语交际",这对学生语言能力的培养提出了更高要求。听话、说话训练仅限于听别人说话时态度端正,认真听,听懂别人说话的意思,能把自己想说的话正确地表达出来。而口语交际是听话、说话的发展,与听说训练不同,它不仅要求培养学生的听说能力,而且要通过口语交流,规范语言,培养语言交际、待人处世、举止言谈、临场应变、传情达意等综合能力和基本素养。

 3-8　四年级《小小推销员》课例与评析

课例展示

师:大超市的经理知道咱们班的孩子各个能说会道,想在咱们班挑选几名同学帮忙推销食品。你们愿意试一试吗?结合生活经验,说说什么样的推销员才算得上优秀呢?

生1:对待客人要热情,要面带微笑。

生2:要抓住产品的特点向客人介绍。

生3:要有耐心。

生4:对待客人要真诚,不能夸大其词。

师:老师认为,一名优秀的推销员不仅要热情大方地用生动形象、富有感染力的语言打动顾客,而且对于突发的问题要能随机应变。今天老师也想当一回推销员。你们呢,既是大老板,又是我的顾客,可以针对我推销的产品提问质疑,看看我这个推销员合不合格。

(师生互动)

师:(师举起果冻)果冻嘞果冻,新鲜的果冻,好吃看得见,一吃忘不了!女士们,先生们,顾客朋友们,买些果冻去吃吧!您看,我们这种喜之郎思慕果冻,上层爽滑透亮,下层洁白如霜,非常漂亮,而且富含钙质,里面的橘瓣含有丰富的维生素,十分营养。买些去吃吧!

生1:你这果冻味道怎样?

师:口感细腻嫩滑,吃到嘴里芳香四溢。并且有各种水果口味,有苹果味、菠萝味、桂圆味……

生2:你这果冻新鲜吗?

师:绝对新鲜。(边指包装袋边说明)您看,生产日期2014年11月21日,保质期9个月,现在才12月份,新鲜得很。

生3:请问,你这果冻含有香精和色素吗?

师:含有微量的。不过您放心,我们这喜之郎果冻是经过国家质量认证的,只要您一次不吃太多,是不会对身体有害的。怎么样,买些去吃吧!10元钱一斤,如果您买得多的话,我可以给您优惠一点,打个9.5折。

生4:那行,给我来两斤吧!

师:给您。提醒您吃的时候要小心,不可大口吞食,3岁以下的儿童不要给他吃,以免噎着。

生:谢谢!

师:欢迎下次光临!

(学生评议)

师:亲爱的大老板们,你们觉得我的表现怎样?

生1:老师,您对产品非常了解,抓住了产品的特点介绍。

生2:老师,您的介绍非常有感染力。

生3:老师,您为了吸引客人多买一些,想出了打折的好办法。

生4:老师,您对客人非常关心,提醒他注意事项,这让客人感觉很温馨。

……

师:现在你们想不想推销推销?可以找你的好朋友,也可以找老师推销你的食品,听听他们对你的评价。

(学生自由推销食品)

师:有哪些同学成功地将自己的食品推销出去了?举起手来。

(大部分同学举起了手)

师:谁愿意上台来向大家展示一下自己的推销过程?

(一生扮演推销员,一生扮演顾客)

生(推销员):(举起鲜虾条)走过路过,千万别错过,新鲜的虾条!小朋友,买包鲜虾条去吃吧!我们这种上好佳鲜虾条原料是从深海捕获的鲜虾,一直保鲜直至加工成您所喜爱的鲜虾条。这种鲜虾条口感很好,吃到嘴里,香香的,脆脆的。不信,您尝一尝。

生(顾客):可是我妈妈说这种油炸食品是垃圾食品,吃了对身体不好。

生(推销员):我们这种鲜虾条是非油炸食品。不信,您看!(指包装袋给顾客看)况且我们上好佳鲜虾条是中国著名商标,上了中央电视台广告的。您放心吧!

生(顾客):多少钱一包啊?

生(推销员):不贵,一元五角钱一包。要不,买包尝尝。如果觉得好吃,下次再来买。

生(顾客):我都被你说动了,给我来一包吧!

生(推销员):给您!欢迎下次光临!

生(顾客):谢谢!

(课例提供者:安徽省阜阳市铁路学校 田原)

课例透析

口语交际具有很强的实践性。口语交际教学源于生活实际,又必然回归生活实际,是为学生的生活服务的。这个"情境"来自生活。将生活与课堂融为一体,通过师生互动,有针对性地指导学生模拟生活场景进行口语交际练习,让学生体会到语境感,口语交际训练便能扎实到位。课例中,教师在小结时,特别就"礼貌"的交际态度作出评价,重视口语交际中情感态度的培养。案例中,教师选择贴近生活的话题,通过学生熟悉的交际情境的创设和示范引领,使学生乐于参与,敢于表现。口语交际教学要体现双向互动的特点。在双向互动中,学生逐渐建立交际的自信心,学会在交流中站在对方的立场上考虑问题,顺利地达成交际的目的。

3-9 四年级《绰号的魅力》课例与评析

课例展示

一、谈话引入,明白什么是绰号

1.绰号:也叫外号。就是根据某人身上的一些特点,给其取一个有代表性的称谓。(板书:绰号)

2.班里哪些同学有绰号?能说说自己的绰号吗?

二、概括绰号种类,感受不同绰号带来的喜悦和烦恼

1.谁喜欢自己的绰号?为什么?(板画:笑脸)

2.谁不喜欢自己的绰号?

采访谈感受:自尊心受伤害,被嘲笑、挖苦(板画:苦脸)

3.小组讨论:同样是绰号为什么有人喜欢,有人恼?

总结:好的绰号,使朋友关系更加亲密、融洽,能体现自己的修养、学识;不好的绰号,对人进行人身攻击,低级庸俗,伤人自尊,失去朋友!给别人起绰号折射出自己为人处世的态度以及知识素养。

三、学习领会绰号的特点

过渡:怎样起一个准确合适的绰号呢?

1.说绰号,猜人物,引导发现起绰号的基本方法。

及时雨——宋江　　玉麒麟——卢俊义　　智多星——吴用

入云龙——公孙胜　　大刀——关胜　　豹子头——林冲

霹雳火——秦明　　双鞭——呼延灼　　凤辣子——王熙凤

粉刷匠李师傅——刷子李　　泥人张……

2.明晓特点,提炼方法。

绰号的语言:简洁明了、抓住特点、体现尊重。(板书)

起绰号的方法:抓住人物特点概括:外貌、性格、爱好、特长、学

识……(板书)

四、尝试运用,评价互动

1. 给小组起绰号:明特点,说原因。互评(谁来评价)

2. 给同学起绰号:尝试书写——交流表达——评价互动。

五、课外延伸

名人的绰号:诗仙——李白　　诗圣——杜甫

花朵的绰号:花中之王——牡丹　凌波仙子——水仙

国家的绰号:风车之国——荷兰　瓷器之国——中国

　　　　　　钟表之国——瑞士

六、总结升华

一个好的绰号,会使人顿生亲切感,了解人及事物的特点;一个不成功、纯属玩笑的绰号,只会产生适得其反的效果。看来,小小的绰号也蕴含着大智慧。让我们更好地认识绰号,发现生活中的问题,赢得交际的智慧吧!

(课例提供者:安徽省阜阳市和谐路小学　蒋晓芹)

课例透析

本课例源于学生交往中常见的问题——同学之间起外号,这些外号中不乏生动形象、富有智慧的绰号,但更多的是以恶作剧形式出现的对别人的肆意贬损。五年级下册《水浒传》中一百零八位好汉特色鲜明、异彩纷呈的绰号引起了我的思索:如何从名著中汲取精华、学习方法,引导学生正确认识绰号,学习运用绰号,以起到思想上疏导提高的作用呢?课例及时发现和捕捉这一敏感话题,并以此为训练点,创设真实、具体、富有情趣的情境,使口语交际的过程成为学生提升思想、感情的过程,让学生乐于表达,勇于表达,在提高口语交际能力的同时,学会尊重他人、文明交往。在课堂教学环节的设计上,有意识地设计师生和生生互动的口语交际实践训练,力图体现口语交际课"平等对话""互动生成"的特点。在创设的轻松情境中通过不同层次的动态交流,引导学生畅所欲言,培养学生的听说能力,在交流中发展思维,进一步培养学生的创新精神。

3-10　五年级《童年趣事》课例与评析

课例展示

一、启发谈话，生活导入

1.激趣导入。

播放歌曲《童年》。师：同学们，你的童年生活有趣吗？你愿不愿意把你的有趣故事介绍给大家？今天咱们要开个小小的座谈会，主题就是"说说我难忘的童年趣事"。

2.谁来说说什么是有趣的事情？（学生自由发言）

二、教师示范，介绍一件趣事

1.老师讲述一个自己童年有趣的故事。

2.学生评议有趣在哪里。

三、自由交谈，介绍自己的童年趣事

1.教师提示：把自己的有趣故事说给大家听，大家一定会很快乐的。你愿意让大家快乐一次吗？

2.提示方法：要注意把故事说完整，把有趣的生活细节说出来，让大家听了十分开心。如果能说出自己从故事中明白了什么道理，就更棒了。

3.学生默想自己的童年趣事。

4.小组学生充分交流，说说自己的童年趣事。

5.小组评选谁说得最棒。

四、集体交流，评选最佳

1.教师引导激励：下面由各小组选出的代表进行全班交流。其他同学都是评委。交流完之后，我们要评选一个故事大王。看看谁是今天的故事大王，好吗？最后，老师要根据大家的评议，选出最佳评委若干人。

2.教师提示方法：(1)要注意把故事说完整，把有趣的生活细节说出来。(2)要注意说的表情和姿势，可以带上动作。

3.代表交流。

4.学生评议。说说谁讲的好？好在哪里？你明白了什么？

5.评选故事大王。

6.评选最佳评委。

（课例提供者：安徽省安庆市宜秀区大桥罗冲小学　　江义林）

课例透析

　　丰富的日常生活是学生永远的话题,教师可通过联系生活实际,拓展时空,激发学生兴趣,触发他们的灵感,使他们有话可说。本课例从生活入手,引导学生大胆述说,教师示范引路,以激发学生说的兴趣;评选故事大王和最佳评委,激励大家敢说会说。有效地引导学生快乐地回忆童年的有趣生活,把童年中难以忘怀的事情说出来。课例中教师尊重和关爱学生,平等待人,释放学生的精神活力,使学生心地坦荡、思维开阔,创造的火花不断迸发。教师要做学生的听众、朋友,和他们一起讨论、一起聊天,让学生愿意和自己交流,敢于大胆表达自己的感受,提出不同的建议,无拘无束地进行口语交际。

　3-11　五年级《父母的爱》课例与评析　

课例展示

一、照片导入,激发交流兴趣

1.全班同学的全家福照片在电脑屏幕上滚动播出。

【评析】滚动播放全班同学的全家福照片,能一下吸引孩子们的注意力,以最快的速度进入课堂、适应课堂、融入课堂,使学生成为实实在在的课堂参与者和主角。

2.同学们,看了这些照片,你有什么想说吗?其实啊,这些照片就是今天我们这节口语交际课所要学习的内容,好,请大家一起来齐读课题:口语交际——父母的爱。

二、走进文本故事,观看他人言行,谈谈自己的见解

1.默读并思考课文的三个小故事。

　　同学们!俗话说:"父母之爱,恩深似海!"每一位父母都深爱着自己的孩子,但是他们对孩子表达爱的方式却各不相同。这不我们书本里就有这样的例子,请同学们将课本翻到第110页,默读课文里的这三个小故事,并想一想:

　　故事一:妈妈很爱刘明明,在家里什么事情也不让他做,连书包都是

妈妈帮着整理。有一次,妈妈出差,几天不在家。刘明明上学不是忘了带文具盒,就是忘了带作业本。

故事二:冯刚的学习成绩一直不太好,每次考试结束,是他最害怕的时候,因为少不了又要被爸爸训斥。爸爸每次骂完他,总是说:"我爱你,才会这样严格要求你。"

故事三:李路杰对什么东西都很好奇,喜欢动手试一试。有一次,李路杰把家里的电话拆了,却再也装不好了。爸爸知道了,没有批评他,而是亲切地说:"既然你能拆开,就一定能把它装起来。"在父亲的鼓励下,李路杰终于把电话机装好了。

(1)你是否同意以上父母的做法?请说明你的理由。

(2)如果你不同意他们的做法,你有什么具体的好的建议来提醒他们呢?

【评析】在默读的同时要求同学们思考问题,切实做到"读想结合"。小学高年级的学生,读书的方法和思考问题的能力都有了一定积累,这一环节的设置符合五年级学生的学段要求和年龄特点。

2.小组内交流自己的看法。

【评析】小组合作,本身就是新课标所提倡的"自主、合作、探究"的学习方式,鼓励学生将自己的看法在小组内进行交流,充分调动学生表达自己意见和看法的积极性,符合2011年版语文新课标关于本学段口语交际中"乐于参与讨论,敢于发表自己的意见"的要求。

3.各组选派代表上台,全班交流。

第一个故事:妈妈不能溺爱包办,应该让刘明明学会自己的事情自己做,培养他的生活自理能力。

第二个故事:冯刚的爸爸过于严厉,应该以宽容的心态多鼓励、多理解他,帮他找出失败的原因,鼓励他尽力在原有基础上有所提高。

第三个故事:李路杰正是由于有了爸爸的鼓励和支持,才能成功地把电话机装好。

师生共同小结:在我们以后的成长路上,当我们遇到挫折、心灰意冷的时候,希望我们的父母能够给我们多一点鼓励和支持,给我们勇气和信心;当我们骄傲自满、粗心大意的时候,希望我们的父母能及时给我们适当的提醒和批评,让我们清醒和自知;当我们迷惑不解、止步不前的时候,希望我们的父母能给予恰当的点拨和指导,给我们解惑和动力。

【评析】在这一环节,设置了由各组代表上台展示。它既是各小组合作成果的展示,也是全班围绕某一话题开展的交流。通过文本的故事、各组的发言、全班的交流,同学们仿佛都站在一面镜子前,既照别人也照自己,照出别人的状况也照出自己的样子,有利于为下一环节的设置做好铺垫。

4. 观他行、内自省。同学们,假如你们的父母也出现文本故事中的这些情况,或者也有其他做得不太妥当的地方,你准备怎么做?你应该怎样跟爸爸妈妈沟通呢?

【评析】通过观看、讨论文本故事,对照自己的现实生活,易引起同学们的兴趣,他们会思考日常生活中父母对自己的关爱,实在是"由此及彼,由彼及此"。

三、走进现实中的自己,反思自己的生活,再谈谈自己的看法

同学们,刚才我们领略了书中的几个小故事,见识了几位父母对自己孩子的爱。不管爱的方式如何,不管合不合理,至少都是"父母的爱"。现在就请同学们把眼光从书本移向现实,在现实生活中,你和自己的父母之间肯定有不少的故事,现在就请你静心想一想。

1. 请静心思考5分钟,合理组织一下自己的语言。

2. 同桌互相交流:跟你的同桌说一说你和父母之间的故事,并说说通过这件事你体会到什么?你如何看待你父母的这种做法?

【评析】与同桌的交流可以训练自己的口头表达能力以及和同桌的合作、探究能力,面对熟悉的人,更能激发孩子们的口头表达欲望。同桌互相联系、交流,教会孩子们"学会尊重和理解对方"。

3. 班内交流:谁愿意上台来分享你和父母之间的故事?要求:当别人发言时,自己认真、耐心听讲,并把自己所听作简要的转述。

四、观看视频,升华感情

播放《感恩父母》网络视频,寻求孩子们内心的共鸣。

观看完视频后,把你最想说的话写下来。

【评析】这一环节,主要是想将学生的所见所感所想转化为文字。这种因学生内心受到触动,在真情实感基础上进行的写作,不需要太多的技巧,也不需要过分的渲染,足以打动人。

五、课后巩固

1. 把自己所写的小短文,认认真真读给父母听,进行一次真诚的沟通。

2. 请你用自己的实际行动做一个孝顺父母的好孩子!

(课例提供者:安徽省阜阳师范学院附属小学 刘尤春)

课例透析

本口语交际课例的设计，无论从课前的准备、学情的分析还是到教学过程的演进和作业的布置，无不透露出执教者渗透在文本里的"爱"这一主题。综观本节课例，给我们的有益启示有：全课的主线"父母的爱"，是立足于学生的生活现实，通过"爱"来引导学生、教育学生、感化学生，较好地实现了德育与语文课堂的衔接，收到了良好的教学效果。本课例还设置有"默读并思考问题""同桌互相交流""上台全班交流"等环节来重点训练学生听、说、读等方面的能力。除此之外，还设置了"播放《感恩父母》小视频"环节，让学生在感动之余，带着真情实感去写自己的心得体会，无疑让学生明白——作文取胜的关键不在技巧而在情感，重点训练学生的应对能力和写作能力。整个教学过程中，教学目标的达成、教学方法的选取和教学流程的设计，都是在有意识地培养学生的语文素养，收效较好。另外，本课例是立足于学情的考虑，五年级学生已经有了一定的生活阅历和体验，能够准确评价三则小故事中的父母之爱，能够从别人的故事中受到启发，所以设计"观他行、内自省"环节，让学生"由此及彼"——由他人而联想到自己，真真切切地进行比较。其他环节的设置诸如"耐心倾听别人的发言"或"静心思考5分钟"等都是出于学段要求，完全切合《语文课程标准》关于第三学段口语交际的要求。播放《感恩父母》小视频是想给学生视觉和听觉上的直接冲击，是为了寻求学生内心情感的共鸣和感情的契合点。总之，本课例是立足于新课标的要求和学生的实际精心设计而成的。

 3-12　六年级《毕业赠言》课例与评析

课例展示

一、教学目标

1.培养学生的口语表达能力，分辨赠言的优劣，引导学生说出一点新内容,吐露一些新见解。

2.根据学生的特点把自己的希望和祝愿组织成美好的语言送给他(她)。

3.感受师生之间、同学之间纯真美好的情感。

二、教学过程

(一)创设情境,激发情趣。

师:大家都喜欢猜谜语吧!我给你们准备了几条,一起来看(电脑出示):

文文静静一张脸,古筝弹得不一般。老师书桌常整理,从来都是无怨言。

生:刘冰倩。

师:长得白白胖胖,萨克斯吹得最棒。美术作业一流,就是作业常忘。

生:赵舒阳。

师:能跑能跳,爱哭爱笑。说话快人快嘴,办事风风火火。

生:李阳。

师:为什么你们猜得这么快呢?

生1:因为我们同学之间非常熟悉,特别了解。

生2:因为这些谜语抓住了同学的特点,所以很容易就能猜出来。

师:这些都是和我们朝夕相处的同学。马上就要小学毕业了,我想大家一定都有许多心里话想说,对吗?(生:对)今天,我们就来上一节口语交际课:毕业赠言。(板书课题)

(二)评析赠言,写作指导

师:前两天,老师就发现有的同学已经开始写毕业赠言了。征得本人同意,我选取了具有代表性的几张,一起来看一下。(实物投影演示)

祝你永远开心!

祝你身体健康,学习进步!

祝你天天好心情,勿忘我!

师:你们对这几则赠言有什么看法?同桌或四人组成小组交流一下。(小组内讨论交流)

3分钟之后,学生汇报。

生:这些赠言没有抓住人物的特点来写,送给谁都行。

师:对,赠言要有它的针对性,送给谁都行就失去它的意义了。(板书:1.赠言要有针对性)赠言同习作一样,都要抓住人物的特点来写,只有这样,才能富有个性,与众不同。如果你给某个同学的赠言,适用于所有的人,那么就失去了它的价值。

生1:我们组觉得写得太少了,难道同窗六年没有可值得回忆的东西吗?

生2:我也觉得过于简单,读起来没有什么意思。

师:说得真好,赠言要有一定的内容,(板书:2.赠言要有具体内容)那你们觉得赠言应该说哪些内容呢?

生1:可以说生活学习中的片断。

生2:可以说同学之间发生的故事。

生3:可以说一些希望和祝福的话。

师:有了这些内容,说起来就充实多了。除此之外,其他同学还有补充吗?

生1:我们组认为这些赠言写得太平淡了,一点也不感人。

生2:写得没有什么意思,不爱读。

师:赠言的语言要优美、生动。这样才能给人留下深刻的印象。(板书:3.赠言的语言要生动优美)

老师这里有一本毕业赠言。这是11年前,我的同学写给我的。如今,它已经成为我回忆中一个重要的部分。可以想象,一篇优美的毕业赠言会带给人多少愉悦的享受,而这种享受,会伴随人的一生。老师给大家找了几段祝福语,我们一起来读一读。

(1.我们即将步入新的生活,前面的路还很长很长,让我们更加珍惜今天所拥有的青春和友谊,用真情去浇灌友谊的花蕾。

2.你我为了理想而历尽了艰难,才走向了成功之路。但愿你还能记得,永远地记得,那一段充满着奋斗激情的闪亮的日子!

3.我们相逢在陌生时,我们分别在熟悉后。明天,我们要到生活的新途上去寻找自己新的位置,让我们用自己闪烁的星光相互问讯,相互祝福!)

(三)创设氛围,激发情感

师:赠言的这几个主要特点都是外在的一个表现形式。如果把它们都看成盛开的花朵,那么情便是使这些花开得更鲜艳的土壤。首先要打动你自己,然后才能打动别人。老师这有一段录像,我们一起分享。

播放录像(音乐起),片断1:篮球比赛的激烈场面。片断2:课堂上同学们热烈讨论的场面。片断3:新年联欢会上精彩节目的片断。

师:六年了,多少个朝朝暮暮,风风雨雨,我们在一起;多少个成功失败,流泪流汗,我们在一起。校园里的欢声笑语,生活中的点点滴滴,都让我们难以忘记。同学们,情到深处,哪怕是最质朴的语言,也同样让人感动。现在,就让我们对你最亲爱的朋友说出你所有的留恋与祝福吧!

(四)互相赠言,升华情感

思考几分钟后,学生汇报赠言。

师:接到祝福的同学也要谈谈你的感受,大家用掌声的热烈程度来打分。(配乐《放心去飞》)

生1:我把我的祝福送给郭红雨同学:郭红雨,六年了,我们一起走过许多风风雨雨的日子,你是我学习生涯中难觅的知音。遇到不懂的问题时我向你请教,你总是不厌其烦地给我讲解;在生活中我遇到不开心的事情,你又像大姐姐一样开导我。马上要分开了,真舍不得你。

生2:谢谢你给我的祝福,同样,你也让我感受到友情的可贵,我们永远都是好朋友,不是吗?

全班同学报以热烈的掌声。

生1:我把我的祝福送给赵杰同学:赵杰,我们可是铁哥们了,既是学习中的伙伴,又是生活中的朋友。还记得吗?有一次,我们俩和几个人一起踢球,就在你家的院子里,我们立几个书包当球门,我当守门员,你一脚大力射门,结果球没进,鞋进了。我抓住了你的一只臭鞋,当时我们笑得都直不起腰来,多快乐呀!真希望时间能停留,祝你今后的日子天天开心!

生2:你我之间的友情永远也不会改变的,送你一句话,"海内存知己,天涯若比邻"。

全班同学再一次报以热烈的掌声,有的同学悄悄流下了泪水。

……

(课例提供者:安徽省阜阳市和谐路小学　邢咏梅)

课例透析

这是一节口语交际课。互赠留言的主题,贴近学生的生活,符合六年级学生的实际情况,不仅提高了学生的表达能力,而且注重情感体验。以情为线索,使整个课堂洋溢着学生真情的交流,完成了学生最诚挚心灵的碰撞,实现了语言与精神的同约共生,使语文学科的工具性和人文性得到了较好的统一。导入,是教师有意识、有目的引导学生进入学习情境的一种方式,是课堂教学的重要环节,目的是激发兴趣,启发思考。这节口语交际课在导入环节采取猜谜语的方式,用三首打油诗写出了三个同学的特点。在这样的导入下,学生的情绪变得高涨起来,口语交际的主动性被激发。他们带着美好的情感,怀着浓厚的兴趣,自觉地走进口语交际。许多六年级同学在没毕业前都已经写过毕业留言,但是怎样才能说好呢?教师没有急于给出答案,而是出示了具有代表性的几张,让同学一起进行评价,找出大家爱犯的毛病,然后总结出赠言的几个特点:赠言要有针对性;赠言要有具体内容;表达时语言要生动优美,并且特别强调这些特点都是外在的表现形式,更重要的是要有情的基础,只有打动了自己才能打动别人。这些指导在没有束缚学生思维的情况下,让学生有方法可遵循,放飞了学生的思维,让他们有话可以表达。

第 6 部分

小学语文综合性课堂学习与课例研究

1　小学语文综合性学习标准

《基础教育课程改革纲要(草案)》指出："倡导学生主动参与、乐于探究、勤于动手,培养学生搜集和处理信息的能力、获取新知识的能力、分析和解决问题的能力以及交流与合作的能力。"语文综合性学习能较好地帮助学生掌握"自主、探究、合作"的学习方式,有利于学生在整体性的听说读写活动中提高语文素养,有利于语文知识的学以致用,有利于培养学生的综合表达能力、人际交往能力、搜集信息能力、组织策划能力以及互助合作和团队精神等。它对于培养学生的创新精神和实践能力有着深远意义。

　1-1　小学语文第一学段综合性学习标准

学习标准

(1)对周围事物有好奇心,能就感兴趣的内容提出问题,结合课内外阅读共同讨论。

(2)结合语文学习,观察大自然,用口头或图文等方式表达自己的观察所得。

(3)热心参加校园、社区活动。结合活动,用口头或图文等方式表达自己的见闻和想法。

 学习标准解读

综合性学习主要体现为语文知识的综合运用、听说读写能力的整体发展、语文课程与其他课程的沟通、书本学习与生活实践的紧密结合。

1-2 小学语文第二学段综合性学习标准

学习标准

(1)能提出学习和生活中的问题,有目的地搜集资料,共同讨论。

(2)结合语文学习,观察大自然,观察社会,用书面或口头方式表达自己的观察所得。

(3)能在教师的指导下组织有趣味的语文活动,在活动中学习语文,学会合作。

(4)在家庭生活、学校生活中,尝试运用语文知识和能力解决简单问题。

 学习标准解读

综合性学习主要体现为语文知识的综合运用、听说读写能力的整体发展、语文课程与其他课程的沟通、书本学习与生活实践的紧密结合。联系生活中的实际问题开展学习活动,在实现语文学习目标的同时,提高对自然、社会现象与问题的认识,追求积极、健康、和谐的生活方式,增强抵御风险和侵害的意识,提升在与自然、社会、他人互动中的应对能力。

1-3 小学语文第三学段综合性学习标准

学习标准

(1)为解决与学习和生活相关的问题,利用图书馆、网络等信息渠道获取资料,尝试写简单的研究报告。

(2)策划简单的校园活动和社会活动,对所策划的主题进行讨论和分析,学写活动计划和活动总结。

(3)对自己身边的、大家共同关注的问题,或电视、电影中的故事和形象,组织讨论、专题演讲,学习辨别是非、善恶、美丑。

(4)初步了解查找资料、运用资料的基本方法。

学习标准解读

(1)综合性学习主要体现为语文知识的综合运用、听说读写能力的整体发展,语文课程与其他课程的沟通、书本学习与生活实践的紧密结合。

(2)综合性学习应贴近现实生活。联系生活中的实际问题开展学习活动,在实现语文学习目标的同时,提高对自然、社会现象与问题的认识,追求积极、健康、和谐的生活方式,增强抵御风险和侵害的意识,提升在与自然、社会和他人互动中的应对能力。

(3)综合性学习应突出学生的自主性,重视学生主动积极的参与精神,主要由学生自行设计和组织活动,特别注重探索和研究的过程,教师要加强对各环节的指导。

(4)综合性学习应强调合作精神,注意培养学生策划、组织、协调和实施的能力。

(5)综合性学习的设计应开放、多元,提倡与其他课程相结合,开展跨领域学习。跨学科学习,也应以提高学生语文素养为目的。

(6)积极构建网络环境下的学习平台,拓展学生学习和创造的空间,丰富语文综合性学习。

2 小学语文综合性学习关键问题及指导

 2-1 小学语文综合性学习指导关键问题

综合性学习与识字写字、阅读、写作、口语交际一起,构成语文教学五个方面的内容,但综合性学习是一个特殊的学习领域,它与其他四个方面的教学内容不在同一层面上,它不具备比较单一的内容目标。其综合性特征体现在如下三个方面:

(1)如何做到识字写字、阅读、写作和口语交际四个方面学习内容的综合,实现听说读写能力的整体发展。

(2)怎样使语文课程学习与其他课程学习沟通,提高综合能力,促进人文素养与科学素养的共同进步。

(3)如何引导学生关注自然、关注社会、关注世界,理论联系实际,学以致用,实现书本学习和生活实践学习的紧密结合。

2-2　小学语文综合性学习指导策略建议

综合实践活动课程与学科课程最大的不同,就是没有统一的教材。这一特点虽然给课程实施者以更大的自主性、灵活性、创造性,但同时也增大了课程实施的难度——怎样选择课程内容呢?为方便教师组织教学,提高综合实践活动教学的有效性,我们依据《小学综合实践活动(3~6年级)课程目标分解》,结合城乡生活、社会及学情状况,分年级列举了部分活动示例。各年级活动示例均分为四大板块:体验自然、观察社会、体验生活、动手操作,以供教师们参考。教师们可以从中选择部分示例作为课程内容,但更多的是作为一种引导,一种启发。通过这些示例,提倡教师联系当地实际,结合学生的生活经验,创造性地开发课程内容,开展教学活动,使各校综合实践活动课程体现师生特色、校本特色、地域特色。

❀一年级上学期

【体验自然】

(1)秋天的树叶

观察秋天的树叶,注意颜色的变化,画一幅画,写一句话,表达自己的愿望和感情。

(2)美丽的雪花

观察下雪时雪花飘舞的情形,画一幅画,写一句话,表达自己的愿望和感情。

(3)秋天的校园

观察秋天的校园,注意校园里花草树木的变化,画几幅画,写几句话,表达自己的愿望和感情。

【观察社会】

(4)爱护我们的教室

观察自己的教室,注意物品的摆放和卫生的变化,画一幅画,写一句话,表达自己的愿望。

(5)爱护我们的校园

观察自己的校园,注意景物的形状、颜色的变化,画一幅画,写一句话,表达自己的愿望。

(6)遵守交通规则

背诵一首遵守交通规则的儿歌,画一幅画,写上儿歌。

【体验生活】

(7)系鞋带

学会自己系鞋带,写几句话,描述系鞋带的过程。

(8)自己穿衣服

学会自己穿衣服,然后写几句话,把穿衣服的过程记录下来。

(9)把自己的东西放好

睡觉前整理自己的书包和卧室里的物品,东西要放在一定的地方。然后写几句话,记录自己摆放物品的过程。

【动手操作】

(10)叠飞机

学会折叠纸飞机,然后写几句话,把自己折叠纸飞机的经过记录下来。

(11)测量家具的长度

用尺子测量家中物品的长度和宽度,然后记录下来。

(12)制作一张贺卡

过年了,练习制作一张贺卡,画上画,写上自己最想说的一句话,送给亲人或好朋友。

一年级下学期

【体验自然】

(1)观察小草

观察春天小草的生长变化,画一幅画,写几句话,表达自己的愿望和感情。

(2)观察小公园

观察家乡一个小公园的变化,画几幅画,写几句话,表达自己的愿望和感情。

(3)观察校园里的春天

观察校园里春天的变化,画几幅画,写几句话,表达自己的愿望和感情。

【观察社会】

(4)爱护我们的校园

和小伙伴一起到校园捡垃圾,然后写几句话,记录自己的体验。

(5)购物

陪爸爸妈妈到商场购物,了解购物的过程,然后写几句话,记录自己的体验。

(6)乘车

陪爸爸妈妈乘坐一次公交车,了解乘坐公交车的过程,然后写几句话,记录自己的体验。

【体验生活】

(7)整理自己的书包

学会整理自己的书包,然后写几句话,记录自己的体验。

(8)给长辈敬茶

给爸爸、妈妈或爷爷、奶奶等长辈倒一杯茶,双手敬茶,然后写几句话,记录自己的体验。

(9)小节俭体验

制作一张小卡片,画上一幅画,提示大人随手关灯或关水龙头,然后写几句话,记录自己的体验。

【动手操作】

(10)制作读诗卡

在一张白纸上抄写一首唐诗,根据诗句的意思画一幅画。

(11)玩玩具

找一个自己喜欢的小玩具,玩一玩,然后写几句话,告诉别人怎样玩。

(12)洗菜

帮妈妈洗一次菜,然后写几句话,记录自己的体验。

二年级上学期

【体验自然】

(1)观察花草

观察一种花草,注意其生长的变化,画几幅画,写几句话,表达自己的愿望和感情。

(2)观察树

观察校园里的一棵树,注意树生长的变化,画几幅画,写几句话,表达自己的愿望和感情。

(3)观察小动物

观察并饲养一个小动物,注意其生长的变化,写几句话,表达自己的愿望和感情。

【观察社会】

(4)乘坐公交车

了解上下公交车应该遵守的行为规范,写几句话,表达自己的想法。

(5)购物

了解人多时购物应该遵守的行为规范,写几句话,记录自己的生活体验。

(6)遵守交通规则

观察行人是怎样过红绿灯的,了解过马路的规范,写几句话,记录自己的生活体验。

【体验生活】

（7）做游戏

学习一项传统的体育游戏项目，并与周围的小伙伴合作游戏。然后写几句话，记录自己的生活体验。

（8）全家福

画一张全家福，给服装涂上颜色，并进行简单描述。

（9）小动物

查找有关"小动物"的成语，选一个，抄下来，然后画一幅小动物的画，推荐给其他同学。

【动手操作】

（10）读书卡片

制作一张读书卡片，画上画，或写一首诗，送给自己的好朋友。

（11）我爱我家

用漫画形式画出一位家庭成员，图画旁边用文字介绍他（她）。

二年级下学期

【体验自然】

（1）参观小公园

在父母的带领下，参观社区里的小公园，注意观察景物的特点，然后写一段话，记录自己的所见所闻。

（2）观察菊花

观察菊花的形状、颜色、气味，写几句话，赞美一下菊花，并记录自己的观察体验。

（3）我喜欢的植物

选择自己居家附近长有植物的一处场地，进行观察，记录植物的种类、样子，采集不同植物的叶片、花朵、种子等，认养自己最喜欢的植物，做好日常养护，通过查阅图书、看电视、访问、上网查询等各种途径，搜集认养植物的相关资料，建立植物档案。

【观察社会】

(4)交朋友

到自己所在的社区结识新伙伴,并组成团体小组,共同创造完成一个作品,作品可以是手工制作,也可以是社会小调查。

(5)寒假亲情作业

①看春节联欢晚会,评出最喜欢的节目,并把理由说给父母听;②为家人盛一碗饭,倒一杯酒,说一句祝福的话;③给老师、同学、亲人打三个以上的拜年电话。

(6)小记者行动

走出家门,记录社区或身边发生的文明现象和行为亮点,对目前存在的不文明现象则拿出来"晾晒晾晒",以促进家乡的文明城市建设。

【体验生活】

(7)写德行日记

如《日行一善》《我身边的好榜样》《我为家庭作贡献》《父母的辛劳》等,也可以自选。

(8)感恩行动

设计一张"服务卡",并为卡片取一个有创意的名字,比如温暖卡、感恩卡、贵宾卡……在寒假里坚持为长辈服务10次以上,服务项目自定。可以是按摩、洗碗、泡茶、盛饭、洗脚、洗小物件、整理房间等。每次服务活动结束要"回访",记下长辈们的心情感言以及服务者的心情日记。

(9)收集10副春联,并抄写下来。

【动手操作】

(10)画年画

画两张有关"欢度春节"的图画;或自己动手做一个元宵节灯笼;或自己动手写一副春联;或自己动手做一个模型;或完成一件手工小制作。写几句话,记录自己的生活体验。

(11)学剪纸

剪一幅自己喜欢的吉祥物物品,如猴、牡丹花、苹果等的剪纸。写几句话,记录自己的生活体验。

(12)小小读书卡

阅读课外书,摘抄好句子、好段,画一幅画,制作10张小小读书卡。

🍃 三年级上学期

【体验自然】

(1)庭院里的小虫子

到自家庭院里(楼下的草坪、社区小公园)寻找小虫子,看它们的长相、它们吃什么,把观察到的用自己喜欢的方式记录下来,如画图、写观察日记等。小心地捉几只养在瓶子里,贴上标签(虫子名称、寻获地点等),在班内设个小小昆虫角,展示大家请来的贵宾,相互交流自己了解到的昆虫知识。别忘了展示完后要送它们回自己的家。

(2)我喜欢这里

在自己的家附近(城市、社区、村庄)选一处景点,可以是公园、小河、池塘、山丘等,进行细致的观察,用多种方法进行记录,如写一篇景物描写小习作、拍照、采集动植物标本等,全班举行个展示、介绍会。

【观察社会】

(3)这些规范我们都应遵守

进行实际调查、访问,了解社会行为规范。如进出公园、电影院、博物馆等公共场所应该遵守的行为规范;上下公交车、人多时购物等应该遵守的行为规范;外出行走、骑车时应该遵守的行为规范等。做好记录,相互交流,熟记规范,指导实践。

(4)尊老爱老送温暖

利用双休日或放学后的时间,以小组为单位,到敬老院进行"尊老爱老"送温暖、献爱心义务劳动,也可到离自己家较近的孤寡老人家中开展义务劳动。了解老人的生活状况,制订长期的活动计划和方案,做好活动记录,撰写活动感想。

(5)家电市场调查

利用双休日,由家长陪同或组成同学小团队,到当地较大的家电市场、商场调查家电情况,了解市面上家电的种类及销售情况,获得有关家电产品的市场行情和人们的购买力情况。

【体验生活】

(6)我是家庭清洁员

拿起扫帚、抹布,清理家居卫生,学习清洁方法,养成爱劳动的好习惯。

(7)小小设计师

自己动手美化自己的房间。设计美化方案,并在征求家长意见和建议的基础上,进一步完善自己的设计,进而付诸行动,体验创新与劳动的快乐。

【动手操作】

(8)制作贺卡

在教师节、国庆节、元旦这些节日里,自己动手制作贺卡,送给老师、同学和亲友,传递你的祝福和友谊,学会理解和感恩,培养动手和创新设计能力。

(9)制作植物标本

收集各种植物的叶、花、果实、种子等,通过前期处理、焙干、固定、做标签等步骤制成植物标本,并在班级中展示自己制作的标本。

✦ 三年级下学期

【体验自然】

(1)种植植物

收集自己喜欢的植物种子,亲自种植植物,从种子萌芽到开花结果,坚持观察它的生长过程并做好观察日记,培养学生参与中长期科学探究的兴趣、能力和品质。

(2)调查家乡的鸟和树

开展"家乡的鸟""家乡的树"调查活动。调查家乡主要有哪些鸟,有哪些树,什么鸟最多,什么鸟不常见,什么鸟对人类有益,什么树最多,什么树先开花,哪些树生长得快等,做好数据统计,从中发现规律和问题。

(3)寻找春天

带领学生到大自然中找春天。以《春天的故事》为主题,办手抄报。

【观察社会】

(4)环境卫生小卫士

以小组为单位到社区街巷清理不健康的非法贴画的广告语与宣传单,并将清除掉的小广告、宣传单收集起来,做成自己的"战利品",如贴画足球、贴画棒等。

(5)参观博物馆

和家人一起或与几个同学一起到博物馆参观,认真听讲解员的介绍,仔细看馆内的陈列品和文字资料,带上笔记本和笔,把你感兴趣的东西记录下来。

(6)学校噪声调查

调查学校噪声的来源,并对调查到的噪声进行分类,明确哪些是可以防治的,哪些是可以减轻的,哪些是人为的,哪些是自然的。在调查和分类的基础上,提出预防噪声的建议。

【体验生活】

(7)人人争当小雷锋

开展向雷锋叔叔学习的活动,积极参加志愿活动或志愿者队伍,关心残疾人、老年人,为身边需要帮助的人提供帮助。

(8)生活垃圾知多少

观察、分类、统计自家一周产生的生活垃圾,制作《家庭一周生活垃圾分类统计表》,并由此联想一个月、一年产生的生活垃圾数量。在班内举行统计表展览,彼此交流个人感想。

【动手操作】

(9)制作小礼物

了解自己家人或好朋友的生日,在家人或好友的生日前几天,亲手设计、制作一件小礼物送给他,表达对他的亲情或友情。

(10)制作昆虫标本

了解如何捕捉昆虫,学习制作、保存标本等知识。班内举办昆虫标本展。

四年级上学期

【体验自然】

(1)我的试验田

自己开辟一块小试验田(城区学生可以在小院里、花盆里,农村学生要到野外开垦小片荒地),种植一种或几种农作物,精心照料,相互展示、评价各小队的种植成果。

(2)饲养小宠物

好朋友组成小团队,共同商议确定饲养何种宠物,了解这种宠物的生活习性,安排好它的生活,精心照料喂养,写好观察记录,展示各小队宠物的健康状况,开展关于宠物知识方面的经验交流。

(3)雨(雪、雹、雾)的成因

雨(雪、雹、雾)是怎么形成的?通过调查研究,找出这个问题的答案,写出调查报告,把自己的研究结果带到班级进行展示,向同学们作介绍。

【观察社会】

(4)白色污染的危害(塑料袋、生活垃圾袋)

学生通过收集资料、调查、采访、动手实验、整理研究等方法,了解当地"白色污染"的现状,感受环保的重要性,养成保护环境的好习惯,从小树立自觉保护环境的意识,对社会有责任感,培养搜集、整理信息,合作探究的能力。

(5)家乡名吃知多少

和几个小伙伴一起,进行走访、调查,了解家乡有哪些名吃,它们是怎么做出来的?对了解到的情况加以总结,和其他同学进行交流。

(6)身边的错别字

和几个小伙伴一起,到你生活的周边进行调查——哪里有错别字,把你们的调查结果制成表格,说明错别字的具体情况,在班内举行个交流会。

【体验生活】

(7)零花钱哪儿去了

要求每个学生记录自己零花钱的花费情况,连续记录半个月甚至更长时间。然后,在班级里举行相互交流,讨论哪些花费是有价值的,哪些花费是浪费的。使学生养成勤俭节约、合理花费的良好习惯。

(8)我的房间我整理

学会打理房间,除清扫好卫生外,还要整理床铺、合理摆放物品,使房间整洁有序。要制订整理房间工作表,坚持按计划进行劳动,保持房间整洁漂亮。对自己整理好的房间拍照,班级展示评比。

【动手操作】

(9)钉纽扣

学习使用针和线,自己动手钉纽扣。自己的事情自己做,养成勤劳好习惯。

(10)小巧手

玩泥塑、面塑,并把自己制作的作品带到学校进行展评。

四年级下学期

【体验自然】

(1)可爱的动物

定期看《动物世界》电视片,记录最感兴趣的几种动物的名称、长相、生活环境、生活习性等,制成动物知识小卡片,带到班级进行交流展览。

(2)美景如画

回忆感受最美的一次旅游,用自己的笔描写旅途中的所见、所感,配上自拍的精美照片,向同学介绍这次旅行。通过彼此间的交流,感受大自然的美。

(3)大雨前后

细心观察一次下大雨之前和之后,包括:天空中的云、空气、温度、小动物的表现、植物的样子等,把观察到的结果记录下来,认真整理,写成观察日记。

【观察社会】

(4)春节习俗

现在过春节有哪些习俗?可以询问父母及身边的亲友,也可以自己回忆春节时的所见、所闻,进行记录、整理,在班内进行交流。同时可引导学生调查自己父辈、祖辈小时候的春节习俗,比较过去和现在春节习俗的变化。

(5)祭扫烈士墓

清明节前后,组织学生祭扫烈士墓,缅怀革命先烈,学习他们的爱国事迹,励志报效祖国,从小树立远大的人生目标。

(6)洋快餐与健康饮食

麦当劳、肯德基等洋快餐普遍受人喜爱,但它们是否真的有益于健康?

引导学生通过调查、访问、亲身感受、查阅资料等方式,了解洋快餐的主要成分,认识洋快餐的利与弊,并针对小学生的生长发育现状,制订科学合理的饮食方案,养成科学健康饮食的好习惯。

【体验生活】

(7)水表、电表慢些跑

每天观察水表、电表,统计自家一周用水、用电量,制作《家庭一周用水、用电统计表》,并由此计算一个月、一年的用水、用电量,查找自家有无浪费水、电的现象,提出几条节水、节电的办法。在班内举行统计表展览,彼此交流个人感想。

(8)了解自己

引导学生:你了解自己吗？你认识的自己和别人眼中的你一样吗？先自己确定几个方面作为考察项目,如爱好、习惯、优点、缺点等,并从这几个方面对自己进行评价。然后,分别找父母、老师、同学等,对你这几个方面的表现进行评价。最后,比较自己和别人的评价,看有哪些是相同的,有哪些是差距较大的。在此基础上,再让学生谈谈他自己。

【动手操作】

(9)小制作

向周边的人请教,学会一件或几件物品的制作方法,如扎风筝、作木工和车工、烹饪、编织等,展示自己的小制作。

(10)制作建筑模型

仿照现成的建筑模型制作纸质或木制模型,也可以自己设计,创造性制作建筑模型。

◆五年级上学期

【体验自然】

(1)千姿百态的运动

动物们的"走路"方式一样吗？通过细心观察、广泛查阅资料,了解多种动物的运动方式,并采取各种方式描述这些运动,如可以写篇短文、画幅草图、拍张照片、摄制DV等,体会大千世界的神奇。在班级举行交流展示会,各自介绍自己的收获。

(2)树叶展览

到自己家的周围采集各种树叶,同时调查、访问各种树木的相关知识,做好记录,建立"我家周围常见树木"小档案,带到班级进行交流展览,举行报告会。

(3)预测天气

人们通过长期的观察,总结出一些预测天气的知识。通过调查访问周围的人、查阅有关书籍、上网查找资料等方式,看能找到哪些预测天气的知识,写下来,和同学们进行交流,并试着用这些知识预测今后几天的天气情况。

【观察社会】

(4)烧烤摊的卫生状况

到附近的烧烤摊点看一看,它们的卫生状况如何?对你了解到的情况加以总结,写成调查报告,向身边的大人进行宣传。

(5)垃圾到哪里去了

到自己生活的周边(社区、村庄)进行调查,垃圾的种类有哪些?人们怎样处理这些垃圾?这些处理方法合适吗?

(6)我家的电话

你家的电话发生了哪些变化?通过询问父母或自己的所见所感,记录家庭电话从无到有的变化过程,并在班内进行交流展示,感受社会科技的进步。

【体验生活】

(7)我为父母做件事

关心自己的父母,亲自为父母做件事。如准备一顿可口的饭菜、给父母洗衣服、给父母捶背揉肩、饭后主动洗碗、收拾餐桌等。

(8)家庭出纳员

和家长一起,每天记录家庭消费的情况(项目、各项目的消费数量),连续记录一周,制作《家庭消费统计表》,并进行总结反思:这些消费都是必需的吗?有哪些可以不消费或减少消费?写出自己的观点。将统计表和自己的感受带到班级进行交流。

【动手操作】

(9)包饺子

通过这一活动,让学生熟悉饺子制作的各个环节,学会向周围的人请教,体验到劳动的快乐。

(10)废纸盒的妙用

废纸盒能再利用吗?鼓励学生发挥想象,动手设计、制作,开发废纸盒的新用途,并把作品带到班级进行展示、评比。

五年级下学期

【体验自然】

(1)不辞辛苦的"旅行"

知道哪些动物有迁徙的行为,初步了解不同类别的动物有不同的迁徙方式。学习运用多种方式查找资料,进一步了解动物迁徙的原因。增强探究、合作意识,培养认识自然、探究自然的兴趣以及保护自然的情感。

(2)风与我们的生活

风对我们的生活有怎样的影响?引导学生结合自己在生活中的所见、所闻、所感,并通过查阅有关资料,认识风的两面性,并进行系统整理,在班内展示交流。

【观察社会】

(3)我是社区(村庄)小主人

社区(村庄)是我家,建设、管理靠大家。每个社区(村庄)里的人都应该关注社区(村庄)里的事。引导学生留心观察自己的社区(村庄),发现正确的或错误的事情,及时记录并写出自己的感想,与同学相互交流。

(4)地名的由来

城市、村庄、社区、街道、公园等都有各自的名称,这些名称是怎么来的?引导学生自主确定研究主题,通过调查、访问、查阅资料等方法,了解地名的由来,撰写研究报告,班内交流调查研究所得。

(5)妈妈,我想对您说

召开主题班会:妈妈,我想对您说。以想对妈妈说的话为主题,每人准备一段发言材料,在全班进行演讲,抒发自己对妈妈的爱,体验妈妈对自己的付出。

【体验生活】

(6)老师的一天

老师一天都做了哪些工作?引导学生确定一位教师作为自己的观察、访谈对象,通过观察和访谈,了解这位教师一天中的工作,并做好记录(时间、工作内容),体会老师工作的特点,发表自己对老师这一职业的看法。

(7)家庭生活用品采购员

家庭生活需要采购哪些物品?与家长商量好,在得到家长支持、配合的基础上,承担起家庭生活用品采购员的角色,通过合理安排时间,坚持做一周的采购员,并记录下自己的工作情况以及家长对你的评价。

【动手操作】

(8)学烹饪

向家长学习,学会几种家常菜的做法。班内举办烹饪大赛,在同学们面前露一手,请大家尝尝你的手艺。

(9)学编织

生活中有许多编织高手,他们编织所用的材料五花八门,如草叶、毛线、竹皮、藤条等。寻访身边的编织高手,向他们请教几手,把自己编织成的作品带到班级进行展示、评比。

❖ 六年级上学期

【体验自然】

(1)自然灾害知多少

我们生活的地球有哪些自然灾害?引导学生查找资料,了解自然灾害的种类。然后,组成研究小组,自主确定一种自然灾害开展具体研究,包括灾害形成的原因、有无规律、危害性大小、如何预防等。写出调查研究报告,全班进行交流。

(2)赞美家乡(城市、村庄、社区)

你的家乡(城市、村庄、社区)有哪些值得赞美的地方?细心观察、深入探访,选取家乡(城市、村庄、社区)美的元素进行总结、刻画,采用多种方式(拍照、实物、文章等)展现家乡(城市、村庄、社区)的美。

(3)河流的变迁

几个同学组成小团队,进行走访和查阅资料,了解居住地周边河流的变迁情况,写出调查报告。

【观察社会】

(4)附近河流水质调查

附近河流的水质情况如何?引导组织学生现场考察、采访、取样、对比,有条件的可以进行实验检测,了解河流水质的情况。若河水受到污染,调查主要污染源,了解主要污染物。撰写调查研究报告,召开展示交流会。

(5)我是清洁工

到公共场所打扫卫生,参加公益劳动,体验清洁工人劳动的艰辛,增强自身的环保意识。

(6)消防知识知多少

调查常见消防器材的种类,懂得消防器材的使用方法,学习常用的灭火方法,认识消防安全教育的重要性。

【体验生活】

(7)我的理想

你长大了干什么?你了解自己的志向吗?通过调查、访问、查找资料等途径,了解自己的志向领域,设计自己实现志向的近期、长期规划,举行报告会。

(8)我们的计划

好朋友组成小团队,自己制订一个活动计划,并按照计划开展活动(郊游、探险、小调查等),完成后展示活动结果。

【动手操作】

(9)茶道艺术

了解茶道的起源,学会简单的茶艺,并亲自尝试泡茶的全过程,讲解学到的茶艺文化,开展泡茶、品茶活动。

(10)小发明

调查了解身边物品的优缺点,针对缺点提出自己的改进建议,设计小发明方案,全班交流、评比。

❁ 六年级下学期

【体验自然】

(1)探索发现

定期收看《探索发现》电视节目,记录从中了解到的知识以及产生的问题,在班内举行个人报告会。

(2)植物的身体

植物的身体由哪几部分构成?通过亲身观察、查阅资料,了解植物的身体构造,并记录整理,形成系列的材料进行展示。

(3)影子的秘密

影子是如何产生的?引导学生研究影子变化的规律,探讨让影子消失的办法。进一步进行皮影戏、手影的研究,学习表演皮影戏、手影的简单方法,并制作、排演简单的皮影戏。

【观察社会】

(4)家用汽车调查

在你居住的小区(村庄),一共有多少辆家用汽车?平均多少户居民家庭就有一辆小汽车?完成调查统计表。查阅有关资料或上网查询,比较我国家用汽车数以及发达国家家用汽车数。

(5)我是城管小卫士

城市面貌代表着一个城市的形象,以"我为风筝都添光彩,争当城管小卫士"为主题,到社区、街道、公园、市场、广场等公共场所开展公益宣讲、净化社区等活动,在提高自身认识的基础上影响身边的每一个人。

(6)小学生近视情况调查

小学生患近视的比例有多大?主要原因是什么?引导学生开展调查、访谈、统计、分析,撰写调查研究报告,结合报告向小学生提出保护视力的合理化建议。

【体验生活】

（7）当地方言与普通话的比较

当地方言与普通话有哪些不同？引导学生通过调查、访谈、查阅资料、对比分析，写出调查研究报告，并进行交流展示。

（8）时政要闻

近期（比如以一周为时段）国内、国际社会发生了哪些值得关注的大事？引导学生借助于电视、网络、广播、报纸等信息工具收集时政要闻，作好分类总结，并选择几个事件发表自己的看法，撰写总结报告，在班内举行交流汇报会。

【动手操作】

（9）制作宣传网页

引导学生自主学习（请教教师、同伴互学、向家长学习等）网页制作技术，在自制的网页上宣传班级趣事、小组特色、个人特长等，也可以推介自己最喜欢的书籍或一件玩具等。制作完成后，向全班展示并介绍，作出评价。

（10）做鸟巢

向身边的木工师傅请教，学习使用木工工具，制作一个鸟巢，把它固定在树上，帮小鸟安个安全、舒适的家。

 2-3 小学语文综合性学习学业评价指导

《语文课程标准》在基本理念中明确指出："评价的目的是全面了解学生的学习状况，激励学生的学习热情，促进学生的全面发展。评价也是教师反思和改进教学的有力手段。"综合实践课程把教学目标定位在知识与技能、探究思考、解决问题、情感与态度四个方面，评价就不能只是检查学生知识技能的掌握情况，更要关注学生掌握知识的过程与方法，以及与之相伴随的情感态度与价值观的变化。把评价的目的定位为"全面了解学生学习活动的历程"，这一历程是由知识与技能、过程与方法、情感与态度三者的关系决定的。过程与方法是学生学习活动历程的主线，情感与态度蕴含在这条主线中，是学生经历主线时的体验和感受。而知识与技能的学习则是对过程与方法中知识的掌握。

实践与综合应用评价的主要目的是为了激励学生参与实践活动的热情，对活动的成果进行评价；明确活动的任务和要求，使活动更有目的性；提供反馈信息，帮助学生认识自己的解决问题策略、思维或习惯的长处和不足；培养动手、应用、创新意识，形成积极的态度、情感和价值观，帮助学生认识自我，树立信心。

实践与综合应用评价的根本目的是改变学生的学习方式，会综合应用所学知识解决实际问题。评价不应该只停留在对学生学习活动的"昨天"进行描述，更重要的是为学生学习活动的"明天"添加动力，这才是"激励学生进行语文学习活动"的评价。

2-3-1　小学语文综合性学习学业评价内容

与其他领域相比，实践与综合应用领域的学习活动更加强调学生的主体地位，更加注重学生的学习过程。因此，对学生实践与综合应用活动的评价更要强调过程性评价。评价的内容包括：

(1) 评价学生的学习过程，要考查学生的参与程度，看学生是否积极参加语文实践活动；要考查学生的合作意识，看学生是否愿意与同学合作，是否认识到自己在集体中的作用，是否善于与同伴交流想法；要考查学生情感与态度的发展，看学生是否对语文有兴趣，对学习语文和参与语文活动是否有足够的自信；要考查学生的语文思维，看他们思维的合理性与灵活性，看他们能否用语文语言清晰地表达自己的思考与想法。

(2) 评价学生在实践与综合应用的学习活动中能否主动运用语文知识描述并解决实际问题；是否善于运用多种方法；能否积极参与讨论与表达，对结果有无反思的习惯。注意不要把实践与综合应用的内容作为书面考试的内容，而要更多地关注平时的考察。

(3) 评价学生发现问题、解决问题的能力，对解决问题的考查更要注重学生能否从现实生活中发现、提出和语文知识有关的问题；能否主动探索并找到解决问题的有效方法;能否表达解决问题的过程并能与他人合作。我们在考查学生学到什么的同时,还要了解他们是否学会学习,学会合作。

2-3-2　小学语文综合性学习学业评价原则

对于学生实践与综合应用学习活动的评价,既要关注在活动过程中学生获得知识的多少和对知识的理解,又要关注学生的自主探索、合作交流;既要关注学生学习活动的结果,又要关注他们在学习过程中的变化和发展。因此,在评价过程中,要坚持以下几个原则:

(1)激励性原则。激励性原则是以激励为目的的评价原则,《语文课程标准》的"评价建议"要求:发挥评价的激励作用,保护学生的自尊心和自信心。评价的激励性原则是评价者在实施评价前必须明确的首要原则,这条原则也是评价者实施评价的根本出发点,对学生的学习活动绝不能采取"讽刺""打击"的评价方式,评价时应采用鼓励性语言,以发挥评价的激励作用,让每一位学生都体会到只要自己在某方面付出努力就会有成功的体验,同时也就能获得客观公正的评价。

(2)过程性原则。《语文课程标准》要求:对学生语文学习的评价,既要关注学生语文学习的结果,又要关注他们在学习过程中的变化和发展。同时三个学段的评价建议中都强调注重对学生学习过程的评价。由于实践性、活动性、过程性是实践与综合应用这一学习领域的突出特点,因此,在实践与综合应用的学习活动评价中,要把对过程的评价放在首位,即过程第一、结果第二。这对于培养学生的创新精神和创新能力具有现实意义。

(3)发展性原则。新课程改革倡导"立足过程,促进发展"的评价原则,对学生的评价应当从甄别式评价转向发展性评价。发展性评价的方向是立足现在,面向未来,注重对学生学习活动的过程进行评价。重视学生的个体差异,旨在谋求学生的发展。评价应注重学生发展的进程,强调对学生个体的过去与现在进行比较,通过评价使学生真正体验到自己在进步,自己在发展。

3 小学语文综合性学习课例研究

 3-1 一年级《四季》课例与评析

课例展示

(一)激发兴趣,明确活动目的

1.课件展示小朋友身着春、夏、秋、冬不同季节的衣服,引导学生概念性地掌握四季的特征。知道各个季节的温度变化,体会春天的温暖、夏天的炎热、秋天的凉爽、冬天的寒冷,并识记"春、夏、秋、冬"这四个生字。

2.布置作业:留心观察你身边的事物,下节课告诉老师现在是什么季节?你是怎样知道的?

(二)准备阶段

1.带学生到郊外进行一次秋游,引导学生观察树木和放暑假时你看到的有什么不同?田里的谷穗又发生了什么变化?天气呢?……收集树叶、野花、小草等在季节变化方面具有代表性的物品。

2.课余时间搜集有关春、夏、秋、冬的资料,如儿歌、舞蹈等。

(三)活动主体

1.对比夏季和秋季的不同,全班交流,结合秋游的感受说一说。

2.课件出示草芽图、荷叶图、谷穗图、雪人图,让学生区分四个季节。

3.教师范读课文《四季》。

4.朗读课文《四季》,让学生采用多种形式朗读:个人读、同桌对读、小组轮流读、分角色读、做动作读……通过朗读表现自己的感受。如,"草芽尖尖"可读得轻些,表现出草芽的柔嫩;谷穗"鞠着躬说",可读出谦虚的感觉;"雪人大肚子一挺",可以做挺肚子的动作,以表现雪人顽皮的样子。对学生的创造,教师应给予充分鼓励。

5.教师提出问题:"鞠着躬"是什么意思?你能用动作表示一下吗?谷穗为什么要"鞠着躬"呢?

6.同桌讨论。

7.全班交流,体会秋天是丰收的季节。

(四)成果展示

1.按照学生的不同兴趣,把学生分为手工组、绘画组、表演组、朗诵组四个小组。

2.各小组汇报成果

(1)手工组:利用在大自然中收集到的叶子、石头、野花、沙子等物品制作《我爱……》,把你喜欢的季节告诉大家。

(2)绘画组:运用油画棒、彩笔、蜡笔等工具描绘你最喜欢的季节,让大家猜一猜这是什么季节?

(3)表演组:用歌曲或舞蹈的形式表现你最喜爱的季节。

(4)朗诵组:全组边做动作边背诵《四季》,用朗诵的形式告诉大家你最喜欢的季节。

3.教师小结:肯定学生的表现,鼓励学生的创造,给予正面评价。鼓励学生走进自然,感受自然。

(课例提供者:安徽省界首市第一小学　孟超)

课例透析

过程就是目标。综合实践活动过程就是听、说、读、写整体发展的过程。本课例既源于课堂,又超越课堂;既结合教材,又超越教材。其中始终贯穿着语文学习与实践,体现语文学习与社会实践的结合,促进听说读写能力的整体提高。实践活动在联系学生与生活、学生与社会方面架起了一座桥梁。

 3-2　二年级《寻找朋友》课例与评析

课例展示

一、亲情谈话,导入新课

我们学过的篇篇课文都有课题,每一个课题都让人想起一篇篇优美动人的文章。今天,我们要请课题到我们的图画和句子中做做客,来个课题大反串。

二、比一比,谁聪明,找课题

(课题可调皮了!瞧,它们躲进图画不出来,你能把它们找出来吗?)

1. 看:先后出示两幅图,让学生按顺序找出图上景物,然后说出图中隐含的课题。

(图画里的课题个个都那么引人注目,同学们马上就发现了它们。乐曲声中的课题可不大好找,让我们竖起耳朵来听一听。)

2. 听:放录音,学生听句子,找出句中的课题,记下来,比比谁记得多,记得快。

3. 小结:各篇课文的课题一下子凑在一起,意思变了,变得那么生动有趣。

三、想一想,辨类别

1.(课题各不相同,它们有什么区别呢?)师介绍课题类别:

A. 以人名命题的:如《爱迪生》。

B. 以物命题的:如《珍贵的教科书》。

C. 以时间命题的:如《秋天》。

D. 以地点命题的:如《美丽的小兴安岭》。

E. 以事命题的:如《捞铁牛》等。

2.(你能把课题归归类吗?)教师拿出课题卡片,选出5名学生平举5张类别的卡片,其他学生根据自己课题的命题方法站到本类卡片下,比比哪位同学判断准确,动作迅速。

3. "找朋友"。

让学生按类别站好后,做找朋友的游戏。规则:首先,由A、B、C、D类别组中的一组出一课题卡片,E组出一课题卡片,然后,全班同学把两个课题连成句子齐读。

例:一组同学举课题《爱迪生》,

另一组同学举课题《捞铁牛》,

学生齐读:爱迪生捞铁牛。

4. 小结:课题的朋友可不能随便交,合不来的朋友凑在一起多别扭呀!

四、动脑筋,连句子

1.(现在,我们请这些能交朋友的课题们来做个游戏!让他们手牵手站在句子里,谁能办到?)出示课题卡片,学生试着连成一句话。

2. 小结方法:为了使句子通顺连贯,必须注意课题放在句子的什么位置,特别注意词语的顺序。

3. 游戏:我出"题",你来连。

(1)把准备同一册课题的同学分为一组。

(2)各大组讨论出题。要求:每出一题必须给出四个课题,四个课题必须是不同类别的。

（3）每大组由组长念题，其他三大组竞争，连成通顺的句子。哪个大组先把课题连好，算得胜，加10分。最后以分数高者为得胜组。

五、亲情总结

课题里有说不完的故事，讲不完的秘密，这节课我们通过找课题、辨类别、连句子等活动复习了课题。希望通过这项活动，同学们能更加熟悉我们的课文……

六、宣布活动结束

（课例提供者：安徽省阜阳市和谐路小学　张飞）

课例透析

语文综合实践活动是语文学科教学与综合实践活动整合的一种新形式，是新课改的一个亮点。《语文课程标准》大力倡导语文综合实践活动，其目的就是为了拓宽学生的学习空间，增加学生语文实践的机会，以促进学生语文素养的整体推进和协调发展。因此实践是第一位的。语文教学应该"引导学生开展丰富多样的语文实践活动，拓宽语文学习的内容、形式和渠道，使他们在更为广阔的空间里学语文、用语文，拓宽视野，丰富知识"。我们强调语文的综合性学习，通过开展丰富多样的语文综合实践活动，在活动中提高人文修养，在交往中提高语文实践能力，在生活中激活学习语文的情感，让学生在实践活动中学习语文，运用语文。

 3-3　三年级《学会感恩》课例与评析

课例展示

一、精心准备做一做

（一）活动准备

1. 通过观察、询问的方式，调查父母一天的工作、家务、休息时间，了解父母的辛劳。教师设计"父母一周活动情况调查表"，学生每天认真填写。同时书写观察日记。

2.学会唱《感恩的心》《妈妈的吻》等亲情歌曲。

3.搜集描写父爱、母爱的散文或诗歌。

4.用自己节省的零用钱为父母买一份有纪念意义的礼物。

(让同学们在生活中学会观察、学会发现,通过调查了解父母的辛劳,并记下或拍下生活的点点滴滴。)

(二)家庭活动(选择一项或几项做)

1.抢拍父母生活照。

2.开展"本周我当家"的活动,学生亲身体验父母的辛劳。

3.给爸爸妈妈表演小节目,给父母一个惊喜。

4.为父母献歌。

5.在爸爸妈妈生日时,亲手做一张生日贺卡,并写上几句祝福的话。

6.父母下班回来,为父母倒茶。

7.空下来经常和父母说说心里话。

……

(实践体验:通过亲身实践体验,让学生体会父母的辛劳,学会写体验日记,表达自己的真实感受。)

二、生活体验说一说(选择)

目的:让同学通过各种形式去回报父母,同时让学生懂得知恩、感恩、回报父母。学习用多种方式来表达自己的真情实感。

导语:父母的爱像阳光、像春风、像雨露,在爱的天地里,我们一天天长大。同学们,在活动过程中,你肯定有许多感触吧!今天我们来谈谈各自的感受。

1.讲一讲自己和父母一起做的事。

2.在小组内展示、解说自己抢拍的家庭生活照影集。

3.用具体的事例,说说爸爸、妈妈对自己的爱,以及自己应该怎样回报他们的爱。

三、直抒胸怀写一写(任选一题)

1.感悟爸妈的爱

提示:用一两件事,写写自己与父母之间特别感动的瞬间,要表达真情实感。也可以给父母写封信,感谢父母的养育之恩。

2.回报爸妈的爱

提示:为父母送上一杯热腾腾的茶,陪父母坐坐,聊聊天,说说心里话,那是多么幸福的场面!请把这一情景用你的笔描绘出来。

师小结寄语:爱是一种无尽的付出,也是一种收获的快乐。通过开展这次活动,我们都经历了一次心灵的洗礼。让我们在今后的学习、生活中一起去了解爱,去学会爱,让爱的主旋律永远在我们身边唱响。

(伴随一首《感恩的心》,活动在优美的歌声中落下了帷幕。)

(通过开展上面的实践活动,我们深切感受到"父母的爱广博而无边,父母的爱深沉而悠远"。我们在父母的辛勤付出中一天天长大,让我们将自己捕捉到的父母的精彩瞬间用饱含深情的语言生动地描述出来。)

(课例提供者:安徽省阜阳师范学院附属小学　刘尤春)

课例透析

《语文课程标准》指出:"语文是实践性很强的课程,应着重培养学生的语文实践能力,而培养这种能力的主要途径也是语文实践。"本课例设计的活动,历时两周,共分活动准备、家庭活动、全班交流、真情表白四个步骤,整个活动过程既培养了学生听、说、读、写、采、编的语文综合运用能力,又淋漓尽致地唱响了爱的旋律。该活动调动了学生学习语文的兴趣,扩大了知识面,激发了学生的创造潜能。此时的语文综合实践活动不再是单一的、平面的、封闭的,而是多元的、立体的、开放的。在这里,学生的身心是完全放松的,他们通过观察、询问的方式,调查父母一天的工作、家务、休息时间,了解父母的辛劳。这种获取知识的方式是主动的,是出于学生自己的需求,它比灌输式学习的效果要好得多。在上述系列活动中,学生用歌唱、画画、写作的形式来表达自己的情感。孩子收获的不仅是文本的知识,而且培养了他们搜集、处理信息的能力,不断探究的精神,提高了他们的写作水平、口语表达能力。这些都是与语文学习分不开的,通过语文学习活动可以让孩子感受语文的内涵美。

3-4　四年级《体验广告》课例与评析

课例展示

一、搜寻广告"做一做"

1.同学们,对于广告,大家都不陌生吧,今天我们就一起来认识广

告。(板书:认识广告)

2.随着社会的发展,在当今社会,广告铺天盖地、随处可见,你都在哪里见过广告?(生交流:报刊、杂志、电视、公交车上……)

3.是呀,广告真是随处可见。从这学期开学时,我们班开展了认识广告的综合实践活动。这两个月来,同学们积极主动地参加学习活动中,不断搜寻资料,认识广告,了解广告的有关知识,感受广告的魅力。老师拍下了你们活动的情况。大家想不想看呀?

【设计意图】由生活媒体引入,创设情境,未成曲调先有情,引发了学生学习的兴趣。

4.在看花絮之前,我想先问问大家,还记得我们的活动分为几个课题吗?课题组长报一报。

5.对,这四个课题是:(1)广告的历史来源;(2)广告语;(3)广告的分布方式;(4)广告的种类。

【设计意图】开门见山,明白活动的课题,不顾此失彼。

6.我们班上四个小组的同学是怎样带着课题参与活动中的呢?让我们一起看看活动花絮。(观看录像:活动花絮)

二、分享广告"听一听"

1.同学们,这是我们两个月的活动花絮,那么这两个月的活动收获怎样呢?我们各个小组都把自己收集到的部分资料,陈列在展角上,有图片,也有文字资料。(四个课题各制作成四张手抄报)下面我们来个大串门。

2.先请各个展角的解说员到位。解说员,你们准备好了吗?

【设计意图】由学习组长当解说员,更显示出本次活动的主人就是学生们自己。

3.下面,同学们可以到各个展角去看,去了解。你们呢,要能看出一些名堂来,提出一些问题来,请教我们的解说员。解说员如果知道的话,应热情主动地回答。好,同学们,行动起来吧。

【设计意图】体现新课程的理念:学会主动发现问题,研究问题。

4.刚才,我巡视了一遍,我听到很多同学提出问题。我想知道你们提出了什么问题?(生述)

5.我发现大家确实非常认真,仔细在展角上阅读资料,并进行了自己的思考。

6.在这两个月的学习活动中,我们不仅学到了知识,而且学会了合作,学会了怎样查资料,学会了面对困难怎样找出解决问题的办法。真是值得表扬啊!

【设计意图】让学生更加明白活动的目的:研究问题,合作解决问题。

三、感受广告"看一看"

1. 通过这个大串门,大家知道:广告从古到今源远流长,出现了许多精彩的广告语。这些广告语就在我们身边,毫不夸张地说,它已经成为我们生活的一部分了。(出示广告词)

生活用品广告词:奶茶,我只要优乐美!民生水,健康美!

城市文明广告词:文明礼让,天天向上。小草正在睡觉,请您不要打扰。文明礼让一小步,和谐社会一大步。

中国梦广告词:国家富强、民族振兴、人民幸福。你我同携手,共圆"中国梦"。

2. 其实不光商品有广告,我们生活的方方面面都有广告语的身影。

请听——学校广告词:今天我以学校为荣,明天学校以我为荣。文化的源泉,知识的海洋。

学校教室里的口号:好好学习,天天向上。文明班级,从我做起。

【设计意图】举一些简单、常见的广告语,让学生明白广告就在我们身边,为下面指出广告的特点作铺垫。

3. 老师这里还有一些电视广告,大家想不想欣赏一下?不过呀,我要给大家布置个任务,一边欣赏,一边思考,在这些广告中,你最喜欢哪一个,最不喜欢哪一个,为什么?

【设计意图】我准备的电视广告有商品广告,还有公益广告,如:麦当劳、肯德基、为妈妈洗脚、珍惜水源等。让学生在轻松愉快的氛围中学习。

4. 播放广告,学生欣赏,交流。(学生各抒己见,交流自己搜集到的广告。)

四、漫谈广告"说一说"

1. 除刚刚看到的几则广告外,平时生活中,你们还见过什么广告?请分小组交流一下,待会儿说给大家听。(学生交流,指名回答。)

2. 说了这么多广告,你发现大家喜欢的广告有哪些特点吗?

讨论交流(语言:生动有趣 想象:大胆丰富 情节:引人入胜)(作为板书)这就是广告的特点。

【设计意图】逐步引导,由听广告语到看电视广告,通过讨论交流得出广告的特点。

3. 刚刚同学们说得真不错!在生活中,当你看了这些广告后最想干什么?(马上想去购买)但是,有一次老师看了广告去买回来的牛奶却是劣质的。你觉得广告语一定要怎样?(讨论交流:广告语要真实)(板书:

真实)对,只有真实的广告才不会欺骗消费者!

4. 我们的教材语文园地八"我的发现"中,提供了四条被商家随意篡改的成语广告词,请同学们看一看,你们认为这样做,好吗?(生述说)

5. 最近,我们在街道上看到——

某音响公司广告———"一呼四应!"

某饺子铺广告———"无所不包!"

某石灰厂广告———"白手起家!"

某当铺广告———"当之无愧!"

某帽子公司广告———"以帽取人!"

某理发店广告———"一毛不拔!"

某药店广告———"自讨苦吃!"

某打字机广告———"不打不相识!"

某化妆品广告———"趁早下'斑',请勿'痘'留。"

【设计意图】让学生学会评价广告,并且维护祖国语言文字的纯洁。联系生活中的实际问题开展学习活动,在实现语文学习目标的同时,提高对自然、社会现象与问题的认识,追求积极、健康、和谐的生活方式,增强抵御风险和侵害的意识。

6. 师小结:这是乱改成语、滥用成语的不良现象,我们要为维护祖国语言文字的纯洁做点力所能及的事。课后,请同学们留心观察,搜集生活中滥用成语的广告词,开展一场成语错别字歼灭战。

【设计意图】让学生知道一则优秀广告的重要性,从身边做起,从自己做起。

7. 现在请大家把自己搜集到的经典广告语拿出来,与同学们一起分享。(学生交流自己搜集到的经典广告语。)

【设计意图】明白广告的特点后,让学生分享自己搜寻到的广告语,相信这个时候,他们一定会有所取舍,把不真实、乱改、滥用的广告语加以删除,再次强化广告的特点。

五、设计广告"试一试"

1. 说了这么多广告,大家肯定忍不住想拿起笔来自己设计广告了吧。下面就请同学们自由组合,一起合作,为我们美丽的金砂小学设计一个广告,可以配上相应的广告画或者音乐,注意:朗诵广告语时要求不超过10秒钟。(出示金砂小学的照片。)

2. 学生设计广告。

【设计意图】学生自主合作探索,学会设计广告。

六、精彩广告"比一比"

1. 生展示作品,评议。

【设计意图】让学生学会评价广告,培养学生善于观察、勤于思考的好习惯,自觉去发现生活的真、善、美,从而使全体同学开阔了眼界,增长了知识,培养了能力,一举多得。

2. 大家的设计能力、想象能力都令人叹为观止,愿我们的金砂小学在大家的美好祝福下变得更加美丽。

七、活动总结

同学们,通过这次活动我们……

(课例提供者:安徽省阜阳市铁路学校　李军)

课例透析

四年级的孩子,具有一定的知识储备,他们极具好奇心、求知欲、模仿和创新能力,犹如一粒粒迫不及待想冲出地面快快发芽长大的种子,与此同时,他们也是天真的、幼稚的。所以,此时老师正确及时的引导对他们来说是至关重要的。"培养学生的合作意识,获得亲身参与研究性探索的体验"是非常必要的。教材语文园地八"我的发现"中提供了四条被商家随意篡改的成语广告词。广告,和学生的学习、生活有着紧密的联系,易引起学生的兴趣。生活中广告无处不见,如果留心观察,就能收集、整理到许多广告。广告语言独具特色,对培养学生的口头交际能力、写作能力、创新思维能力有着重要作用。培养学生的能力,提高学生的综合素质,而不只是获取知识。所以培养学生模仿、创作一些广告,是培养学生综合运用能力的有效途径。《体验广告》的语文综合实践活动,培养了学生善于观察、勤于思考的好习惯,让学生自觉去发现生活的真、善、美,从而使全体同学开阔了眼界,增长了知识,培养了能力,真是一举多得。

3-5　五年级《美丽汉字》课例与评析

课例展示

师:同学们,汉字从最早的甲骨文开始,已经有几千年历史,现在有请"汉字变变变"小队来汇报他们的成果。

生1：(出示纸板制作的"月"字)这是甲骨文的"月"字，它既不是新月也不是圆月，而是用半个月亮来代表，甲骨文就是"一弯皓月悬中天"的形象。

生2：(出示金文"月")怕与他字相混淆，古人又在金文"月"字的半圆形里加上一小竖。你们知道这是为什么吗？

生：表示月中的桂树。

生3：到了秦朝，统一了文字，小篆对笔画进行了调整，"月"字就变得不像月亮了。(出示隶书"月")隶书扁平方正。(出示楷体"月")这是什么体？

生齐答：楷体。

生4：是呀，到了汉末，出现了楷书、草书和行书。这就是汉字的演变过程。

生5：这是古代的"人"字，就像一个侧面站立的"人"，在奴隶社会，人们整天为奴隶主埋头劳动。在主人面前，人们卑躬屈膝。后来随着社会的进步，人们逐渐挺直了身子，翻身做了主人。"人"字变成一撇一捺，好像人的两条腿，就像我这样堂堂正正做人。

师：看了"人"字的变化，我不禁想起刘湛秋写的《我爱你，中国的汉字》第二自然段中的一句话："当你写下'人'这个字的时候，不禁肃然起敬。"

生齐读：不禁肃然起敬，并为祖先的创造赞叹不已。这些用笔画组成的美妙图画……

师：汉字是一群有着独特性格的小精灵。看着它们，我们不由得萌发出"我爱你，汉字"的感叹。

(课例提供者：安徽省六安市裕安区狮子岗乡杨店小学　王立平)

课例透析

母语是民族文化和民族精神的载体，学生学习母语的过程，不仅是掌握本民族语言的过程，而且是他们接受民族文化和民族精神洗礼、熏陶的过程。正如德国语言学家洪堡特所说的"民族的语言即民族的精神，民族的精神即民族的语言，二者的同一程度超过了人们的任何想象"。可见，把语文课程的根本任务定位为学习语言，正是包含了语文课程应有的丰富内涵。汉字发展演变的过程本身就是中华文明发展的缩影。一个汉字就是一段历史，从甲骨文、钟鼎文、篆书、隶书一直到现在的楷书。课例中出示最原始的甲骨文到现在的楷书，让几个跨越几千年的汉字同时出现在眼前，说一说演变的过程，分析探究构字的方法,进一步体会中国汉字演变的规律。如对"月"字的分析,不仅分析字形的变化,还要了解古人的思维方式、美好梦想。甲骨文用半个月亮表示"月"字就是"一弯皓月悬中天",古人又在金文"月"字里加上一竖才有了吴刚伐桂的神话。这不是一种民族精神吗?特别是"人"字的演变过程,从古代人们卑躬屈膝到逐渐挺直身子,最后翻身做了主人,堂堂正正做人,这更是一种民族精神。课例并没有停留在对材料的占有上,而是引导学生去感受材料背后所蕴含的民族文化。

3-6 六年级《学借东西》课例与评析

 课例展示

一、巧设悬念,激发兴趣

1.师:同学们,老师很喜欢画画,想在黑板上给大家画几样东西,同学们注意看老师画的是什么?(师找彩粉笔)糟了,彩粉笔用完了,怎么办呢?帮老师出出主意好吗?

2.学生纷纷出谋划策,引出话题:借粉笔。

二、巧设情境,模拟表演

1.情境一:借粉笔

(1)师:为了节约时间,现在到离我们最近的二年级二班去借,注意:老师需要四支粉笔,一支红的,一支黄的,一支绿的,一支蓝的。

(2)明确说话要求:在借粉笔时说话要有礼貌。

(3)同桌合作,一个扮演二年级二班老师,一个扮演借粉笔的同学,练习表演借粉笔。

(4)指一组同桌表演,师生评议,引出借东西要说清原因和数量,态度自然、大方。

(5)组织讨论:到张老师那去借粉笔可能会出现哪些情况?(讨论得出:可能张老师那彩笔颜色不全,可能张老师的彩笔也用完了,可能张老师那里正好有这四种颜色的彩粉笔等)遇到这些情况时,你应该怎么办?

(6)让学生自己选一种情况练习表演。

2.情境二:借学习用品

(1)老师用学生借回来的彩粉笔在黑板上画铅笔、小刀、语文书、格尺,引出借学习用品。

(2)让学生练习表演借这些学习用品。评议时看学生是否说话有礼貌,是否说清了原因和数量。

3.情境三:借生活用品

(1)用课件演示:小丽家来了许多客人,吃饭时凳子不够坐,妈妈让小丽去邻居王阿姨家借两个凳子。

(2)小组讨论:假如你是小丽,你见到王阿姨怎么说?假如你是王阿姨,你又怎么说?

(3)各小组派代表参加表演,然后评议。

4.情境四:借别人的心爱物品

(1)师:同学们,假如你有一本心爱的《葫芦娃》画册,你还没有看完,可你的同学想看,你不想借给他,你怎么说?假如你看到你的同学有一本《葫芦娃》画册,你想借来看看,可他不愿意借,你怎么说呢?

(2)学生说出自己的办法。

(3)让学生自己选择角色,自己选择伙伴练习表演。

三、各抒己见,谈谈收获

让学生谈谈这节课都学到了什么?

四、课后延伸,写写感受

1.让学生课后回家替爸爸妈妈借一些生活用品。

2.把借东西时的感受写在日记本上。

(课例提供者:安徽省阜阳市文峰中心学校　韩亚敏)

课例透析

口语交际教学的目的是规范学生的口头语言,培养学生倾听、表达、应对的能力,使学生具有文明和谐地进行人际交流的素养。口语交际的教学必须贴近学生生活、贴近实际。本课例中,老师以学生的主体活动为中心,巧妙创设情境,注重双向互动,让学生积极参与,在大胆实践中进行学习,提高口语交际能力。本课例中,创设了四个交际情境,这四个交际情境由借粉笔——借学习用品——借生活用品——借别人的心爱物品,步步深入,让学生在具体情境中,轻松、愉悦地进行表演,并且在设计情境时尽量做到层次清晰,环环相扣,使训练能取得实效,让口语交际课真正成为学生表达、交流、展示生活的乐园。

参考文献

[1] 叶圣陶语文教育论集[C]. 北京:教育科学出版社,1980.

[2] 华东师大教育科学学院编. 新技术革命与教育[M]. 上海:华东师范大学出版社,1984.

[3] 杨德广等主编. 世界教育兴邦与教育改革[M]. 上海:同济大学出版社,1990.

[4] 未来教育面临的困惑与挑战. 北京:人民教育出版社,1991.

[5] 张正明. 楚史[M]. 武汉:湖北教育出版社,1995.

[6] 赵中建编. 教育的使命[M]. 北京:教育科学出版社,1996.

[7] 教育——财富蕴藏其中[M]. 北京:教育科学出版社,1996.

[8] 王雄. 阴阳碑(跋)[A]. 武汉:长江文艺出版社,1998.

[9] 袁浩小学生习作教学心理研究与实践[M]. 济南:山东教育出版社,1998.

[10] 叶澜. 教育研究方法论初探索[M]. 上海:上海教育出版社,1999.

[11] 伽达默尔,洪汉鼎译. 真理与方法. 上海:上海译文出版社,1999.

[12] 章开沅,张正明,罗福惠. 湖北通史(先秦卷)[M]. 武汉:华中师范大学出版社,1999.

[13] 卢家楣主编. 学习心理与教学. 上海:上海教育出版社,2000.

[14] 陈厚德. 有效教学[M]. 北京:教育科学出版社,2000.

[15] [苏联]苏霍姆林斯基.给教师的建议.北京:教育科学出版社,2000.

[16] 潘世东,林玲.诗性的智慧[M].广州:华南理工大学出版社,2000.

[17] 刘淼.习作心理学[M].北京:高等教育出版社,2001.

[18] 祁寿华.西方写作理论、教学与实践[M].上海:上海外语教育出版社,2001.

[19] [美]Barbara L,McCombs. Jams E,Pope.学习动机的激发策略:提高学生的学习兴趣[M].伍新春,秦宪刚,张洁译.北京:中国轻工业出版社,2002.

[20] 佐藤学.静悄悄的革命——创造活动、合作、反思的综合学习课程[M].李季湄译.长春:长春出版社,2003.

[21] 汪利兵等.教育行动研究:意义、制度与方法[M].杭州:浙江大学出版社,2003.

[22] [美]戴维·拉齐尔.学习之路:教给学生和家长多元智能[M].张晓峰主译.北京:教育科学出版社,2004.

[23] 李伟成.校本教研与教师专业发展.载许景辉,李伟成.领袖教师与教师专业发展[M].香港:汇智出版社,2005.

[24] 季羡林.长江文化论文集[M].武汉:湖北教育出版社,2005.

[25] 蔡清田.教育行动研究[M].南京:南京师范大学出版社,2005.

[26] 冯天瑜.汉水文化研究[M].北京:中国国际广播音像出版社,2006.

[27] 卢敏玲,庞永欣,植佩敏.课堂学习研究——如何照顾学生个别差异[M].北京:教育科学出版社,2006.

[28] 左鹏.汉水[M].南京:江苏教育出版社,2006.

[29] 桑青松,江芳,王贤进.学习策略的原理与实践[M].合肥:安徽教育出版社,2006.

[30] 黄甫全等.现代课程与教学论学程[M].北京:人民教育出版社,2006.

[31] 任登中.校本培训研究与实践[M].重庆:西南师范大学出版社,2007.

[32] 余文森. 校本研究九大要点[M]. 福州:福建教育出版社,2007.

[33] 应湘,向祖强. 教师专业发展与学生成长[M]. 广州:暨南大学出版社,2007.

[34] 课堂学习研究的发展与影响. 载卢敏玲,庞永欣,植佩敏. 课堂学习研究:如何照顾学生个别差异[M]. 北京:教育科学出版社,2006.

[35] 学科习作教学的理论与实践[M]. 北京:语文出版社,2010.

[36] 董菊初. 名师成功论[M]. 北京:科学出版社,2010.

[37] 教育部. 全日制义务教育语文课程标准(实验稿)[S],2011.

[38] 中华人民共和国教育部. 语文课程标准[S]. 北京:北京师范大学出版社,2012.

[39] 金丽娜. 在阅读教学中培养学生的创造性思维能力[J]. 湖南教育,1999,(10).

[40] 卢真金. 在说明文写作时运用主题句的课堂学习研究[M]. 香港:香港教育学院院校协作与学校体验事务处,2001.

[41] 卢敏玲. 反思性实践是教师专业发展的重要举措[J]. 比较教育研究,2001,(05).

[42] 卢敏玲,李树英,郭永贤. 课堂学习研究对香港教育的影响[J]. 开放教育研究,2005,(03).

[43] 刘昌安. 汉水中上游移民生活方式现代转型的研究报告[R]. 汉中师范学院学报[J],2002,(02).

[44] 朱慕菊. 改进和加强教学研究工作 深入推进新课程实验[J]. 人民教育,2003,(05).

[45] 王鉴. 课堂研究引论[J]. 教育研究,2003,(06).

[46] 连榕. 新手—熟手—专家型教师心理特征的比较[J]. 心理学报,2004,(01).

[47] 邵光华,董涛. 观课与教师专业成长[J]. 中小学教师培训,2004,(03).

[48] 张家军,靳玉乐. 论案例教学的本质与特点[J]. 中国教育学刊,2004,(01).

[49] 张淑瑶.在阅读教学中培养学生的创造性思维[J].宁波大学学报(教育科学版),2005,(04).

[50] 赖李真.习作修改中构建合理评价体系[J].文教学与研究·教师版,2005,(08).

[51] 方金元,胡士平.让评价成为学生习作的催化剂[J].语文教学与研究·教师版,2005,(10).

[52] 余文森.校本教学研究的实践形式[J].教育研究,2005,(12).

[53] 余文森.课例研究的相关概念[J].教育研究,2005,(12).

[54] 谌启标.基于教师专业成长的课例研究[J].福建师范大学学报(哲学社会科学版),2006,(01).

[55] 陈丽嫦.在语文阅读教学中培养创造性思维[J].西江教育论丛,2006,(02).

[56] 卢敏玲,植佩敏,高宝玉,梁玉麟,庞永欣,傅燕华,吴凤.聚焦一课,超越一课:香港地区"优化课堂学习计划"[J].江苏教育研究,2006,(49).

[57] 张敏霞等.北京农村教师专业发展模式及存在问题的调查[J].教师教育研究,2007,(01).

[58] 叶继奋.双重叙事与"复调"主题[J].语文教学通讯(高中版),2007,(02).

[59] 金传富.关于〈项链〉的十一个主题[J].语文教学通讯(高中版),2007,(02).

[60] 安桂清.课例研究:信念、行动与保障[J].全球教育展望,2007,(03).

[61] 范春林,张大均.学习动机研究的特点、问题及走向[J].教育研究,2007,(07).

[62] 饶从满,张贵新.教师合作:教师发展的一个重要路径[J].教师教育研究,2007,(19).

[63] 冯燕涛.阅读教学如何培养学生的想象力[J].语文教学与研究,2007,(28).

[64] 汪广华,朱萍.促进教师专业发展的校本实践策略分析.连云港师范高等专科学校学报,2008,(01).

[65]陈列,黄珂.案例研究:教师个人知识管理的有效途径[J].现代教育论丛,2008,(05).

[66]牟杰.课例研究的教师专业发展作用之意蕴[D],2008年南京师范大学硕士学位论文.

[67]谢惠存.教师专业发展的途径[J].运城学院学报,2008,(26).

[68]耿帅.课例研究:备受教师关注的教育科研形式[J].潍坊教育学院学报,2009,(02).

[69]李子建,丁道勇.课例研究及其对我国校本教研的启发[J].全球教育展望,2009,(04).

[70]黄晶榕,杨志强,李镜鎏,潘锦麟,欧国新.探讨"课堂学习研究"对教师专业发展的影响[D].香港:2009年香港中文大学博士论文.

[71]黄晶榕.终身学习,全人发展:香港教育制度改革建议[R].香港:政府印务局,2011.

[72]李树根.如何在阅读教学中培养学生的想象力[J].中学教学参考,2011,(10).